Ensinar

Sobre o Autor

Philippe Perrenoud, sociólogo, é professor na Université de Genève. Seus trabalhos sobre as desigualdades e o fracasso escolar fizeram com que se interessasse pela diferenciação do ensino e, mais globalmente, pelo currículo, pelo trabalho escolar, pelas práticas pedagógicas, pela inovação e pela formação dos professores.

Tem publicado pela Artmed: *Avaliação: da excelência à regulação das aprendizagens*, 1999; *Construir as competências desde a escola*, 1999; *Pedagogia diferenciada: das intenções à ação*, 2000; *Dez novas competências para ensinar*, 2000; *A pedagogia na escola das diferenças*, 2001. Juntamente com Paquay, Altet e Charlier: *Formando professores profissionais: Quais estratégias? Quais competências*, 2001.

P455e Perrenoud, Philippe
   Ensinar: agir na urgência, decidir na incerteza /
  Philippe Perrenoud; trad. Cláudia Schilling. — Porto Alegre :
  Artmed, 2001.

   ISBN 978-85-7307-856-5

   1. Educação – Ensino – Formação de professores. I. Título.

                CDU   371.13

Catalogação na publicação: Mônica Ballejo Canto – CRB 10/1023

Ensinar:
agir na urgência, decidir na incerteza

Saberes e competências
em uma profissão complexa

Philippe Perrenoud

2ª edição

Tradução:
Cláudia Schilling

Consultoria, supervisão e revisão técnica desta edição:
Cristina Dias Allessandrini
*Doutora em Psicologia Escolar e do Desenvolvimento Humano pela Universidade de São Paulo.
Psicopedagoga e arte-terapeuta.*

Reimpressão 2008

2001

Obra originalmente publicada sob o título
Enseigner: agir dans l'urgence, décider dans l'incertitude

© ESF éditeur, Paris, 1999
ISBN 2 7101 1350 3

Capa
T@ti Studio

Preparação do original
Maria Lúcia Barbará

Leitura final
Elisângela Rosa dos Santos

Supervisão editorial
Mônica Ballejo Canto

Projeto gráfico
Editoração eletrônica
Roberto Vieira – Armazém Digital

Reservados todos os direitos de publicação, em língua portuguesa, à
ARTMED® EDITORA S.A.
Av. Jerônimo de Ornelas, 670 - Santana
90040-340 Porto Alegre RS
Fone (51) 3027-7000 Fax (51) 3027-7070

É proibida a duplicação ou reprodução deste volume, no todo ou em parte, sob quaisquer formas ou por quaisquer meios (eletrônico, mecânico, gravação, fotocópia, distribuição na Web e outros), sem permissão expressa da Editora.

SÃO PAULO
Av. Angélica, 1091 - Higienópolis
01227-100 São Paulo SP
Fone (11) 3665-1100 Fax (11) 3667-1333

SAC 0800 703-3444

IMPRESSO NO BRASIL
PRINTED IN BRAZIL
Impresso sob demanda na Meta Brasil a pedido de Grupo A Educação.

Prefácio à Edição Brasileira

Mais uma vez, dispomos de um livro de Philippe Perrenoud sobre a importância do desenvolvimento de competências para ensinar. O impacto de suas análises começa com a surpresa do título – *Ensinar: agir na urgência, decidir na incerteza* – e continua com a boa escolha dos temas que compõem sua coletânea. Em resumo, trata-se de mais um livro que vale a pena ler e usar como referência e fundamento para uma reflexão sobre as características atuais de nossa profissão.

AGIR NA URGÊNCIA

À primeira vista, pode parecer estranho definir ensinar como agir na urgência: afinal, os professores estudam, preparam suas aulas, participam do planejamento escolar, esforçam-se por antecipar ou prever as situações de aprendizagem, buscam trabalhar em um contexto organizado e, até onde possível, disciplinado. Qual o sentido, então, do ensinar como agir na urgência? O presente livro fornece muitos significados para a atualidade desse desafio, agora proposto para todos nós. Dos diversos significados, comentarei, a meu modo, alguns deles.

A escola e a sala de aula tornaram-se um sistema de ensino complexo. Por que sistema? Por que sistema complexo? Sistema, porque a escola compõe um recorte da vida social e cultural de todos nós. Como recorte, deve poder organizar de modo próprio seus saberes a ensinar, regras, linguagens, costumes e metas com a condição de continuar expressando-se e interagindo com o todo do qual faz parte. Ou seja, a escola de hoje não pode mais se pensar isolada, seletiva, apartada da vida "lá fora", pois seu "aqui dentro" e o "lá fora" são partes de um mesmo contínuo e expressam o jogo de posições e o colorido do que podemos ser na diversidade dos tempos e lugares de nossa existência. Sistema complexo, porque a escola é a expressão de antagonismos e presença – nem sempre coerente – de diversos fatores, que teimam uns em vencer à custa dos outros, esquecidos de que fazem parte de um mesmo sistema. A complexidade refere-se ao que não pode ser simplificado, isto é, reduzido a partes tratadas como independentes umas das outras. Em nossa forma anterior de escola, isso até era possível: podíamos selecionar (mesmo nas escolas públicas) os melhores alunos, os que entendiam e aceitavam as regras do jogo escolar, os que se subordinavam às nossas ordens e valores. Podíamos usar armas potentes – como a repetência e a exclusão – para escolher os alunos mais interessantes e submissos. Agora, na escola compulsória, isto é, obrigatória para todos, esses recursos não são mais possíveis. Daí a complexidade como necessidade de considerar os fatores que intervêm no processo, porque não mais podemos dissociá-los ou reduzi-los aos elementos que nos convêm. Estamos preparados para isso? Não suficientemente, pois nossa comunicação em sala de aula está prenhe de dilemas (ver Capítulo 2), ou seja, na rede complexa do sistema escolar estamos diante de encruzilhadas para as quais nossos saberes são insuficientes, muitas vezes, para nos ajudar a decidir, sem conflitos, pelo melhor caminho em direção aos nossos propósitos de ensino. Temos medos, há coisas que não dizemos (ver Capítulo 3), para as quais fazemos vista grossa, mas que no cotidiano da aula reclamam tomadas de decisões, correr riscos, mobilizar recursos nem sempre disponíveis (dentro e fora de nós), rever esquemas, hábitos, atitudes agora insuficientes para esses novos e complexos tempos de uma escola que se quer para todos, mas que não sabe incluir a todos.

Agir na urgência não é o mesmo que agir com urgência. Mais do que nunca, necessitamos ter calma para esperar o melhor momento de intervenção ou julgamento. Ter malícia para interpretar as sutilezas dos indícios e os fragmentos de coisas que jamais podemos ver por inteiro ou diretamente. Aprender a ficar calados, quando nossa fala não tem função comunicativa, persuasiva ou pedagógica. Reconhecer e ensinar limites diante de uma idéia de liberdade, em que o "faço o que quero" teima em se impor na sala de aula com a mesma ausência de critérios que muitas vezes se manifesta em nossas casas ou nas ruas de nossa cidade. Agir na urgência é o desafio de realizarmos, na escola, o mesmo que fazem um bom cirurgião ou um cozinheiro: agem agora, não antes ou depois; agem de modo preciso, conforme as necessidades (isto é, rápido, lento, muito, pouco e todas suas combinações), e determinado na direção daquilo que querem alcançar. Penso que sempre estivemos mais acostumados ao que, por ser importante, não rimava com urgência. Para nós, urgência significa improvisação, pressa, afobação. Se a criança não aprendia, podia ficar retida na mesma série, até aprender ou ser excluída. Contudo, em um sistema

Prefácio à edição brasileira **vii**

complexo, tudo é urgente no sentido de que age simultaneamente. Por isso, temos que fazer recortes, definir prioridades, correr riscos, integrar conhecimentos, sentimentos e compromissos. Urgência implica a idéia de aqui e agora é tudo do que dispomos para agir em benefício de nossos alunos. Urgência implica a idéia de que temos que valorizar o instante a fim de mobilizar nossos melhores recursos (saberes) em favor de metas ou propósitos educacionais. É certo que, depois, podemos retomar nossas decisões e refletir sobre elas, compartilhar soluções com nossos colegas, rever nossos erros, completar informações, compreender melhor os meios que utilizamos. Porém, nada disso elimina – nos termos de hoje – a idéia de que ensinar é agir na urgência.

DECIDIR NA INCERTEZA

O título deste novo livro de Perrenoud também nos surpreende pela idéia de que ensinar é decidir na incerteza. Por que decidir? Por que incerteza? Na forma anterior de escola, decidir era uma prerrogativa do professor, do coordenador pedagógico ou do diretor, ou seja, dos adultos, em favor do que deveria ser transmitido aos alunos. Essas decisões operavam, além disso, como certezas às quais estavam todos subordinados. Nas situações de ensino, em geral tratadas de maneira dissociada das situações de avaliação, os alunos não tinham muito o que decidir e, por extensão, trabalhavam em poucas situações de risco. Agora, quando ensinar e avaliar são termos complementares e interdependentes, os alunos também precisam aprender a tomar decisões, a mobilizar recursos e a ativar seus esquemas, isto é, a desenvolver competências, nos termos que Perrenoud as define.

O que significa tomar decisões no cotidiano da aula? Tomar decisões significa fazer escolhas, julgar, avaliar o que é melhor (em termos de nossas referências ou valores), correr riscos, utilizar conhecimentos ou informações como elementos importantes nesse processo, saber argumentar, enfrentar situações-problema, elaborar propostas, compreender fenômenos, enfim, participar como sujeito ativo em um sistema complexo. Saber tomar decisões implica desenvolver autonomia, ser responsável pelas ações e por suas conseqüências, levando em conta os limites do processo de desenvolvimento de nossos alunos. Antes, como sabemos, isso era negado às crianças e, se permitido, não nos termos em que hoje se espera que elas pratiquem.

Por que incerteza? Uma coisa é decidirmos em um contexto de certezas, de um certo controle dos resultados, por exemplo, decidirmos o presente em função de um passado conhecido, valorizado, experimentado, em que temos um maior controle das variáveis que regulam o processo de tomada de decisão. Outra coisa é decidirmos em um contexto no qual esses controles já não são mais possíveis na mesma proporção, em um contexto no qual a interação entre os fatores em jogo resultam em coisas surpreendentes, não-previsíveis, indeterminadas. Essa é uma outra dimensão da complexidade atual. O presente também é regulado por um futuro, com todos os seus riscos e incertezas. Decidirmos em um contexto regulado por avanços tecnológicos em todos os domínios. Tecnologia que torna obsoleto um recurso ou um aparelho que mal acabamos de pagar ou de dominar sua linguagem. Uma coisa é decidirmos em um contexto no qual só dispomos de algumas coordenadas, pois os fatores em jogo provêm de muitas fontes e interagem de muitos modos. Não é assim, hoje, na escola? Ao se tornar inclusiva e compulsória, reuniu alunos de origens e interesses muito diversos, alunos para quem a escola não faz muito sentido até porque durante gerações seus familiares foram dela excluídos ou expulsos. Ou, então, alunos que não se interessam em realizar as tarefas escolares, que não gostam do trabalho escolar, que não reconhecem o lugar de seus professores nem legitimam seu trabalho. O mesmo podemos dizer de professores que se sentem mal pagos, despreparados, insatisfeitos e não-reconhecidos. Decidir na incerteza significa decidir em um contexto no qual os resultados são abertos tanto em seu sentido positivo como negativo. Significa decidir em um contexto parecido com o jogo: nele os objetivos, as regras, as peças e o tabuleiro são definidos, mas os resultados são indeterminados, porque o sucesso e a derrota não são decidíveis na véspera e, depois, já é tarde. Decidir na incerteza é saber mobilizar recursos, atualizar esquemas, tomar decisões no momento em que as coisas se realizam, sabendo que, às vezes, é no sutil ou no pequeno que algo grande se realiza.

AGIR COM COMPETÊNCIA

Se hoje ensinar é agir na urgência e decidir na incerteza, ensinar, como resultante disso, é igualmente agir com competência, ao menos nos termos em que Perrenoud a caracteriza. Já lembramos as principais características de sua definição: saber tomar decisão, mobilizar recursos e ativar esquemas (revendo ou atualizando hábitos) em um contexto de complexidade. Tal complexidade é marcada por antagonismos, que se expressam, por exemplo, na dialética entre competência e competição, unidade e diversidade, dependência e autonomia, invariância e mudança, abertura e fechamento, harmonia e conflito, igualdade e diferença. Fiquemos, para terminar, apenas no par competição e competência.

Competição e competência apresentam o mesmo radical *petere*, que significa pedir. Se considerarmos um trabalho ou realização em termos de seus resultados ou produtos, teremos um contexto de competição no qual os fatores em jogos disputam ou concorrem em favor do sucesso ou do fracasso da tarefa. Nessa perspectiva, os elementos ou as partes que compõem o sistema funcionam como adversários ou partes contrárias que se conflitam. Vivemos isso no cotidiano da sala de aula com todas as suas pressões, em que tudo é importante, "imperdível", precisa ser feito e bemfeito no prazo definido e segundo os resultados esperados. Porém, se considerarmos um trabalho ou realização em termos de seu processo, de seu percurso, então o desafio é conjugarmos fatores, reunirmos esforços, concentrarmos energia, encontrarmos disciplina e esforço em favor de algo que vale a pena. Precisamos agir com competência, no sentido de que muitas coisas são pedidas e devem ser congregadas em favor de uma realização. Nessa visão, a competência reflete o domínio do professor, sua capacidade de mobilizar recursos, rever hábitos, atualizar e criar procedimentos que favoreçam a realização de algo que vale a pena. Para isso, devemos tomar consciência e refletir sobre a qualidade de nossos meios e recursos, devemos lutar por algo melhor para todos os nossos alunos e para nossa realização enquanto profissionais que escolheram o magistério como sua forma de trabalho e da participação social.

Lino de Macedo
Vice-diretor do Instituto de Psicologia da USP.

Sumário

Prefácio v

Introdução 13
    Saber a ensinar, saberes para ensinar 16
    Saberes e conhecimentos como representações do real 18
    A noção de competência, algo extremamente precário 20
    Ensinar é enfrentar a complexidade 22

1. A Escola Frente à Complexidade 29
    A irrupção dos antagonismos 30
    O que aumenta a complexidade nos dias de hoje 35
    Algumas estratégias sem futuro 41
    Enfrentar realmente a complexidade 45
    Os estabelecimentos de ensino e seus diretores
        frente à complexidade 50
    E os professores? 56

2. A Comunicação na Sala de Aula: Onze Dilemas 59
    Um olhar normativo e uma questão de poder 60
    Enfrentar a complexidade 64
    Prática refletida e estratégias de formação 73

**3. Dez Não-Ditos ou a Face Oculta da
Profissão de Professor** 75
    Os não-ditos 77
    A comédia do domínio e da racionalidade 88

12 Sumário

4. A Pedagogia de Domínio, uma Utopia Racionalista? 93
    Qual pedagogia de domínio e para quem? 95
    A utopia igualitária ou como provar o avanço 96
    A organização pedagógica e os limites da racionalidade 99
    A memória curta 100
    O impossível consenso sobre os objetivos 102
    Rotina, fantasia e amadorismo pedagógico 104
    A recusa de reduzir a escola às aprendizagens 106
    Uma relação estratégica com o trabalho 109
    As estratégias dos professores 111
    Esquecer Illich? 112

5. O Trabalho em Equipe Pedagógica:
Resistências e Mecanismos 115
    A equipe pedagógica entre coordenação das práticas
    e *team teaching* 115
    Os mecanismos para os estabelecimentos de ensino e o
    sistema educativo: uma nova cultura profissional 123
    Os mecanismos para as pessoas ou como compartilhar sua
    parcela de loucura 127
    Uma política e competências 133

6. A Ambigüidade dos Saberes e da Relação
com o Saber na Profissão de Professor 135
    A profissionalização, uma transformação estrutural da profissão ... 136
    As competências profissionais exigem muito mais que saberes! 139
    Saberes e esquemas 142
    Saberes eruditos e saberes de senso comum: todos eles são,
    à sua maneira, saberes de experiência 147
    Os saberes de senso comum cercados pelos saberes eruditos 152
    O conhecimento na ação 158
    O que separa o ensino de uma profissão plena 160
    Tudo, logo? 165

7. Competências e Complexidade 167
    Uma competência para cada situação? 167
    Famílias construídas pelo ator 170
    O tempo de refletir 173
    Situações e competências, não há nada simples! 176
    A construção do espaço de ação 179
    Competências, saberes e *habitus* 181
    Unidade e diversidade dos saberes úteis à ação 184

8. Algumas Outras Questões 189

Referências Bibliográficas 195

Introdução

Como escreveu Le Boterf:

> A competência não é um estado, mas um processo. Se a competência é uma forma de saber agir, como é que ela funciona? O operador competente é aquele capaz de mobilizar, de aplicar de forma eficaz as diferentes funções de um sistema no qual intervêm recursos tão diversos quanto operações de raciocínio, conhecimentos, ativações da memória, avaliações, capacidades relacionais ou esquemas comportamentais. Em grande parte, essa alquimia continua sendo uma terra incógnita. (Le Boterf, 1994, p. 43)

Quando nos referimos às competências dos professores, geralmente é para qualificar a orientação global de uma formação. Nesse caso, a construção de competências contrapõe-se à transmissão de saberes, sem que haja a necessidade de descrever essas competências. Quando construímos "referenciais de competências", sobretudo para orientar a formação inicial dos professores, em geral obtemos listas muito abstratas e gerais, que não esclarecem satisfatoriamente a realidade cotidiana da profissão. Tudo se passa como se o discurso sobre as competências pudesse desconectar-se de uma observação metódica das práticas, ao passo que uma abordagem mais ergonômica, ou inspirada na psicologia do trabalho, partiria da análise das tarefas: "Diga-me o que faz ou permita que o observe durante o trabalho e, então, direi que competências você tem".

No campo da educação e da formação, os procedimentos de análise das práticas talvez sejam os que mais se aproximam da realidade do trabalho dos professores. Centrando-se na ação frente a situações profissionais complexas e singulares, involuntariamente elas desnudam a realidade das competências dos professores, deixando de lado banalidades como "saber planejar um curso" ou "saber elaborar uma prova". Infelizmente, visto que seu objetivo não é esse, tais procedimentos não contribuem para a construção de uma teoria das competências. De fato, não dispomos de uma lista construída e compartilhada das situações mais freqüentes na vida de um professor e das respostas realmente obtidas. Muitas vezes, pulamos essa etapa da análise para chegar a uma síntese bastante discutível por não se basear em observações precisas, mas em imagens já sintéticas da profissão. Na verdade, um debate sobre os referenciais das competências é um debate sobre a natureza e as práticas da profissão (Paquay, 1994). No entanto, nem sempre ele é explícito e nem sempre pode progredir.

Gostaria de insistir em apenas um ponto: as competências permitem-nos enfrentar a complexidade do mundo e nossas próprias contradições. Seria surpreendente que elas coubessem em algumas listas. O que mais nos faz falta não são as listagens, mas as representações do que acontece na construção e na aplicação das competências. Não nego que tentamos identificar grandes famílias de competências, que podem organizar o trabalho de formação ou de avaliação, porém nunca deixamos de fazer um desvio prévio para chegar a uma conceituação da prática e àquilo que subjaz a ela.

Do ponto de vista da sociologia do trabalho, o ensino pertence às profissões que lidam cotidianamente com situações:

> pouco definidas e nas quais os contextos da ação são pouco estruturados: pensamos em situações pouco habituais para as quais não foram previstos procedimentos ou eles não podem ser aplicados sem controle. Nesse caso, é preciso mobilizar *savoir-que-faire** que permitirá definir o que deve ser feito, analisar o contexto, reelaborar o objetivo a ser alcançado, organizar a ação no seio de um grupo. [...] Nessas situações, o raciocínio é condicional e os funcionamentos por rotinas ou por adaptações das regras ao contexto são pouco pertinentes. Além disso, as escolhas a fazer tornam-se ainda mais complexas quando as soluções são mais numerosas e variáveis, e as tomadas de decisão ocorrem em contextos de urgência, de incerteza e, às vezes, de risco. Por fim, a estrutura organizacional está baseada em uma descentralização da decisão e em processos de coordenação que dependem de comunicações e cooperações. (De Terssac, 1996, p. 227-228)

---

*N. de R.T. Essa expressão refere-se ao "saber o que fazer" em determinada situação.

Portanto, muitas vezes significa *agir com urgência, decidir na incerteza*. No entanto, ninguém pretende reduzir a profissão de professor a essa dupla característica. Em primeiro lugar, porque a urgência e a incerteza fazem parte da condição de educador de uma forma muito desigual: nem todos os professores agem constantemente de maneira precipitada; tudo depende das circunstâncias, do caráter mais ou menos "tranqüilo" de sua classe, do número de acontecimentos imprevistos presentes em um dia comum, da complexidade de seu ambiente; depende mais ainda de sua ambição pessoal e em relação à sua classe; raramente vive com esse sentido de urgência se se contenta em ensinar "com economia", no dia-a-dia, de forma rotineira, sem um projeto ambicioso, sem desafio, sem se sentir obrigado a fazer com que cada aluno aprenda e obtenha sucesso, sem mesmo se sentir obrigado a tentar isso. Do mesmo modo, a incerteza depende do contexto, mas também da relação do professor com os outros, com o saber, com a sua profissão e com a vida.

Se conseguir evitar a urgência e a incerteza, um professor poderá desfrutar de um oásis de relativa tranqüilidade e de certezas provisórias, especialmente se puder escolher a escola, os cursos, os níveis para ensinar e as classes sob sua responsabilidade. A evolução das sociedades desenvolvidas e dos sistemas educativos faz com que essas escolhas sejam cada vez menos fáceis, porém elas continuam sendo possíveis; portanto, em parte, essa é uma questão de identidade e de projeto, tanto pessoais quanto profissionais. Todos os que se envolvem em uma "missão impossível", têm de lidar com a urgência e a incerteza: educar e instruir os que não gostam da escola, que não a freqüentam de bom grado, que nela não encontram sentido e que não devem à socialização familiar nem às atitudes, nem à relação com o saber, nem o capital lingüístico e cultural que predispõe os alunos a entrar no jogo escolar e a serem bem-sucedidos nele. A reflexão sobre as competências dos professores é indissociável de uma pergunta sobre a profissionalização de seu ofício e de uma orientação inequívoca nesse sentido (Perrenoud, 1994 a e b). Por isso, muitas vezes a análise é uma projeção: as competências listadas não são necessariamente exigidas pelo estado atual da profissão, nem desejadas por todos os que a exercem.

Mesmo para os professores que vivem sua profissão como uma aventura de alto risco, a urgência e a incerteza não são permanentes, há momentos tranqüilos, decisões fáceis. Como em toda profissão qualificada, quem pode mais também pode menos: a atividade profissional está composta não apenas de tarefas difíceis e mesmo o aventureiro mais audacioso passa por fases de rotina e quietude. Por que, então, destacar essas duas características? Porque elas são emblemáticas e exprimem com vigor o problema da natureza das competências dos professores.

Agir na urgência é agir sem ter tempo de pensar e, ainda menos, de pesar longamente os prós e os contras, de consultar obras de referência, de buscar conselhos, de adiar a ação para identificar melhor os parâmetros da situação e considerar melhor as diversas possibilidades. Decidir na incerteza significa decidir quando a razão ordenaria não decidir, significa decidir como se estivéssemos jogando pôquer, apenas com o *feeling*, pois não há dados nem modelos da realidade disponíveis para permitir calcular com uma certa certeza o que aconteceria se...

Entretanto, na urgência e na incerteza, uma parte dos professores tem competências que lhes permitem agir sem saber, sem raciocinar e calcular tudo, mas que lhes dão uma certa eficácia na gestão das situações complexas. Tudo se resume a saber quais são essas competências.

É esse o objetivo desta obra, que, no entanto, não pretende propor um novo "referencial de competências", nem estudar dispositivos de formação ou de avaliação das competências. É premente que nos detenhamos nas próprias noções de saberes e competências. Nossos referenciais poderiam sofrer um excesso de racionalidade e mesmo de ingenuidade quanto aos recursos aplicados na prática cotidiana de um professor especialista. O debate sobre o papel formador dos estágios participa, muitas vezes de forma explícita, da mesma ingenuidade: os futuros professores são enviados "a campo" para pôr à prova seus saberes e aprender a utilizá-los em situações concretas (Perrenoud, 1994 f e g). Potencialmente, visa-se à construção de competências. Porém, antes de propor dispositivos e procedimentos de formação, temos de compreender melhor a gênese dos esquemas, das competências e dos saberes subjacentes às práticas.

SABER A ENSINAR, SABERES PARA ENSINAR

Ninguém duvida de que, para ensinar, é preciso dominar os *saberes a ensinar*. Até que ponto? Essa é a questão mais importante. Os professores devem dominar os saberes a ensinar em seu estado *nativo*, no mais alto nível, integrando as últimas aquisições da pesquisa, ou podem limitar seu domínio a uma versão menos exigente, já transposta para o âmbito do ensino, tal qual figura nos programas e nos manuais?

Em uma perspectiva ideal, com um tempo ilimitado de formação inicial, ninguém se oporia a que os professores de todos os graus dominassem uma ou várias disciplinas no mais alto nível e também fossem pesquisadores. No entanto, isso não é necessário nem possível. Não é possível porque, ao acrescentar uma formação didática e pedagógica, mesmo que superficial, a uma formação acadêmica de altíssimo nível, chegamos a formações iniciais com uma duração proibitiva para a maioria das pessoas e coletividades. Por isso, é preciso limitar-se ao fato de que os professores saibam "razoavelmente mais" que seus alunos, que não descubram o saber a ser ensinado na véspera de sua aula e que o dominem suficientemente para não se sentirem em dificuldade ante o menor problema imprevisto. A partir dessa evidência, as opiniões divergem, levando em conta ao mesmo tempo os mecanismos estatutários e as incidências didáticas. Por isso, durante muito tempo, diversos sistemas educativos ofereceram aos professores um nível de formação acadêmica que fosse proporcional à idade de seus futuros alunos, o que justifica a hierarquia do *status* e da renda para o corpo docente, especialmente entre o ensino fundamental e o ensino médio. Quando essa proporcionalidade deixa de ser respeitada, assistimos a um importante remanejamento das estratificações internas do corpo docente, que foi esboçado na França a partir da criação dos Instituts Universitaires de Formation des Maîtres (IUFM) e de uma certificação única em bac + 5 (*baccalauréat* + 5 anos de estudos). Numerosos países conservam as hierarquias tradicionais, recrutando os professores no nível do *baccalauréat*, para uma formação pedagógica e didática de dois ou três anos, ou recrutando os professores do ensino médio em nível de licenciatura ou mestrado, com uma formação profissional menos exigente.

Além desses fatores institucionais, que diferem de acordo com as tradições nacionais, há diferenças ligadas às opções pedagógicas e didáticas dominantes. Para ministrar um curso *ex cathedra*, sem dúvida é preciso dominar os saberes eruditos de outra maneira que para conduzir uma pedagogia do projeto. Quanto mais avançamos rumo a didáticas sofisticadas, pedagogias diferenciadas e construtivistas, mais esperamos que o professor tenha um domínio dos conteúdos que lhe permita não só planejar e ministrar cursos, mas também partir das perguntas dos alunos, de seus projetos e intervir na regulação de situações de ensino-aprendizagem que podem ser muito menos planejadas que uma sucessão de lições. Talvez ele não precise ter uma cultura enciclopédica e com uma forte estruturação discursiva, que tem como base "o texto do saber" em uma pedagogia essencialmente frontal. Em suma, a aparente evidência de que "deve-se saber o que se ensina" abrange uma grande diversidade de representações quanto à extensão dos saberes a dominar, à natureza desse domínio, com relação ao saber que ele envolve e aos seus vínculos com a transposição didática.

Outra questão suscita ainda mais controvérsias: para ensinar, deve-se dominar outros saberes além daqueles que serão ensinados? Alguns pensam que basta completar os saberes eruditos por meio de uma certa familiaridade com os programas e os meios de ensino. Eles desconhecem ou consideram inúteis os saberes eruditos provenientes da pesquisa no âmbito da didática ou das ciências da educação. Ensinar mobiliza um talento pessoal que não se deve tanto à formação, nem mesmo à experiência; ele se deve muito mais à personalidade ou à inteligência do professor: o que se pensa claramente é enunciado facilmente e, recorrendo ao bom senso, é possível comunicar de forma eficaz. Outros reconhecem a parte dos saberes e do *savoir-faire* pessoais, porém consideram que eles se devem ao bom senso e à experiência de cada um e não têm nada a ver com as ciências humanas. Outros, entre os quais me incluo, consideram que a formação dos professores ganharia muito se passasse pelo domínio dos saberes enraizados nas ciências humanas e sociais, não só na didática das disciplinas, mas também na psicologia da aprendizagem, na abordagem psicanalítica e psicossociológica das relações educativas e dos grupos, na sociologia, na antropologia e na história da educação.

Com freqüência, o debate, clássico, contrapõe os representantes das disciplinas universitárias que figuram no programa escolar – saberes a ensinar: matemática, física, biologia, letras ou economia – aos representantes das ciências humanas e sociais, que se sentem portadores de saberes *para ensinar*. As didáticas das disciplinas pertencem, de acordo com as tradições universitárias, às disciplinas instaladas ou às ciências humanas. Em geral, o debate exprime as relações de força entre ciências "duras" e ciências humanas e, no campo das humanidades, entre enfoques filosóficos e literários clássicos e enfoques mais científicos. As representações só serão efetivas se for possível estabelecer com maior precisão o modo como os professores utilizam os saberes que possuem.

Para isso, é preciso analisar com maior rigor as competências dos professores. Elas não se limitam ao domínio dos saberes, mesmo que eles sejam definidos em sua mais ampla extensão. Os saberes são necessários, porém antes de distingui-los, de hierarquizá-los e de considerar sua pertinência, por que não nos determos naquilo que permite a *mobilização* na ação profissional cotidiana?

SABERES E CONHECIMENTOS COMO REPRESENTAÇÕES DO REAL

A própria noção de saber passa por abordagens muito diferentes: algumas contrapõem saberes e conhecimentos, enquanto para outras essas expressões são intercambiáveis. Algumas denominam de "saber" tudo o que um ser humano pode aprender, enquanto outras opõem os saberes ao *savoir-faire*, e mesmo ao *savoir-être**, os conhecimentos aos "conhecimentos em ato" (Vergnaud, 1990) ou aos esquemas de pensamento e de ação no âmbito piagetiano.

Seria inútil esperar que todos chegassem a um acordo. Portanto, explicitarei apenas minha posição pessoal para limitar os mal-entendidos. Para mim, saberes e conhecimentos são *representações organizadas do real*, que utilizam conceitos ou imagens mentais para descrever e, eventualmente, explicar, às vezes antecipar ou controlar, de maneira mais ou menos formalizada e estruturada, fenômenos, estados, processos, mecanis-

---

*N. de R.T. Essa expressão refere-se ao "saber ser/estar" em cada situação vivenciada.

mos observados na realidade ou inferidos a partir da observação. Alguns saberes parecem mais descritivos, outros mais explicativos, porém até mesmo a informação mais elementar é construída e mobiliza conceitos e teorias implícitas. Por outro lado, a teoria mais abstrata diz algo sobre o estado do mundo, pelo menos do mundo tal como ele é percebido por aquele que a professa.

É preciso contrapor saberes e conhecimentos? Certamente, é legítimo distingui-los, em um extremo do *continuum*, das representações íntimas e "inefáveis" do real e, no outro extremo, das representações compartilhadas e verbalizadas. Também é pertinente distinguir as representações isoladas das representações que pertencem a uma rede estruturada de noções, teses, hipóteses e questões. Entretanto, entre esses dois extremos, há mil níveis intermediários. Também há uma possível evolução: um conhecimento de origem privada e inefável pode tornar-se compartilhado e formulado, passando por estados intermediários; um conhecimento isolado pode integrar-se a um conjunto mais amplo; um elemento de uma teoria pode destacar-se de seu contexto e viver sua própria vida. Já não é possível delimitar claramente os saberes instituídos, públicos, separados de seus produtores e de seus usuários, e os conhecimentos subjetivos, provenientes do pensamento privado. A cultura não existe fora daqueles que a pensam, embora às vezes ela ultrapasse alguns deles. Em suma, nossas representações não comportam classificações simples, pois dependem de nossas relações com o mundo, matizadas e mutantes, desigualmente compartilhadas, desigualmente instituídas. Embora aceite a pertinência de tais distinções, não me parece útil contrapor saberes e conhecimentos como duas categorias de representações claramente distintas. Portanto, utilizarei de forma indiferente esta ou aquela expressão.

Do ponto de vista sociológico, não há nenhuma razão para dar um *status* de exceção aos saberes científicos, nem mesmo aos saberes eruditos. Sem dúvida, é importante clarificar o *status*, as fontes, o modo de construção, de enunciação, de validação dos conhecimentos e dos saberes, bem como analisar sua legitimidade em um grupo social. Saberes eruditos e saberes comuns são diferentes e, no campo dos saberes eruditos, os saberes científicos exigem um método específico, que autorize a comunidade que os produz a apresentá-los como "os únicos saberes dignos desse nome", relegando todo o resto à categoria de opiniões, de ideologias ou de saberes de sentido comum. Sem negar a impressionante hierarquia dos saberes que a instituição científica induziu nas sociedades desenvolvidas, o sociólogo deve lembrar que os atores agem em função do que constitui *seu* saber, seja qual for a legitimidade aos olhos dos cientistas.

Uma representação funciona como um conhecimento (ou um saber) desde que os que a possuem tenham a "convicção íntima" de ter percebido e compreendido uma parte da realidade e de poder agir "com conhecimento de causa". Para o sociólogo, a ciência está *na sociedade*, não há nenhuma instância "supra-social" que possa desempatar os saberes fundamentados e os saberes "fantasiados". Todos pretendem uma certa validade, e o astrólogo de boa-fé tem certeza da legitimidade de seu conhecimento dos astros tanto quanto o astrofísico. A história e a vida cotidiana apresentam ricos episódios que colocam em cena indivíduos ou grupos que agem com base em saberes cujos limites – e, muitas vezes, erros – são evidenciados pelos acontecimentos ou pelos progressos do conhecimento. Em todo grupo, em toda sociedade, instaura-se um debate mais ou menos aberto sobre a validade dos saberes proclamados ou aplicados por uns e outros. Contudo, para iniciar o debate sobre sua legitimidade, primeiro eles devem ser reconhecidos como representações que *pretendem*, de forma certa ou errada, às vezes com uma convicção íntima, às vezes com má-fé, *dar conta de uma parte da realidade*.

A NOÇÃO DE COMPETÊNCIA, ALGO EXTREMAMENTE PRECÁRIO

Assim definidos, os saberes estão intimamente ligados a uma pragmática: as representações do mundo que – provenientes de um coeficiente mais ou menos intuitivo de incerteza – pretendem orientar a ação. Temos, ainda, de nos perguntar como os saberes são investidos na ação. A noção de competência, longe de dar as costas aos saberes, permite compreender sua aplicação. Mas, na verdade, o que é uma competência? A obra de síntese de Rey (1996) sobre as *competências transversais* é muito útil para recordarmos a polissemia da expressão. Adotarei aqui um sentido possível entre outros, chamando de competência *o conjunto dos recursos que mobilizamos para agir*. Os saberes, eruditos ou comuns, compartilhados ou privados, fazem parte desses recursos, porém não os esgotam.

Todas as "coisas" que aprendemos em nossa vida não são saberes ou conhecimentos no sentido que acabamos de indicar. Como denominar, então, o que aprendemos? Para falar de aprendizagens, de aquisições, destacaríamos a gênese progressiva daquilo que nos constitui e do que dispomos neste ou naquele momento de nossa vida, porém sem limitar a natureza neurofisiológica ou psicológica dessas aquisições. Podemos falar de representações, de informações, de opiniões, de crenças, de hábitos, de aptidões, de saberes, de *savoir-faire*, de *savoir-être*, de faculdades, de *skills*, de capacidades, de noções, de gostos, de disposições, de sentimentos, de atitudes, de normas, de modelos, de valores, de noções, de conhecimentos, de esquemas, de formas de fazer, de perceber, de refletir... Somos "feitos" de tudo isso, e a maioria de nossas ações mobiliza uma parte desses ingredientes. A lista não é estável: conforme as teorias e os autores, esses diversos conceitos são, ou não, considerados pertinentes. Por isso, alguns afirmam e outros negam a existência de *savoir-être*. Alguns distinguem claramente os valores de normas e atitudes, enquanto outros tratam essas expressões como se fossem quase intercambiáveis. O mesmo acontece com as noções de aptidão, de habilidade e de capacidade. Cada autor retém nesse léxico – que, além disso, difere de uma língua para a outra! – as palavras que fazem sentido para ele. No âmbito das ciências humanas, como poderia ser diferente?

Devemos acrescentar "competências" a essa longa lista? Em termos de usos, como poderíamos deixá-las de lado? No entanto, parece-me mais *fecundo* utilizar essa expressão para conceituar uma realidade funcional *de outra ordem*:

> A competência não reside nos recursos (conhecimentos, capacidades...) a serem mobilizados, mas *na própria mobilização desses recursos*. A competência pertence à ordem do "saber mobilizar". Para haver competência, é preciso que esteja em jogo um repertório de recursos (conhecimentos, capacidades cognitivas, capacidades relacionais...). (Le Boterf, 1994, p. 16)

Seguindo Le Boterf, chamarei de *competência* a capacidade de um sujeito de mobilizar o todo ou parte de seus recursos cognitivos e afetivos para enfrentar uma família de situações complexas. Isso exige a conceituação precisa desses recursos, das relações que devem ser estabelecidas entre eles e da natureza do "saber mobilizar". Pensar em termos de competência significa pensar a sinergia, a orquestração de recursos cognitivos e afetivos diversos para enfrentar um conjunto de situações que apresentam analogias de estrutura.

O uso do termo "competência", seja ela intuitiva ou erudita, muitas vezes gira em torno desse núcleo semântico. Entretanto, em vez de esclarecer tudo, a opção de referir a competência a uma família de situações complexas apenas abre um outro debate difícil. Rey (1996) mostra bem que a noção de competência oscila entre uma concepção muito geral, separada de qualquer contexto identificável, e uma concepção muito limitada, que assimila a competência a um *savoir-faire* preciso em uma situação bastante específica, como, por exemplo, amarrar os sapatos ou resumir um texto narrativo.

Podemos abordar essa questão de uma forma muito abstrata, a partir dos debates da psicologia cognitiva, da didática, da lingüística e da antropologia. Então, correremos o risco de nos mover em um universo de conceitos, sem jamais explicitar as representações das práticas e do mundo social do qual fazem parte as competências analisadas. Optei pelo procedimento inverso: apresentar a prática pedagógica em função da *complexidade*, sob diversas facetas, e retomar a pergunta que foi deixada em suspenso: na verdade, que é uma competência?

ENSINAR É ENFRENTAR A COMPLEXIDADE

Sem dúvida, seria preferível propor uma representação bem ordenada das práticas pedagógicas. Infelizmente, a pesquisa não progride de forma linear. Por outro lado, duvido que se possa fazer metodicamente o *tour* de uma prática tão multiforme. Por isso, não pretendo descrever aqui, de maneira sistemática, todos os aspectos da profissão de professor, mas explorar alguns deles que me parecem ilustrar bastante bem a problemática das competências e dos saberes dos professores. Não retomarei aqui os temas do amadorismo, da improvisação, da dispersão, dos lutos e paradoxos, que foram analisados em outras obras, sobretudo com relação à formação dos professores (Perrenoud, 1994 b) e das pedagogias diferenciadas (Perrenoud, 1995 a).

Este livro mescla artigos escritos em diversos contextos e textos originais.[1] Os primeiros capítulos destacam as práticas pedagógicas, sendo que a problemática das competências constitui um pano de fundo. Os Capítulos 6 e 7, ao contrário, têm uma abordagem mais teórica e direta das relações entre *habitus*, saberes e competências. A breve introdução propõe um certo rumo, porém todos os capítulos podem, até certo ponto, ser lidos fora da seqüência. Na conclusão, tentamos retornar à questão da natureza dos saberes e das competências dos professores.

O Capítulo 1, "A escola frente à complexidade", tenta concretizar uma idéia que está na moda, mas que é bastante abstrata. A educação é uma profissão impossível, porque é uma profissão complexa, que obriga a enfrentar contradições irredutíveis, tanto no espírito do ator quanto nas relações sociais. Se a tarefa de ensinar fosse apenas complicada, seria suficiente, como frisa Edgar Morin, decompô-la em tarefas mais elementares, dar uma resposta ótima a cada uma delas e reunir o todo, como faz a NASA quando constrói um foguete. Entre o desabrochar do indivíduo e sua integração na sociedade, entre o desejo de igualdade e o respeito pelas diferenças, entre os interesses do professor e os do aluno, entre o projeto pessoal do professor e sua fidelidade ao mandato recebido, existe uma tensão intransponível. O professor navega à deriva ou, se preferirmos, avança como um equilibrista, sem jamais estar certo de ter encontrado um equilíbrio estável, tentando conciliar o inconciliável, como misturar água e fogo. A tensão aumenta com a incoerência ou com a hipocrisia das políticas educacionais e das práticas institucionais, mas ninguém pode livrar completamente o professor da contradição, nem dissimular de forma duradoura seus limites. Por isso, a prática é, no final das contas, um jogo entre a razão e a paixão, entre julgamento e desejo, entre interesse e desinteresse. É importante captar a natureza profunda da complexidade para não se enganar sobre a natureza das competências. Sem dúvida, o professor é chamado a dominar em tempo real, muitas vezes com urgência, numerosos parâmetros que constituem o triângulo pedagógico e didático. Se as situações educativas caracterizassem-se "apenas" pelos numerosos fatores a serem integrados e pela necessidade de reagir rapidamente, a competência do professor seria semelhante à habilidade do malabarista ou do piloto de Fórmula 1. Tudo isso, sem estar ausente, não dá conta da especificidade de uma profissão humanista, que tem de confrontar o outro e, portanto, a si mesmo e a todas as contradições, ambivalências e incoerências da condição humana. Originariamente escrito pensando nos diretores de escolas, este texto refere-se de forma tríplice aos professores: porque ambos têm de enfrentar as mesmas contradições, porque a parte da complexidade assumida pelo diretor de escola influencia as condições de trabalho dos professores e, por fim, porque a profissão de educador é cada vez menos uma prática individual e também é exercida na escala da equipe pedagógica e do estabelecimento de ensino.

O Capítulo 2, "A comunicação na sala de aula: onze dilemas", prolonga a análise da complexidade, dessa vez na escala da sala de aula. A comunicação com os alunos não passa de uma faceta do ofício de professor, porém ela evidencia de forma particular os dilemas que constituem o seu pão de cada dia. Sem dúvida, nem sempre ele tem consciência disso. Quando reflete sobre sua prática, percebe que está caminhando na corda bamba, correndo constantemente o risco de perder o equilíbrio. Então, é obrigado, por exemplo:

- a aceitar a ambigüidade e a complexidade dos fenômenos de comunicação;
- a reconhecer em seu próprio funcionamento o que regularmente gera mal-entendidos ou disfunções;
- a clarificar suas intenções e seus mecanismos essenciais nas diversas situações:
- a aprender com a experiência, levando em conta os erros de estratégia e os limites – provisoriamente – intransponíveis da influência do professor;
- a associar os alunos à análise dos fenômenos de comunicação e, mais globalmente, a uma "metarreflexão" sobre o sentido dos saberes e do trabalho escolares;
- a trabalhar tais questões junto com a equipe pedagógica e, desse modo, a transferir aprendizagens do mundo da cooperação entre adultos para o mundo da relação pedagógica, ou vice-versa.

Tanto aqui quanto em outros registros, a competência consiste sobretudo em identificar e resolver problemas complexos, navegando entre valores contraditórios e enfrentando conflitos internos e intersubjetivos.

O Capítulo 3, "Dez coisas não-ditas ou a face oculta da profissão de professor", pretende esclarecer o que todos sabem, mas preferem calar ou usar eufemismos para apresentar a tese do ensino como uma prática racional, baseada no domínio de saberes eruditos. Essa cegueira impede que se coloque em seu devido lugar o que Mireille Cifali (1996) chama de "inteligência do vivo", Carbonneau e Hétu (1996) chamam de "inteligência profissional", o que outros nomeiam *mestiço*, em suma, essas faculdades ou competências que nos permitem agir mesmo quando não é possível realizar uma ação totalmente racional. Na verdade, a racionalidade exigiria que "colocássemos sobre a mesa" todos os elementos da situação para pesar seus prós e contras. Ora, na vida real, nem tudo está sobre a mesa, pois nem tudo é pensado ou dito. Nem todas as nossas intenções ou mecanismos podem ser confessados, inclusive a nós mesmos. O medo, o poder, a sedução, a astúcia, a violência simbólica, o tédio, a desordem, a avaliação, o amadorismo, a improvisação, a injustiça, o cinismo, o desespero são realidades com as quais a profissão de educador flerta constantemente. Ao mesmo tempo, são temas particularmente tabus e, por isso, difíceis de serem integrados ao pensamento comum e mesmo às estratégias pessoais. Insistir nos não-ditos não é ceder a uma forma de romantismo. Esses mistérios não acrescentam nada ao encanto da profissão! O pensamento racional só desumaniza quando reduz a complexidade humana à complicação de uma máquina. As competências consistem ao mesmo tempo, sempre que possível, em pensar o impensável e em dizer o não-dito, bem como em "fazer com" sempre que é impossível. Nas competências dos professores, a capacidade de tomar consciência, de explicitar e descrever sem julgar é essencial. Somente ela permitirá que se deixe de lado a comédia do domínio e que se trabalhe aberta e coletivamente com os verdadeiros problemas.

O Capítulo 4, "A pedagogia de domínio, uma utopia racionalista?", foi escrito no contexto de uma reflexão sobre as pedagogias diferenciadas, entre as quais a pedagogia de domínio é uma das formas históricas constituídas em meados dos anos 60. Na França, muitas vezes ela foi reduzida à "pedagogia por objetivos", abreviada como PPO e caricaturizada como um empreendimento "behaviorista", que pretendia lutar contra o fracasso escolar por meio de uma forma de adestramento. Uma leitura mais rigorosa das obras de Bloom, em parte acessíveis em francês (1972, 1979), mostra que ele não propunha o ensino por objetivos, mas uma regulação em função de objetivos claros, e que, sem ser construtivista, de forma alguma estava próximo de Skinner. Hameline (1979) alerta-nos quanto aos excessos de uma pedagogia por objetivos, enquanto a obra de Huberman (1988) tenta uma integração entre os enfoques construtivistas europeus e a pedagogia do domínio. O debate continua sendo atual, porém retomo esse texto por outro motivo, válido para toda pedagogia diferenciada: como não sucumbir à tentação da utopia racionalista? Como não acreditar que é possível conceber detalhadamente um dispositivo e procedimentos de pedagogia diferenciada e entregá-los aos professores com a esperança de que eles os aplicarão com rigor e fidelidade?

Também abordamos outra face da ação pedagógica, cuja racionalidade não é limitada por fatores ideológicos, afetivos ou relacionais, mas apenas pela extrema dificuldade de ser constantemente coerente e perseverante, quando a coerência e a perseverança exigem um esforço sobre-humano e exigem deixar de lado diversos prazeres profissionais e pessoais, entre eles os que nos levaram a ser professores e a permanecer nessa profissão. Em outra parte (Perrenoud, 1992a, 1995a), analisei as resistências, os lutos e os paradoxos em jogo na diferenciação do ensino. A análise das utopias racionalistas amplia o objetivo ao conjunto dos obstáculos com os quais nos deparamos quando esperamos acabar com os problemas da escola prescrevendo aos professores modelos cada vez mais sofisticados de ação pedagógica, pensados no seio da noosfera (Chevallard, 1991), a esfera daqueles – quadros, pesquisadores, didáticos, formadores, especialistas em tecnologias, em manuais ou em avaliação – que pensam o ensino sem ter de enfrentar cotidianamente uma sala de aula. A complexidade, a fluidez, a singularidade das situações educativas não permitem entregar "chave em mãos" dos modelos de pedagogia diferenciada, nem de pedagogia ativa, cooperativa ou construtivista. Afinal, tudo depende da capacidade do professor de *reinventar* o dia-a-dia, baseando-se em tramas bastante gerais, em estratégias de ensino e de avaliação situadas na linha das pedagogias diferenciadas, ativas, etc., porém sem estarem calcadas em modelos. Esse é o principal desafio da profissionalização do ofício de professor (Altet, 1994; Bourdoncle, 1991, 1883b; Carbonneau, 1993; Perrenoud, 1994a e b). Às custas de uma autonomia e de uma responsabilidade crescentes, o que significa competências de mais alto nível, é que os professores poderão apropriar-se das idéias pedagógicas sem se tornarem prisioneiros das modalidades prescritas. Essas competências não darão as costas às necessidades de criatividade, de variedade, de originalidade, de ruptura com o tédio, assim como de rotina, de segurança, de previsibilidade. Ao contrário, elas poderão integrá-las sem pagar um alto preço: a incoerência ou a ineficácia das práticas. Uma crescente competência não é sinônimo de racionalidade integral, mas de um casamento entre razão e subjetividade.

O Capítulo 5, "O trabalho em equipe pedagógica: resistências e mecanismos", afirma que "o trabalho em equipe significa a partilha da parte de loucura de cada um". Essa é uma maneira de afirmar que a cooperação profissional, assim como a diferenciação ou a inovação, não depende apenas da razão. Trabalhar com outros professores e com os mesmos alunos significa tornar visível o que, geralmente, constitui um assunto "privado" entre um professor e seus alunos, o detalhe de um contrato, de um planejamento e de um procedimento didáticos, de uma gestão de classe, de um modo de exercício do poder, de uma maneira de ser em classe, de falar, de se dirigir aos alunos, de escutá-los, de perder o sangue-frio, de jogar o jogo da sedução e da repressão. Os professores que aceitam compartilhar alunos, sem serem protegidos por uma estrita divisão do trabalho, também aceitam reunir territórios, enfrentar fenômenos de preferência e de mercado, ser observados em momentos em que nem tudo se controla e em que se manifesta menos desembaraço profissional e pessoal do que se gostaria. Desse ponto de vista, o trabalho em equipe é um bom analisador da espessura antropológica e psicanalítica das práticas de ensino e das competências que elas mobilizam. O confronto ocorre no registro da orquestração dos *habitus*, mais que da partilha dos saberes ou da coordenação deliberada das ações.

O Capítulo 6, "A ambigüidade dos saberes e da relação com o saber na profissão de professor", retoma com um registro mais teórico a questão dos saberes e das competências. Como o conjunto deste livro, ao qual ele poderia dar o título, exprime a recusa de considerar que, melhor do que formar professores, é permitir que se apropriem mais dos saberes. É claro que isto é o que as instituições de formação fazem melhor: dispensar saberes e avaliar seu domínio fora de qualquer contexto de ação, através de exames e concursos. Podemos compreender a tentação, quando admitimos os limites dos saberes eruditos, de acrescentar-lhes os saberes pedagógicos, didáticos, "metodológicos", "procedimentais", "praxiológicos" e, até mesmo, "saberes de experiência" ou "saberes de ação". Isso não rompe o círculo: a ação baseia-se apenas nos saberes, pois a referência aos saberes pertinentes no momento oportuno não releva de um saber, mas do *habitus*. Esse capítulo propõe que se trabalhe na formação de professores de acordo com três eixos complementares:

- reorganizar, tematizar os saberes eruditos em função dos limites e das exigências da prática;
- identificar as competências efetivas dos professores novatos ou veteranos, analisar o *habitus* profissional em todos os seus componentes;
- teorizar e valorizar os saberes provenientes da experiência, fazê-los circular, confrontá-los entre si, relacioná-los com os saberes eruditos.

O capítulo final, "Competências e complexidade", completa o precedente, apresentando as relações entre os saberes e os *habitus,* as competências e as situações, a teoria e a prática. As publicações sobre esse tema multiplicam-se (Association Québécoise Universitaire en Formation des Maîtres, 1993; Gauthier, Mellouki e Tardif, 1993; Lessard, Perron e Bélanger, 1993; Tochon, 1993; Altet, 1994; Develay, 1994; Schön, 1994; Vermersch, 1994; Develay, 1995; Meirieu, 1995; Toupin, 1995; Argyris, 1996; Barbier, 1996; Paquay *et al.*, 1996; Rey, 1996; Ropé, 1996, para citar algumas obras em língua grancesa). Portanto, seria inviável propor uma síntese no momento em que o terreno está sendo ampliado. Eu me limitarei a contribuir com o debate a partir de uma sociologia das práticas como ancoragem teórica e de uma luta por uma formação universitária e profissional dos professores, como ancoragem pragmática.

❆ ❆ ❆

Para concluir esta introdução, gostaria de fazer uma advertência sobre toda análise dos saberes e das competências. A complexidade do funcionamento do espírito e das práticas, bem como a diversidade das tradições filosóficas, das disciplinas de referência e dos imaginários pessoais, impedem-nos de estar completamente no pensamento do outro. Estabelecemos apenas cumplicidades parciais e temporárias, mas que nos permitem "percorrer juntos um pedaço do caminho". De fato, todos refletem a partir de sua experiência subjetiva, interior, do conhecimento, do pensamento e da prática; todos elaboram conceitos e hipóteses, inevitavelmente, a partir de sua própria relação com o mundo, com o saber, com a ação. Seria deplorável limitar-se à introspecção; os trabalhos de Piaget, Vermersch e alguns outros mostram que não sabemos tudo sobre nosso funcionamento mental, que a tomada de consciência é parcial, não-sistemática, suscitada por um obstáculo. Há uma opacidade no próprio pensamento. Ao mesmo tempo, como seria possível desenvolver uma teoria que não concordasse com intuições subjetivas, baseadas em uma prática refletida?

Além disso, todos convivem, à sua maneira, com uma contradição intransponível: nesse campo, tropeçamos constantemente em problemas que mereceriam anos de esclarecimento conceitual e de pesquisa empírica para fundamentar seriamente o propósito. Portanto, seria prudente esperar que o conhecimento progrida em etapas bem ordenadas. A vontade de ver claramente, para compreender e agir, faz com que essa paciência seja tão admirável quanto inacessível. Assim, cada um opta por prosseguir o raciocínio, fazendo de conta que foram adquiridas idéias que não passam de hipóteses. De etapa em etapa, de intuições a apostas teóricas, o autor corre o risco de ficar cada vez mais sozinho, pois o círculo dos leitores que aceitaram segui-lo estreita-se continuamente. Não existe uma resposta satisfatória para esse problema, exceto talvez uma aceitação pragmática de acompanhar cada autor até o final de sua lógica, optando, *in fine*, por não segui-lo em suas conclusões e por construir outro edifício, também barroco, ao lado, tomando emprestados alguns materiais e estruturas. Por ter tido freqüentemente essa impressão, sei que o leitor ativo viverá uma tensão entre o desejo de compreender meu procedimento e o desejo de construir sua própria resposta ao problema. Nesse âmbito, continuaremos condenados a trilhar caminhos parcialmente solitários, mas que podem ser fecundados pelas tentativas ou pelos achados de outras pessoas, que também buscam compreender este mistério fundamental: como podemos compreender e, às vezes, dominar situações que nunca vivemos? Transferência, aprendizagem, generalização, competências transversais, inteligência da complexidade, prática refletida? Sem dúvida! E o que mais ainda?

NOTA

1. Agradeço aos editores e diretores de revistas que autorizaram a republicação desses artigos. Os textos foram revisados, para retirada dos elementos repetitivos e desatualizados, porém, no fundo, foram pouco modificados; as referências bibliográficas foram atualizadas e completadas.

1
A Escola Frente à Complexidade[1]

Ninguém tem a menor dúvida de que o ser humano e os sistemas sociais não são simples, de que os profissionais da educação e os diretores de escola não têm uma tarefa fácil. Que ganhamos quando falamos de *complexidade*? Certamente, a palavra está na moda e valoriza os que a utilizam. Mas, na verdade, de que se trata?

Antes de chegarmos a uma definição mais rigorosa, gostaria de me referir à complexidade por meio de uma metáfora. Diante de um espetáculo de pantomima um pouco esotérico, há momentos em que acreditamos compreender, em que nos sentimos quase eufóricos, donos do sentido e, portanto, muito inteligentes, sobretudo se tivermos a impressão de que os outros espectadores não estão compreendendo e se imaginarmos que podemos surpreendê-los, explicando-lhes os mistérios que não estão ao seu alcance, ou esnobá-los, fazendo-os entender que a compreensão do mundo não está ao alcance de qualquer um. Em outros momentos, não temos certeza de estar entendendo tudo e gostaríamos que alguém nos explicasse discretamente, o sentido dos acontecimentos. Para isso, seria preciso confessar nossas dúvidas e correr o risco de sermos menosprezados. Melhor morrer! Em outros momentos, enfim, não compreendemos nada, nem mesmo tentamos compreender. Gostaríamos de acreditar que isso não ocorre apenas conosco, buscamos entre os vizinhos um sinal de dúvida, uma cumplicidade na perplexidade. Mas nada disso acontece. Eles parecem acompanhar tudo, e achamos que não podemos cair no ridículo.

Como um espetáculo de pantomima, o espetáculo do mundo muitas vezes nos desconcerta e às vezes nos faz sentir que não podemos acompanhá-lo. No entanto, não ousamos dizer em voz alta: "Não estou entendendo nada! E você?". No teatro, às vezes o espectador diz para si mesmo: "E se as luzes se dirigissem para mim, se me perguntassem qual é minha opinião, o que eu diria?". Entretanto, exceto nesses teatros de vanguarda que querem transportar o espetáculo para dentro da sala, não corremos um risco muito grande. O teatro da vida é menos sutil, ele não nos poupa. Na vida, é preciso agir e, portanto, compreender ou fingir que compreendemos. Principalmente se formos o *responsável*, aquele que é chamado quando a máquina emperra.

Devido à divisão do trabalho, em uma organização o responsável é *condenado à complexidade*! É bom saber disso quando nos tornamos diretores ou professores, ou teremos de mudar de profissão se o descobrirmos tarde demais! Mesmo quando assumimos lucidamente essa responsabilidade, como componente principal do papel profissional, não é fácil enfrentar a complexidade todos os dias. Para domesticá-la, é melhor falar dela, reconhecer que faz parte do mundo e também de nossa *relação com o mundo*, devido, por um lado, às nossas contradições, ambivalências, instabilidades e limites pessoais e, por outro, às divergências e conflitos entre atores sobre a situação e as decisões a serem tomadas.

Por isso, falar de complexidade significa falar de si mesmo e dos outros frente à realidade. Significa questionar nossa *representação* e nosso *controle* do mundo, especialmente do mundo social. Significa também verificar quais são nossas ferramentas de compreensão, de antecipação e de ação.

A IRRUPÇÃO DOS ANTAGONISMOS

Que é a complexidade? Edgar Morin, além de outros analistas dos sistemas vivos, a distingue da complicação:

> A complexidade impõe-se primeiro como a impossibilidade de simplificar; surge onde a unidade complexa produz suas emergências, onde se perdem as distinções e as clarezas, onde as desordens e as incertezas perturbam os fenômenos. [...]
> A complexidade não é a complicação. O complicado pode reduzir-se a um princípio simples, como um novelo enredado ou um nó de marinheiro. É claro que o mundo é muito complicado, mas se fosse apenas complicado, ou seja, embaralhado, multidependente, etc., bastaria realizar as reduções que todos conhecemos [...]. O verdadeiro problema não é, portanto, reduzir a complicação dos desenvolvimentos a regras com uma base simples. A complexidade está na base. (Morin, 1977, p. 377-378)

Ele acrescenta que o núcleo principal da complexidade está "na associação do que é considerado antagônico. A complexidade corresponde, nesse sentido, à irrupção dos antagonismos no seio dos fenômenos organizados" (Morin, 1977, p. 379).

Isso pode parecer bastante abstrato, pois a reflexão sobre a complexidade é feita primeiro pelos filósofos das ciências ou pelos pesquisadores – físicos, astrônomos, biólogos, psicólogos ou sociólogos – que tentam compreender por que a realidade resiste a seus modelos, por que não é suficiente simplificar a realidade, reduzi-la à composição de leis ou de partículas elementares para compreendê-la. Essa abordagem epistemológica da complexidade tem alguma relação com o *sentimento de complexidade* que afeta os atores no seio das organizações ou das sociedades modernas? Penso que sim, mesmo se os atores não têm tempo nem meios de explicitar o que entendem exatamente.

Os enunciados de Morin podem esclarecer a ação social ordinária, especialmente no mundo escolar, ao memos sobre três pontos:

- a complexidade está *na base*, constitui a natureza das coisas, do pensamento, da ação, da organização, o que significa que não podemos fazer com que desapareça;
- é feita da *irrupção dos antagonismos no centro dos fenômenos organizados*;
- para dominar a complexidade, devemos conseguir *pensar essas contradições de forma conjunta*.

No âmbito da educação, quais são as contradições? Eis algumas delas: entre a pessoa e a sociedade, a unidade e a diversidade, a dependência e a autonomia, a invariância e a mudança, a abertura e o fechamento, a harmonia e o conflito, a igualdade e a diferença. Cada uma delas opera em diversos níveis da organização escolar, o da sala de aula, onde se desenrola a relação pedagógica essencial, o do estabelecimento de ensino, o do sistema educativo em seu conjunto.

Entre a Pessoa e a Sociedade

Em uma sociedade na qual os valores individualistas são supervalorizados, a educação é considerada um consumo ou um investimento da pessoa a serviço de seu próprio sucesso, de sua felicidade, de seu equilíbrio. Ao mesmo tempo, as famílias, as instituições e a sociedade não estão prontas para renunciar ao controle sobre a "socialização" das novas gerações. Há vários fatores em jogo: a preservação das tradições, dos valores, da ordem das coisas, assim como, de forma mais pragmática, a continuidade no funcionamento das organizações, a renovação da mão-de-obra qualificada, a manutenção dos privilégios dos mais abastados e do poder dos dominantes, favorecendo o desenvolvimento e a modernização econômica e as mutações culturais correspondentes...

A educação sofre constantemente com essa *tensão* e não pode livrar-se dela "de uma vez por todas". Esse é um dos elementos da complexidade *na base*. A tensão manifesta-se no debate social sobre as finalidades do sistema educativo. É reencontrada no interior dos estabelecimentos de ensino, não só entre jovens e adultos, mas também entre os próprios adultos, que não compartilham a mesma ideologia e não estão no mesmo campo. Por fim, na sala de aula, todos os dias nasce um *compromisso frágil* entre o respeito pelas pessoas – por suas necessidades, seus ritmos, seu pensamento – e as exigências do programa, do trabalho, da avaliação, do horário, da coexistência.

Entre a Unidade e a Diversidade

Educar e instruir é fazer com que o aprendiz compartilhe uma cultura, *aceite uma herança*, ou seja, *enquadre-se em um molde*, aceite uma certa padronização dos seus saberes, de suas formas de pensar, de sentir, de comunicar. Historicamente, a escola desenvolveu-se como uma formidável máquina de *normalizar*, às vezes para tornar possível a democracia, para favorecer uma coexistência baseada no livre consentimento e no contrato social mais que na violência, outras vezes para substituir as tiranias rústicas de antes por totalitarismos que controlavam os espíritos acima de tudo. Esse desejo de unidade apresenta um problema: *empobrece* progressivamente a diversidade dos modos de vida e de pensamento, em prol de uma língua escolar, de um pensamento ortodoxo, de uma racionalidade exemplar, de uma sensibilidade e de uma ótica codificadas, de uma cultura de massa.

O sistema educativo, os estabelecimentos de ensino, os professores devem encontrar um caminho intermediário entre a unidade e a diversidade, tanto no que se refere aos percursos e à formação dos alunos quanto ao que se refere às práticas pedagógicas, aos valores e às representações dos profissionais.

Entre a Dependência e a Autonomia

A relação pedagógica é fundamentalmente assimétrica, pois o professor detém um saber que o aprendiz ainda não domina e do qual ainda não pode julgar a fundamentação e a utilidade. Muitas vezes, a instrução baseia-se na afirmação tradicional: "É para o seu bem. Você vai me agradecer mais tarde". Existe dependência maior do que seguir alguém sem compreender para onde estamos sendo levados? Ora, a relação pedagógica tem, ao mesmo tempo, vocação para trabalhar em prol de seu próprio desaparecimento: o professor alcança seu principal objetivo quando o aluno não precisa mais dele. Da dependência à autonomia, o caminho está repleto de ambivalências e incertezas (Meirieu, 1996). *Ambivalências*: mesmo de forma simbólica, para o professor é difícil cometer haraquiri, renunciar serenamente a seu poder; também é difícil, para o aluno, enfrentar a liberdade e a responsabilidade, deixar de lado seu estatuto de criança e de ignorante. *Incertezas*: será que nunca sabemos exatamente qual é o momento ideal para dar um passo à frente no sentido da autonomia? Podemos nos enganar sempre, por excesso ou por falta: infantilizar ou conceder uma confiança cega? Tratar o aprendiz como um menor ou um adulto? Impor ou permitir escolhas?

Encontramos os mesmos dilemas entre os profissionais. Ser professor significa viver como agente de uma organização e como artesão (ou combatente) solitário ao mesmo tempo. Nenhum professor vive "por conta própria", mas alguns se engajam na relação educativa com todo o seu ser, com paixão, com projeto, com uma ética que lhes pertence. Portanto, nunca deixam de investir em suas responsabilidades e em um projeto educativo próprio. Mesmo os que têm uma relação mais dependente e dócil com os objetivos oficiais da educação precisam de uma certa autonomia em seu modo de fazer, sem ousar nem poder afastar-se por completo dos métodos prescritos ou recomendados pela instituição. Em outra escala, as equipes pedagógicas e os estabelecimentos de ensino também navegam entre a autonomia e a dependência com relação a sistemas mais vastos.

Entre a Invariância e a Mudança

Educar ou instruir é permitir que o aprendiz mude sem perder sua identidade, é conciliar a invariância e a mudança. A organização escolar também deve se renovar sem se desfazer, absorver novos saberes, novos programas, novos métodos e novas tecnologias sem renegar a herança e sem deixar entender que tudo o que se fazia antes não tinha nenhum sentido. Na escala da sociedade, a educação e o ensino oscilam entre reprodução e mudança, transmissão de uma herança e preparação para uma nova sociedade, continuidade com o passado e antecipação do futuro. A escola, por sua própria natureza, é uma *confluência entre o velho e o novo*, tanto para as pessoas quanto para o sistema e, por isso, está no centro do debate que sempre renasce entre antigos e modernos.

Entre a Abertura e o Fechamento

Um sistema aberto está perpetuamente sobre o fio da navalha: se for aberto demais, perde sua identidade, sua coerência, funde-se com o ambiente; se for fechado demais, asfixia-se, não se renova e desaparece como sistema. Isso foi conceituado por Piaget como um equilíbrio a ser reconstruído permanentemente entre a *assimilação* da realidade aos meus esquemas de ação e a *acomodação* dos meus esquemas ao mundo em função da experiência.

A educação e a instrução, assim como as mídias, são fundamentais para a abertura ou para o fechamento de uma sociedade. As sociedades cuja cultura não é fecundada por nenhuma hibridação esclerosam-se, enquanto as abertas a todos os ventos tornam-se colônias culturais, satélites das sociedades dominantes. Isso nos remete a escolhas muito concretas, por exemplo, no modo de ensinar história, geografia, línguas, literatura, filosofia e mesmo ciências. Entre o excesso de protecionismo e o excesso de abertura, qual é a medida apropriada? A mesma hesitação também vale para as pessoas, aprendizes ou professores.

Isso é igualmente válido para um estabelecimento de ensino ou uma equipe pedagógica: sem um certo fechamento, não há identidade forte, senso de pertencer a algo, nem segurança. Ao contrário, porém...

Entre a Harmonia e o Conflito

A educação contém em si mesma um sonho de harmonia. O saber, *a razão*, a argumentação não deveriam permitir a coexistência pacífica, a tolerância das diferenças, a cooperação inteligente, a partilha de valores humanos? No entanto, sem conflitos não há aprendizagens fundamentais nem mudanças sociais. A alternativa sempre é encarnada por uma parte de mim mesmo ou por alguém que se opõe, não à minha pessoa, mas pelo menos às minhas idéias e preferências, ou às de meu grupo.

A escola está condenada a viver com conflitos de valores, de métodos, de teorias, de relações com o saber, de poder. Ela trabalha para superar todos eles, sabendo, porém, que surgirão outros...

Entre a Igualdade e a Diferença

Essa contradição talvez seja a mais moderna. A igualdade não era um conceito presente na origem dos sistemas escolares. Na época da Revolução Francesa, ninguém tinha nada contra o fato de que todos recebiam uma instrução diretamente proporcional à sua condição social. Somente no século XX – mais precisamente em sua segunda metade – é que surgiu o tema da democratização do ensino e da igualdade de oportunidades. Atualmente, esperamos que essa escola ofereça a todos uma mesma cultura básica. Como conciliar essa exigência de igualdade com a diversidade dos interesses, das aptidões, das formas de espírito? Podemos definir orientações equivalentes? Podemos diversificar as formas de excelência (Perrenoud, 1991 b), as opções, os cursos, as escolas, sem reintroduzir hierarquias implícitas?

O que se manifesta ao nível dos programas e das estruturas escolares é reencontrado na sala de aula: todos devem receber as mesmas lições de casa? Todos devem ser avaliados de acordo com as mesmas normas? Deve-se impor os mesmos ritmos de trabalho, as mesmas formas de comunicação, os mesmos valores, as mesmas relações com o saber a crianças e adolescentes tão diferentes? Se respeitarmos essas diferenças, não estaremos correndo o risco de enquadrar cada um em sua condição e perpetuar as desigualdades perante a cultura?

❋ ❋ ❋

Em todos os registros observa-se, conforme a expressão de Morin, "a irrupção dos antagonismos no centro dos fenômenos organizados". O antagonismo é entendido aqui em um sentido amplo, de oposição entre diversas forças, tanto no interior das pessoas quanto no das organizações, com relação a valores, construções do mundo, interesses e projetos. Os antagonismos estão na base, renascem sem cessar e, como Sísifo, somos condenados a enfrentá-los todos os dias.

O QUE AUMENTA A COMPLEXIDADE NOS DIAS DE HOJE

A complexidade insere-se, como acabamos de dizer, na própria natureza da relação educativa e dos sistemas de ensino. No entanto, ela é uma *invariante*? Onde se agrava hoje em dia, nos fatos ou nos espíritos? Tentarei mostrar que alguns fatores contribuem para aumentar as próprias contradições, ou a consciência que temos delas no interior do sistema escolar.

Efeitos Cada Vez Mais Incertos

Talvez nunca tenhamos imaginado melhor que atualmente a medida de nossa ignorância com relação aos efeitos reais do ensino. Durante muito tempo, a escola viveu com a consciência relativamente tranqüila, em parte porque o desenvolvimento quantitativo despertava o desejo de verificar a eficácia das práticas educativas. Em primeiro lugar, devia-se escolarizar todo mundo, depois estender a escolaridade obrigatória, desenvolver o enquadramento pré-escolar e as formações pós-obrigatórias, generalizar a educação dos adultos...

No momento em que essa aceleração chegou ao seu limite, descobrimos que há, nas sociedades "hiperescolarizadas", de 10 a 25% de analfabetos funcionais, que mesmo os mais instruídos estão desprotegidos perante a AIDS, as mudanças tecnológicas, o desemprego e as reconversões industriais, o fluxo de imigrados e a evolução para sociedades multiétnicas, as recomposições das nações (reunificação alemã, construção européia, desmoronamento do império soviético), os mecanismos monetários e especulativos que nem mesmo os governos conseguem controlar, os impasses do Terceiro Mundo, os riscos da ciência (manipulações genética e nuclear), os ataques ao meio ambiente.

Será que a escola está à altura de suas ambições declaradas? Será razoável investir cada vez mais na educação sem verificar com maior precisão a relação entre custos e efeitos? Será que os trabalhos sobre os indicadores dos efeitos da educação e sobre a ineficácia dos sistemas de ensino se multiplicam por acaso?

Não é mais possível acreditar, com toda a honestidade, que "mais escola" significa necessariamente mais competência e sabedoria para todos. De agora em diante, a *dúvida* está no centro do debate e as medidas precisas da eficácia dos sistemas educativos não serão suficientes para neutralizá-la, pois os modelos dos quais a escolarização é solidária estão em crise: modelos de desenvolvimento econômico, de conhecimento científico, de ação racional, de decisão política. Essas *incertezas* agravam o sentimento de complexidade. Mais do que nunca, a escola não está segura de sua ação, e nenhuma reforma escolar pode garantir hoje que ela significará um progresso decisivo. Ela se apresenta como uma aposta que os conservadores denunciam em nome da austeridade orçamentária ou da passividade de todos com relação à mudança. Como se o *status quo* fosse, em si mesmo, uma garantia de eficácia...

Uma Justiça Inencontrável

O sentimento de uma relativa eqüidade é condição da coexistência pacífica no seio de uma comunidade. Se uma parte dos atores tem constantemente a impressão de ser explorada, maltratada, desfavorecida, negada de sua identidade e de seus direitos, ela se esforçará para tomar o poder ou, pelo menos, tentará mudar as regras do jogo em seu benefício.

Ora, a justiça é uma construção humana que extrai sua força de um certo *consenso*. Enquanto a maioria dos pais e dos alunos pensar que um diploma é justo e meritório para os que trabalharam e provaram suas competências, haverá uma dura seleção daqueles que são descartados, porém ela é considerada legítima. Quando a concepção da justiça fica embaralhada ou fragmentada, vemos, por exemplo, que uma parte dos alunos exige o direito ao diploma e recusa qualquer seleção para a universidade. Nesse caso, não há mais contrato social possível, pois a justiça de alguns não é a mesma de outros.

A escola obrigatória é parcialmente confrontada com o mesmo problema. Que é eqüidade? Dar a todos a oportunidade de prestar exames? Ou garantir a todos as mesmas aquisições? É justo autorizar a repetência de um aluno para que ele esteja em melhor situação perante a seleção no ingresso ao ensino secundário? É justo deixar um aluno prolongar seus estudos para além da escolaridade obrigatória se ele não respeita o contrato didático? É justo impor uma orientação escolar às famílias? É justo conceder generosamente derrogações? É justo variar as normas de admissão conforme as regiões, os sexos, as etnias?

De forma mais geral, a quem a escola beneficia? Quem deve pagá-la? Há um debate aberto em torno da saúde pública: é justo, por exemplo, que milhões de pessoas "razoáveis" cubram as despesas de saúde daquelas que abusam de drogas, do cigarro, do álcool, ou são insensatas nas estradas? E, quando é impossível cobrir tudo, é justo priorizar estes ou aqueles, jovens ou velhos? A educação é e sempre será objeto dessas controvérsias na escala das sociedades nacionais ou regionais.

A questão da justiça também está presente na coexistência e na divisão do trabalho nas administrações escolares: é justo que os professores mais experientes possam, devido ao seu tempo de trabalho, optar pelas escolas mais confortáveis? Em caso de crise orçamentária, é justo manter seu emprego, impedindo o recrutamento de profissionais mais jovens? É justo exigir mais sacrifícios aos casais de assalariados? É justo demitir aqueles cujo *status* é mais precário, independentemente de suas competências?

Nos estabelecimentos de ensino, é justo dar as turmas mais difíceis aos recém-chegados? Deslocar alguns professores ou alunos para racionalizar a organização das turmas? Reservar os equipamentos mais sofisticados para os cursos mais exigentes? Sacrificar as disciplinas artísticas em prol da informática? Recompensar por aquilo que pode fazer parte da tarefa, como refletir, trabalhar com os colegas? Em todas essas questões e em muitas outras, as cartas da eqüidade estão embaralhadas; no momento de cada decisão, é preciso reconstruir normas legítimas de justiça ou assumir a suspeita de arbitrariedade (Derouet, 1992).

Solidariedades que se Diluem

"Primeiro eu", "Cada um por si", "Depois de mim, o dilúvio": as expressões não são novas e sugerem que, em todas as sociedades, em todos os períodos históricos, os indivíduos oscilam entre o egoísmo e a solidariedade. Os trabalhos dos sociólogos indicam, porém, uma forte tendência ao enfraquecimento dos vínculos sociais, à ascensão do individualismo como referência primordial, à retirada à vida privada, ao abandono do político a uma minoria de profissionais, ao aumento das formas de participação na gestão.

"Puxar a sardinha para a sua brasa" virou a regra de ouro. Pais e alunos consideram-se *consumidores de escola* (Ballion, 1982), utilizando ao máximo os recursos escolares para garantir o melhor diploma, sem se preocupar em saber se suas estratégias agravam as desigualdades sociais e as disparidades regionais. Muitos professores preocupam-se, acima de tudo, em encontrar um posto de trabalho estável e confortável, em se proteger dos alunos com problemas, dos pais exigentes, dos diretores dinâmicos, das reformas ambiciosas.

Tudo isso muda a natureza das organizações: elas se tornam "mercados" nos quais se desenvolvem estratégias individuais. Para mobilizar seu pessoal, os diretores têm de contar com incitações personalizadas – horários abreviados ou administrados, prêmios, licenças para formação, adiantamentos – mais que com a adesão a valores comuns. A complexidade aumenta ainda mais. Assim, hoje em dia, um diretor de escola que pretende tomar uma iniciativa faz o mesmo que um líder político: sonda a opinião pública para garantir que não vai ficar sozinho, controla suas propostas para que elas possam encontrar um rosto entusiasta.

A Autoridade Contestada

A autoridade tradicional é contestada: nem os alunos nem os professores contentam-se em obedecer só porque a ordem vem de cima. Eles querem ser consultados e convencidos. Os estudiosos do fenômeno propõem que estamos indo rumo a uma *autoridade negociada* (Perrin, 1991), que associa todos à decisão. Isso aumenta ainda mais a complexidade, pois no contexto de uma *gestão participativa* (Demailly, 1990) as decisões são tomadas mais lentamente, é preciso integrar pontos de vista, estabelecer compromissos e cuidar para que alguns parceiros não saiam perdendo.

A complexidade é tão grande porque vivemos em um *período de transição*, no qual os atores ainda não têm meios para fazer valer sua pretensão: vários responsáveis temem o diálogo e resignam-se a ele com enorme contrariedade, pois não há remédio; contudo, sempre que têm oportunidade, apressam-se para retomar o poder concedido. Numerosos assalariados ainda jogam dos dois lados, assumindo e recusando as responsabilidades de forma oportunista, fingindo não perceber que só existe autoridade negociada quando ela se insere em um contrato de longo prazo, a favor do qual todos deixam de lado, voluntariamente, uma parte de sua liberdade.

Uma Certa Pobreza da Cultura Comum

A relativa democratização dos estudos e o desenvolvimento das escolas integradas levam às salas de aula e aos estabelecimentos de ensino populações cada vez mais heterogêneas. Os movimentos demográficos e migratórios acrescentam a isso uma grande *instabilidade*: na maioria das escolas, o corpo docente tem de enfrentar um crescente número de alunos que vão e vêm, freqüentando, durante sua juventude, vários estabelecimentos de ensino, em diversos sistemas escolares. Daí a dificuldade de compartilhar os mesmos códigos e, portanto, de dialogar, sem um longo aprendizado.

Essa diversidade também afeta os professores: várias origens sociais, itinerários e *status* diversos, filiações políticas contraditórias, representações divergentes da cultura, da educação, da profissão, da escola. A unidade do corpo docente eventualmente ocorre com relação a questões corporativas, porém isso não é suficiente para constituir uma cultura comum. Essa diversidade constitui, ao mesmo tempo, uma vantagem e uma desvantagem. Uma vantagem porque leva à tolerância, e até mesmo à valorização, das diferenças entre crianças, adolescentes e adultos. Uma desvantagem porque, diante da complexidade, a construção de uma resposta coerente dos professores envolvidos exige um imenso trabalho de conciliação de visões heterogêneas e, às vezes, contraditórias da profissão e das finalidades da escola.

Atores sem Alternativas

Para seus profissionais, a escola é um mundo fechado. Ninguém está totalmente encerrado nele, mas, para sair, deve haver uma verdadeira reconversão profissional. O pessoal da escola está, em sua maioria, *condenado a viver e a envelhecer junto*, pois os modos de gestão do pessoal, na função pública, não favorecem a formação de equipes coerentes nem a solução dos conflitos pelo simples deslocamento de uma parte dos atores.

Com relação a outras organizações e profissões, a escola tem menos graus de liberdade para enfrentar a complexidade, uma vez que os próprios atores não possuem margem de manobra. Sem dúvida, isso provoca uma forma de proteção dos empregos e das pessoas, além de aumentar a rigidez: os novos problemas são enfrentados com as mesmas pessoas, ou seja, com as mesmas idéias, os mesmos conflitos, as mesmas alianças, os mesmos bloqueios e as mesmas suscetibilidades.

A Necessidade de uma Fachada e o Duplo Discurso

A escola não é uma organização como as outras: ela trabalha sob o olhar dos pais e da opinião pública mais que qualquer outra empresa ou que a maioria das administrações. Isso a obriga a agir constantemente em duas frentes: na interna, tem de enfrentar os verdadeiros problemas, mantendo sempre uma fachada respeitável. A escola não pode – nem ousa – dizer que não sabe, que duvida, que se engana. Ao menor sinal de hesitação, ela dá argumentos aos seus detratores. Assim, poderia parecer uma questão de bom senso perguntar se uma reforma importante atingiu seus objetivos. No entanto, se os responsáveis pelo sistema educativo colocam abertamente a questão, esta passa por uma autocrítica ou por uma confissão de incerteza: "Como, não tem certeza de que essa reforma tão cara não deu frutos?". O pessoal da escola não se atreve a dizer: "Olhe, não, não temos certeza!". É preciso ter a segurança da pesquisa espacial ou médica para ousar afirmar que será preciso passar por numerosos fracassos para desembocar em resultados positivos.

O sistema soviético desmoronou, entre outros motivos, porque proibia que as coisas fossem ditas tal como eram e não *enfrentava abertamente a complexidade*. Se o futuro é sempre radiante, se o partido tem sempre razão, se o plano é sempre perfeito, se o fracasso é excluído por definição, torna-se impossível compartilhar uma análise e definir um programa de ação. Guardadas as devidas proporções, a escola sofre do mesmo problema. Todos sabem que os programas não são aplicados integralmente, que alguns horários são absurdos, que os apoios pedagógicos poderiam ser mais eficazes, que a grade horária não é bem equilibrada, que... Quanto tempo e quantas crises serão necessárias para poder aceitar tudo isso e agir? Será que a escola está condenada a estar sempre atrasada com relação a uma complexidade? *A ingenuidade e a propaganda* aliam-se para proibir uma lucidez coletiva (Gather Thurler e Perrenoud, 1991). Não é suficiente que cada um, em seu canto, em silêncio, perca suas ilusões. Ao contrário, isso favorece o divórcio entre a retirada desiludida das pessoas e o triunfalismo das organizações. Só a lucidez compartilhada permite enfrentar a complexidade.

A Crise e a Incerteza sobre as Regras do Jogo

Quando passamos por uma crise, primeiro tendemos sempre a subestimá-la e depois, quando percebemos seu tamanho, a dramatizar e a acreditar que "nunca nada será como antes". Sem dúvida, seria mais adequado dizer que as crises funcionam como reveladores de contradições de longa data, que obrigam a tomar consciência das mesmas e a fazer alguma coisa.

Entre as certezas despertadas pela recessão econômica e pelas crises das finanças públicas, algumas parecem ter um certo futuro:

- Ainda podemos pensar em uma educação na escala das nações? Não estaremos indo rumo a uma escola em que todas as problemáticas da cultura comum, da desigualdade em relação ao ensino, do direito à diferença serão repensadas na escala européia?
- Ainda podemos sonhar com uma educação dominada pelo Estado em seus conteúdos e suas finalidades? Até que ponto o ensino deve ser financiado com recursos públicos? Quem deve, em última instância, exprimir suas finalidades e suas necessidades?
- O ofício de professor deve depender sempre da função pública? O *status* desta última é imutável?
- Qual é o lugar da escola ao lado das mídias e dos métodos de "autoformação" baseados nas tecnologias informáticas?

Essas incertezas, sempre presentes, aumentam a complexidade, pois as próprias finalidades são questionadas e, portanto, também as regras do jogo social. Já é muito difícil chegar a um acordo sobre a interpretação das regras e a maneira mais eficaz de realizar objetivos ambiciosos. Se, a cada passo, surgir a questão do sentido da instrução e dos seus objetivos, faltarão os pontos de referência mais elementares, tudo sempre será questionado e ninguém mais poderá basear sua argumentação em uma legitimidade incontestada.

ALGUMAS ESTRATÉGIAS SEM FUTURO

Que fazem a escola e seus atores frente à complexidade? Muitas vezes, eles adotam estratégias sem futuro, estratégias que não resolvem nada e apenas deslocam os problemas ou adiam as decisões. Tudo isso não é absurdo: pertence à própria natureza da complexidade o fato de não ser abordada de forma coerente e consensual, uma vez que, justamente, ela divide todas as pessoas e organizações. Não nos surpreende que uma parte das estratégias que pretendem enfrentar a complexidade na verdade a aumentem, por ignorar que a realidade resiste às simplificações. Uma reflexão coletiva sobre a complexidade deveria pelo menos evitar as armadilhas mais grosseiras. Eis algumas delas.

Política do Avestruz e *Wishful Thinking**

Como toda administração pública, a escola tem meios de adiar longamente a tomada de consciência dos problemas. Os funcionários sentem-se protegidos por um *status* que garante sua renda, seu emprego, sua aposentadoria. Outros textos parecem garantir a relativa perenidade dos programas, das estruturas, dos estabelecimentos de ensino. Sem dúvida, isso dá a impressão de se viver em um mundo bastante estável, não isento de conflitos nem de contradições, porém ninguém se sente ameaçado em sua existência e legitimidade. Por isso, pode parecer prudente esperar que passem os ministros, as reformas e as crises "agindo pelas costas", sem fazer muitas perguntas. O pessoal da escola não vive em um estado de serenidade, mas grande parte dele não parece pronta para um questionamento fundamental. Prefere pensar que tudo irá se resolver, que a escola e os professores sempre serão necessários.

A Procura de um Bode Expiatório

Outra forma clássica de negar a complexidade é acusar algum bode expiatório: os *alunos*, cujo nível está cada vez mais baixo, que não se interessam mais por nada; os *pais*, que se metem em tudo e impedem os professores de fazer seu trabalho; os *políticos*, que não entendem nada de pedagogia; a *esquerda*, que enfraquece a seleção e a autoridade; a *direita*, que empobrece as escolas; a *administração*, que emite circulares ignorando tudo o que a cerca; os *especialistas*, que elaboram programas e métodos "que não se sustentam"; a *hierarquia*, que não apóia seus colaboradores de forma suficiente, e até mesmo os *outros professores*, muito permissivos ou ativistas...

É claro que ninguém gosta de reconhecer que *faz parte do problema*, que contribui para criar as contradições tanto para analisá-las quanto para superá-las. *A complexidade, assim como o inferno, sempre são os outros*. O pensamento sistêmico exige uma grande descentralização, uma aceitação da complexidade como característica do sistema de ação, mais do que como produto da perversidade ou da incompetência destes ou daqueles atores.

Não se enfrenta a complexidade afirmando que ela brota de uma só fonte e que os problemas acabariam se a eliminássemos. *A complexidade é uma característica do sistema*. Não conseguiremos limitá-la denunciando "promotores de complexidade". Dessa forma, só estaríamos incitando os

---

*N. de R.T. O que se desejaria que fosse realidade (Novo Dicionário Folha Webster's, 1996, p. 335).

supostos "culpados" a realizarem manobras de justificação e de proteção que aumentariam ainda mais a opacidade e a complexidade do real. A procura de um bode expiatório provoca naqueles que se sentem visados um enorme esforço para evidenciar sua eficácia ou boa-fé (Perrenoud, 1993 a).

A Aldeia Gaulesa

Conhecemos a aldeia que ficou famosa devido a Asterix e Obelix, perdida no meio de uma Gália ocupada, que resiste aos romanos. A escola, muitas vezes, funciona com essa lógica. O mundo pode transformar-se, a economia pode desmoronar e reestruturar-se, as sociedades podem recompor-se, os refugiados podem multiplicar-se, enquanto a escola continua percorrendo seu próprio caminho, tomando às vezes cinco minutos para falar da queda do Muro de Berlim ou da Guerra do Golfo, e voltar rapidamente às "coisas sérias", todos preocupados em progredir e em concluir o ano sem se expor à crítica dos colegas.

Em outra escala, encontramos o mesmo fechamento nas lógicas orçamentárias. Manter ou desenvolver os recursos para não mudar as práticas: essa parece ser a prioridade. A escola gosta de se conceber como um Estado dentro do Estado, uma fortaleza intocável, que deveria escapar dos rigores da conjuntura pela única razão de que pretende "preparar o futuro". Quando percebe que não está protegida, é tarde demais para tomar a iniciativa; os outros setores da sociedade e até mesmo do Estado é que tiraram suas castanhas do fogo ao reconhecerem com maior rapidez a realidade da crise.

A mesma tentação de isolamento existe no nível dos estabelecimentos de ensino. Alguns esperam rodear-se de um cordão sanitário que os coloque ao abrigo das reformas, dos conflitos, da agitação do mundo. Alguns vangloriam-se da imensa sabedoria que os ajuda a jogar no lixo todas as idéias extravagantes provenientes de outras partes. Outros isolam-se, pois acreditam que podem inovar sozinhos e construir "uma outra escola" em sua escala. Nos dois casos, há uma negação das interdependências e do fato de pertencerem a um sistema mais amplo. As organizações mais eficazes, em vez de se desinteressarem, tentam controlar, arrumar seu ambiente. Não se trata apenas de trabalhar com uma imagem, de investir nas relações públicas. Mais fundamentalmente, trata-se de estar presente nos debates na escala do sistema do qual se faz parte e de direcionar sua cultura e suas decisões para que elas possam atender a uma política local.

Sono Burocrático

Toda burocracia repousa em uma ficção, segundo a qual ela tem finalidades claras, respeita os limites de seu orçamento e as regras estipuladas. Desse modo, é possível *fazer de conta* que a burocracia pode neutralizar localmente a complexidade, assim como um campo magnético anula localmente o peso. Fingimos acreditar, então, que o sistema político gera os conflitos de interesses e as escolhas da sociedade, dando à escola uma missão muito complicada, mas cuja complexidade, no sentido de Morin, seria algo ausente; em outros termos, uma missão isenta de contradições internas e de ambigüidades.

A realidade é completamente diferente: em uma democracia – e mesmo em um regime totalitário – o sistema político não pode superar as contradições da sociedade para dar ao Estado e à sua administração apenas missões claras e realistas. As contradições mascaradas sob a forma de compromissos provisórios vêm à tona quando se trata de gerenciar os orçamentos, de interpretar as leis, de modular as estruturas e os programas escolares, de decidir em casos singulares. As contradições estão no *espírito das pessoas*: pais, alunos, professores, administradores. O sistema escolar só pode ser pensado como algo simples, como mero "executante" de uma vontade política clara, estável e unívoca, em nome de um formalismo jurídico vazio. De fato, as relações de força e as ambivalências atravessam a escola, assim como qualquer outra instituição. Enfrentar a complexidade é renunciar ao sonho de jogar as preocupações em outros atores ou em outro nível do sistema. O sono burocrático é tentador. Não me refiro aqui ao desempenho nem à eficácia, mas ao fechamento aos verdadeiros problemas do mundo, com a consciência totalmente tranqüila: "Não é nossa incumbência".

A Aceleração do Processo

Diversas pessoas que trabalham em escolas têm um segredo para enfrentar a complexidade: refugiam-se na utopia. Não negam os problemas, afirmam que eles serão resolvidos pela próxima reforma, pelas novas pedagogias, pelas novas tecnologias. Em parte, a escola vive da esperança da "grande noite" pedagógica. Faz de conta que as boas idéias serão suficientes para atacar o cerne do problema do fracasso escolar ou do difícil diálogo entre pais e professores. Lise Damaily (1991) mostra que, nos colégios franceses, passou-se sucessivamente por uma fase de modernismo *relacional* ("Comunicação, contrato pedagógico, projeto!"), *tecnológico* ("Um computador em cada classe!") e *organizacional* ("Descentralização, projeto de estabelecimento e gestão participativa!"). Sem necessariamente queimar o que foi adorado, o relegamos ao seu lugar adequado, mas só para investir todas as nossas esperanças em uma nova utopia. Essa é uma forma constante de negar o caráter *sistêmico* da educação e de acreditar que é possível avançar ocultando algumas de suas facetas.

A complexidade é constantemente negada por aqueles que Robert Hari, pioneiro da escola média em Genebra, chamava ferozmente de a tribo dos *Nyaka*, pedagogos idealistas e progressistas que têm resposta para tudo, se não hoje, pelo menos em um futuro próximo. No entanto, enfrentar a complexidade é aceitar o fato de que ela é, de certo modo, intransponível, pois os paradoxos, as contradições e os conflitos fazem parte da própria natureza da relação pedagógica e do empreendimento da escolarização. Isso não significa, de forma alguma, que nunca haverá nada de novo sob o sol, mas apenas que o progresso raramente passa pela negação da complexidade. A história das sociedades, assim como das instituições educativas, não nos deixa ter nenhuma ilusão atualmente: nenhuma revolução e nenhuma reforma nos livrarão dos conflitos e das contradições.

Psicodrama Permanente

Para escapar da complexidade, também podemos *dramatizá-la*, a tal ponto que os atores invistam uma tremenda energia no espetáculo de seu próprio confronto com as contradições, os obstáculos, as lentidões, as ambivalências do mundo. Alguns estabelecimentos de ensino e algumas pessoas protegem-se da complexidade por meio de uma efervescência permanente, um discurso desenfreado sobre a inovação. Uma parte dos professores encontra no drama uma forma de desempenhar um papel, de tomar o poder.

As pessoas ligadas à escola gastam uma enorme energia para propagar ou desmentir *boatos*. Algumas imaginam a presença do diabo diante de qualquer dificuldade mínima, enquanto outras sentem-se obrigadas a um discurso tranqüilizador. É tão absurdo dizer que a cultura desmorona quando os alunos são dispensados de uma ou duas horas de aula quanto negar a pressão que essa medida exerce sobre o uso do "tempo que resta", ou pretender que é simples abreviar os programas (Perret e Perrenoud, 1991). Essa alternância entre catástrofes anunciadas e garantias impossíveis não ajuda a evidenciar a complexidade, mas uma parte dos atores a considera válida, justamente por essa razão, tanto entre as organizações sindicais quanto entre as autoridades fechadas para a negociação.

ENFRENTAR REALMENTE A COMPLEXIDADE

Em primeiro lugar, tentaríamos não utilizar as estratégias sem futuro anteriormente descritas. Da forma caricatural como as apresentei, elas parecem ser facilmente evitáveis. Mas na verdade, no dia-a-dia, é fácil cair em suas armadilhas, pois cada um normalmente joga suas cartas, defende seus interesses mais imediatos. As estratégias sem futuro nem sempre são absurdas. Do ponto de vista de um só ator, e aceitando sua perspectiva temporal, muitas vezes elas têm sentido. Por que um diretor de escola, dois ou três anos antes de sua aposentadoria, não tentaria ganhar tempo, deixando aos seus sucessores o legado de ter de enfrentar a crise? Por que um responsável político assumiria, antes dos outros, o risco da lucidez, sabendo que os eleitores e os funcionários geralmente cortam a cabeça do portador de más notícias? Por que os professores que têm medo dos pais confessariam isso, sabendo que tal temor pode enfraquecer sua posição pessoal? É melhor reclamar de que os pais se metem em tudo e têm má-fé, afirmar que é impossível trabalhar com eles.

Aquilo que os atores consideram estratégias muitas vezes não passam de táticas de curto prazo em combates na retaguarda. Porém, enquanto pensarem que estão agindo para proteger seus interesses, eles persistirão. O abandono das estratégias sem futuro passa pela definição de alternativas concretas. Tentarei, de uma forma mais positiva, definir algumas linhas de conduta mais promissoras frente à complexidade:

a) Reconhecê-la e não pretender dominá-la sozinho.
b) Analisá-la e domesticá-la de forma conjunta.
c) Construir instituições sistêmicas.

Examinemos esses três aspectos mais detalhadamente.

Reconhecer a Complexidade

O mundo é complexo, isso não é uma evidência? É realmente preciso ter tempo para derrubar portas abertas? Parece-me que sim, pois o espírito nega desesperadamente as contradições intransponíveis. Nossa cultura aceita que as coisas sejam complicadas, que devemos fazer um esforço considerável para descobrir os processos e as regras elementares subjacentes ao funcionamento do universo, dos seres vivos, das pessoas e das sociedades humanas. No entanto, ela aceita menos facilmente que as coisas sejam complexas, no sentido de Morin, ou seja, definitivamente atravessadas por contradições, paradoxos, incertezas fundamentais e conflitos.

Reconhecer a complexidade significa renunciar ao sonho de ver claramente e de fazer com que todos cheguem a um acordo *de uma vez por todas*, significa aceitar questionar constantemente os problemas e suas soluções, aceitar uma mudança periódica de paradigma, de maneira de pensar, para integrar novas perspectivas. Em princípio, isso é o que define o estatuto da pesquisa: para um pesquisador, a epistemologia da complexidade é, ao mesmo tempo, uma ferramenta de trabalho e um desafio. Entretanto, mesmo os cientistas resistem à mudança teórica e não estão a salvo das simplificações e da rigidez tranqüilizadoras, embora a divisão do trabalho os envolva muito menos que a outros profissionais nas urgências da ação cotidiana.

Como é que os professores ou os responsáveis pelas escolas, confrontados com a complexidade do dia-a-dia, poderiam vivê-la sem ambivalência? É claro que a complexidade do mundo também faz parte de seu mistério, de seu encanto, de sua riqueza e de sua abertura. Ainda que vivamos em um *mundo finito* do ponto de vista dos recursos e da ecologia, conforme a expressão de Jacquard (1991), vivemos em um *mundo infinito* do ponto de vista das idéias e das civilizações. A complexidade é o motor de uma *história sem fim*. Isso é importante do ponto de vista poético ou filosófico, mas também nos provoca o sentimento desestimulante de um eterno recomeço. É normal que todos sejamos tentados pela negação da complexidade em benefício de uma perspectiva que, embora tenha vida curta, ao menos tem o mérito de garantir uma certa tranqüilidade a curto prazo...

Não podemos renunciar ao diálogo interior, à oscilação entre a vontade de permanecer lúcido e o desejo de tranqüilidade: aceitar a complexidade não é uma escolha puramente individual, é uma dimensão da *cultura* de uma sociedade, de uma profissão, de um estabelecimento de ensino. Nesse sentido, reunir as pessoas ligadas à escola para refletir sobre sua profissão é um passo importante rumo ao reconhecimento partilhado da complexidade, não só como dimensão pessoal da experiência de cada um, mas como dimensão coletiva e profissional.

Reconhecer a complexidade não é apenas um ato intelectual. Também é dizer *o que ela nos faz*, como a vivemos, com nossas entranhas, nossos preconceitos, nossos medos e nossas esperanças. Se negarmos o pânico, o desejo de fugir, assim como o prazer e o desafio, reproduziremos a *ilusão tecnocrática*: pensar o mundo sem pensar a si mesmo como pessoa complexa, feita de ambivalências, de emoções, de representações enraizadas em uma experiência, em uma cultura, em uma rede de relações.

Analisar e Domesticar Juntos a Complexidade

Não basta reconhecer a complexidade, é preciso *conhecê-la*, ou seja, deixar de lado a imagem confusa de uma série de imbricações, contradições, incertezas e conflitos. O espírito não está totalmente desprovido diante da complexidade; ele permite controlá-la parcialmente, na teoria e, de certo modo, também na prática. Assim, a tensão entre dependência e autonomia não pode ser transposta de uma vez por todas, nem na teoria nem na prática. No entanto, ela pode *ser analisada* e administrada para que possa ser *vivida* pelas pessoas e fecunda para as organizações. Da mesma forma, a tensão entre a democratização dos estudos e o respeito pelas diferenças não pode ser simplesmente reconhecida. Ela deve ser trabalhada, é preciso verificar o que a aumenta ou a minimiza para poder, então, identificar e utilizar as margens de liberdade.

Esse trabalho de análise e de administração da complexidade está no centro de todo processo de *profissionalização* de uma profissão, quer se trate de dirigir um estabelecimento de ensino ou de ensinar. Em uma profissão executiva, a complexidade é trabalhada por especialistas ou responsáveis, enquanto os trabalhadores da base só têm de fazer "o que lhes dizem", sem muitas perguntas, baseando-se no modelo "aos generais, a estratégias, isto é, a gestão da incerteza e do conflito; aos simples soldados, a obediência cega". O taylorismo deixou suas raízes, como mostra Lise Demailly a propósito da administração pública:

> O que parece metodologicamente necessário para alcançar os objetivos gerais de renovação do serviço público e da racionalização, isto é, a melhora do controle do mundo social, é a máxima individualização das soluções. Gerenciar bem, fazendo economia e acompanhando eficazmente as mutações potenciais do sistema educativo, é administrar sob medida. Racionalizar é tornar complexo. (Demailly, 1992 b)

Nas profissões humanistas, todos têm de enfrentar a complexidade. Seja qual for a divisão do trabalho, ela não dispensa os profissionais de cooperar e não impede que todos sejam confrontados, individual ou coletivamente, com as contradições que atravessam a sociedade, o sistema educativo e o estabelecimento de ensino, bem como as práticas individuais.

No mundo da escola, essa tomada de consciência está muito dividida, está longe de ser geral. Ainda se raciocina segundo um modelo burocrático clássico, que deixa nas mãos do "chefe" a tarefa de desembaralhar o novelo... É claro que o papel de um diretor ou de qualquer responsável é estar na linha de frente e coordenar o trabalho sobre a complexidade. Porém, cada vez mais ele deve evitar assumir toda a responsabilidade sozinho, chegar sorrindo diante de seus colaboradores e anunciar-lhes: "Refleti, encontrei a solução". Uma solução elaborada dessa maneira raramente é a única ou a melhor solução. Não passa de uma primeira hipótese, inútil tanto por ser rígida e fechada quanto por seu autor defendê-la como se fosse um filho seu. Uma direção realista tem de estimular ações que envolvam uma boa parte dos colaboradores e dos usuários da escola. Em uma gestão moderna, enfrentar a complexidade é promover uma unidade de trabalho, e não de seus únicos responsáveis.

Tal análise tem de ser partilhada, porém ainda estamos em um período em que o ofício de professor oscila entre *dois modelos*: o de um executor qualificado, mas dócil, e o do profissional livre de seus métodos, que orienta sua ação em função de finalidades globais (Hutmacher, 1990; Huberman, 1993; Perrenoud, 1993 b, 1994 a e 1996 i; Vonk, 1992). O modelo burocrático apresenta menos riscos para os que não querem assumir responsabilidades ou negociar sua autoridade, é um refúgio. Assim, o caminho para a profissionalização representa uma *longa estrada*, e nos próximos anos e décadas, sem dúvida, a escola terá de enfrentar a complexidade conforme dois paradigmas contraditórios... Seria inútil pensar que estamos simplificando ao decretar a profissionalização. No máximo, podemos trabalhar para isso. Cada problema, cada conflito e cada crise são oportunidades para *aprender a funcionar de forma conjunta*.

Criar Instituições Capazes de Pensar de Forma Sistêmica

Toda instituição é um sistema e faz parte de um sistema mais amplo. No entanto, não sabemos se ela sabe disso! Uma instituição *capaz de pensar de forma sistêmica* é uma instituição capaz de se pensar em sua complexidade interna e em suas dependências externas, de construir uma visão de conjunto de seu funcionamento e de seu ambiente, bem como de propor linhas de ação coerentes.

Para analisar e domesticar a complexidade do conjunto, deve haver lugares onde seja possível conversar, ações regulares em que se possa praticar não só uma eventual consulta, mas um *trabalho cooperativo sobre os problemas de fundo*. É fácil falar de autoridade negociada; na prática, ela é um conjunto de regras e de funcionamentos que remetem constantemente à profissão. Não posso detalhar aqui os modos de funcionamento, de participação, de negociação na escala dos estabelecimentos. Há diversas propostas interessantes nesse campo sobre projetos de estabelecimento de ensino e reflexão acerca de escolas eficazes e inovação (Gather Thurler, 1993 a, 1994 a).

Talvez devêssemos refletir também sobre a cultura do debate em nossas sociedades e em nossos sistemas educativos:

> os debates contemporâneos sobre a Escola e a educação parecem-se com tudo, menos com um diálogo. Nunca enfrentamos nada e praticamos sistematicamente a "política que anda para o lado": Não vou lhe responder; talvez nem seja útil lê-lo; é suficiente que eu o considere suspeito de algum pecado mortal, que apresente minhas suspeitas à opinião pública e, depois, é melhor ficar de fora; assim, posso continuar a falar tranqüilamente e sozinho. (Meirieu e Develay, 1992, p. 19)

Contra esse diálogo de surdos, Meirieu e Develay (1992) fazem um elogio da verdadeira polêmica, na qual cada um permite que o interlocutor se expresse e responda. O que vale para o debate político também vale para a vida nos estabelecimentos de ensino. O início de uma cultura comum é o reconhecimento das divergências. Cooperar não significa estar de acordo em tudo, mas saber gerenciar os desacordos!

OS ESTABELECIMENTOS DE ENSINO E SEUS DIRETORES FRENTE À COMPLEXIDADE

Se a complexidade aumenta para a escola, é evidente que também aumenta para o diretor da escola, pois ele é um pivô, uma encruzilhada, um líder para o qual todos os problemas convergem. No entanto, tentemos avançar um pouco mais: não é certo que o aumento da complexidade afete, no mesmo ritmo e no mesmo grau, todos os *componentes* da função. Gostaria de ressaltar alguns deles:

1. exercer autoridade sobre adultos e jovens, negociar, tomar decisões e fazer com que sejam respeitadas;
2. dividir os recursos eqüitativamente (tempo, espaço, liberdade, tecnologias, dinheiro);
3. fazer com que pessoas diferentes trabalhem juntas, criar as regras e o espírito de uma comunidade educativa;
4. assumir a seleção e a orientação escolares, garantir a eqüidade, permitir as negociações e os recursos;
5. conferir identidade e projeto ao estabelecimento de ensino;
6. trabalhar com os pais, as autoridades locais, as associações, a administração central;
7. oferecer um espaço para a cultura e as necessidades dos jovens;
8. motivar, enquadrar, avaliar e estimular o corpo docente;
9. modernizar e humanizar a relação pedagógica, as didáticas, os horários, a avaliação;
10. conservar a sua própria identidade, ter clareza sobre seu papel, dominar sua própria formação, controlar suas angústias e seu estresse.

Essa é, evidentemente, apenas uma de muitas abordagens possíveis. Ela permite somente ultrapassar a reflexão global e levantar a questão da complexidade a partir de diversos ângulos. Devido à falta de pesquisas específicas, e pelo fato de que a situação difere conforme as estruturas nacionais e as condições locais, é difícil responder às perguntas aqui propostas por cada um dos componentes. Contudo, essas questões podem servir de esboço para todos aqueles que se esforçam em analisar a evolução de sua profissão em sua região ou em seu próprio estabelecimento de ensino.

Exercer Autoridade sobre Adultos e Jovens, Negociar, Tomar Decisões e Fazer com que Sejam Respeitadas

O diretor deve fazer respeitar as decisões tomadas fora do estabelecimento de ensino: programas, horários, procedimentos de avaliação e de orientação, gestão do pessoal. Deve fazer aplicar decisões tomadas no âmbito do estabelecimento de ensino, como espaços, circulação interna, veículos, disciplina, reuniões, delegações de poder. Deve tomar decisões relativas aos alunos (derrogações, sanções, medidas de proteção, etc.), aos pais (informação, consultas), aos professores (compromissos, funções, sanções, atribuições de tarefas). Por fim, deve tomar decisões relativas a algumas despesas, alguns equipamentos, algumas manifestações, animação do colégio, etc.

Cada vez é mais complexo tomar essas decisões e fazer com que sejam respeitadas? Em caso positivo, isso se deve ao seu número crescente? À sua diversificação? À ambigüidade dos valores e das normas a serem aplicadas? À ausência de consenso no estabelecimento de ensino? À falta de recursos para fazer tudo? À crescente dificuldade de prever as conseqüências de algumas decisões? À falta de adesão das pessoas envolvidas? Em outros termos: o ofício de tomador de decisões ficou mais difícil, mais arriscado, mais incerto? Há uma crise do modelo de autoridade? Uma crise de vocações e de certezas, que não permite que a autoridade seja exercida serenamente? Uma crise das disposições que permitem que a autoridade seja aceita serenamente?

Dividir de Forma Eqüitativa os Recursos (Tempo, Espaço, Liberdade, Tecnologias, Dinheiro)

A divisão dos recursos alocados a um estabelecimento de ensino é feita parcialmente fora dele, em função do programa e dos horários das seções e das disciplinas. No entanto, restam alguns graus de liberdade para nos perguntarmos se a divisão de recursos tornou-se hoje mais difícil para os diretores de escola.

Nesse caso, por quê? Por causa das restrições orçamentárias? Por não se saber muito bem quais são as prioridades? Por que todos os interessados exigem seus direitos, sem se preocupar com os outros? Por que as normas de eqüidade são incertas e não se sabe mais como ser justo?

Por que não se controla muito bem a distribuição dos recursos, devido a mecanismos orçamentários que limitam, a hábitos e interesses adquiridos, a delegações de poder? Por que uma política transparente obriga a negociar mais?

Fazer Pessoas Diferentes Trabalharem Juntas, Criar as Regras e o Espírito de uma Comunidade Educativa

Um estabelecimento de ensino secundário agrupa várias dezenas de professores, às vezes mais de cem, centenas de alunos, o que significa o mesmo número de famílias, e um pessoal técnico não desprezível (secretários, conselheiros, psicólogos, assistentes sociais, pessoal administrativo, etc.). Assim, trata-se de uma empresa de tamanho respeitável, com uma divisão do trabalho que, ainda que não faça com que todos colaborem com todos, obriga no mínimo a uma coexistência pacífica nos espaços comuns.

Essa coexistência no seio de uma comunidade educativa é mais difícil e complexa hoje? Há mais conflitos, preconceitos, diferenças ideológicas ou pedagógicas entre os grupos? A diversidade das origens culturais e nacionais, das condições de classe, dos modos de vida diferentes, torna a coexistência mais difícil? Nesse ponto, o ofício de diretor se tornou mais arriscado?

Assumir a Seleção e a Orientação Escolares, Garantir a Eqüidade, Permitir as Negociações e os Recursos

O ensino secundário pratica uma seleção na entrada e durante os estudos que leva a repetências ou a orientações para seções menos exigentes. Com a evolução da escola média, acrescentam-se a isso diversas decisões de orientação, em princípio tomadas de acordo com o aluno, sua família e a escola. O diretor da escola não está na primeira linha de todas essas decisões, porém é chamado a afiançá-las sempre que sejam tomadas pelos professores, pelos conselhos de classe, pelos conselhos de escola, bem como a derrogar as regras, a tomar conhecimento dos recursos.

Essa faceta da profissão está tornando-se mais complexa? Em caso afirmativo, isso se deve à democratização dos estudos, à transformação do público escolar? Ou ocorre porque os alunos e as famílias contestam mais as decisões que lhes são desfavoráveis? Ou porque os valores e os hábitos dos professores são cada vez mais divergentes? Ou porque as decisões são cada vez mais trabalhosas, negociadas, repletas de considerações psicológicas e sociais que não ocorriam há 20 anos?

Conferir Identidade e Projeto ao Estabelecimento de Ensino

Um estabelecimento de ensino sempre representou mais do que um prédio, um conjunto de professores e alunos, uma direção e uma secretaria. Um estabelecimento de ensino define-se por um espírito, um sentimento de pertencer a algo, às vezes por uma diferença com relação a outros estabelecimentos de ensino, por um projeto ou, ao menos, por uma doutrina particular. A identidade e o projeto do estabelecimento de ensino não dependem apenas do diretor, mas muitas vezes sua função o leva a ser o porta-voz do conjunto, a organizar manifestações e a pronunciar discursos que atribuem a cada um a consciência de pertencer a uma comunidade.

Esse aspecto da profissão tornou-se mais complexo porque seu escopo se ampliou? Espera-se que os estabelecimentos de ensino tenham hoje um projeto mais explícito, uma identidade mais clara que antes? Ou tornou-se mais complexo porque a identidade não está clara, devido a um maior individualismo? Ou, ainda, porque é difícil conceber e aplicar um projeto, devido à crise de valores, às restrições econômicas, às incertezas do futuro, à multiplicidade de correntes de reforma?

Trabalhar com os Pais, as Autoridades Locais, as Associações, a Administração Central

Tradicionalmente, o diretor assume uma boa parte das relações externas, pois elas dizem respeito ao conjunto, a relações com a comunidade local (comissões escolares, prefeitura, associações), com os pais de alunos, individualmente e em associação, com a administração central do ensino secundário. Por um lado, trata-se de relações públicas e, por outro, de negociações sobre recursos, franquias, nomeações, etc.

Esse ramo da profissão tornou-se mais complexo hoje em dia? Em caso afirmativo, isso ocorre por causa da multiplicação dos parceiros? Da dureza e da complexidade crescentes das negociações? Da crescente distância entre os pontos de vista e os interesses de todos? Da ausência de consenso sobre os procedimentos de discussão ou sobre a divisão de competências?

Dar Espaço à Cultura e às Necessidades dos Jovens

Os alunos são também adolescentes e, mais globalmente, pessoas que têm uma cultura, gostos, lazeres, necessidades que nem sempre a escola, preocupada em instruí-los e orientá-los, leva em consideração. O diretor, por ser responsável pelo conjunto dos alunos e por não assumir uma relação pedagógica com cada um deles, pode tornar-se o porta-voz de seus interesses, como adolescentes e como pessoas, às vezes contra as expectativas dos professores. Se os horários são muito pesados, as classes pouco acolhedoras, a disciplina muito severa ou muito permissiva, as exigências incoerentes, as lições muito difíceis, a avaliação muito estressante, etc., o clima pode deteriorar-se e o equilíbrio dos alunos pode ser ameaçado.

O papel do diretor tornou-se mais complexo nesse âmbito? Nesse caso, isso ocorre porque se trata de um novo papel, porque sua responsabilidade aumentou e foi redefinida? Ou porque as relações entre jovens e adultos estão em crise de uma forma geral, e também fora da escola, entre pais e filhos? Ou porque a escola se burocratizou e agora dá menos espaço às pessoas? Ou porque o estresse escolar aumentou, deixando um espaço cada vez menor para a vida comunitária em favor de um trabalho escolar obstinado? Ou porque a cultura dos jovens diversificou-se? Por que ela se afastou da dos adultos? Por que ela está desfazendo-se?

Motivar, Enquadrar, Avaliar, Estimular o Corpo Docente

Em muitas situações, o diretor pode escolher e demitir os professores. Decide sobre sua promoção, atribui-lhes classes e horários, salas e recursos. Portanto, ele é um chefe de pessoal no sentido mais clássico do termo. No entanto, lida com um pessoal qualificado, de formação universitária, relativamente individualista, zeloso de sua autonomia. Esse pessoal não está atomizado, mas constitui equipes, estruturas de consulta e às vezes se agrupa em associações no âmbito do estabelecimento de ensino. O diretor não deve limitar-se a fazer com que cada um cumpra com suas obrigações e com as decisões que lhe dizem respeito, e sim obter de todos o máximo de adesão à sua tarefa.

Essa faceta da profissão, que é ao mesmo tempo controle e incitação, motivação e enquadramento, torna-se mais complexa a cada ano? Em caso afirmativo, isso ocorre porque a seriedade, a consciência profissional ou as qualificações dos professores deixam a desejar? Ou porque fica difícil avaliar a qualidade do trabalho pedagógico quando as didáticas e as novas tecnologias multiplicam-se, quando os públicos escolares diversificam-se, quando a profissão de professor também se torna mais complexa e difícil? Ou porque o papel de diretor tornou-se mais exigente, porque de simples administrador ele se transformou em estimulador e líder pedagógico?

Modernizar e Humanizar a Relação Pedagógica, as Didáticas, os Horários, a Avaliação

A escola mudou – para antecipar as mudanças da sociedade ou para responder a elas. Mudou de estrutura, de programas, de tecnologias, de formas de ensinar e avaliar. Essas mudanças seguem diferentes direções; por um lado, a modernização dos conteúdos e dos métodos, ligada à evolução dos conhecimentos científicos, dos métodos e das tecnologias; por outro, a humanização da relação pedagógica em função de uma nova concepção dos direitos humanos e dos direitos da criança, dos valores, do pluralismo cultural e das liberdades.

Nesse âmbito, o papel de diretor assumiu uma maior complexidade? Nesse caso, isso aconteceu porque a ambição aumentou? Ou porque os meios de realizá-la tornaram-se problemáticos? O diretor não se sente perdido no meio da multiplicidade das correntes pedagógicas, dos discursos inovadores? Pode conceber e aplicar estratégias de mudança realistas em seu estabelecimento de ensino ? Não está constantemente obrigado a negociar com as forças inovadoras ou conservadoras, tanto no interior quanto no exterior do estabelecimento de ensino? Fica cada vez mais perplexo, sobrecarregado e desorientado diante dos mil e um discursos das ciências da educação, dos movimentos pedagógicos, das novas didáticas?

Conservar a Própria Identidade, Conhecer Claramente seu Papel, Dominar sua Própria Formação, Controlar as Angústias e o Estresse

Para assumir a direção de um estabelecimento de ensino, é preciso apresentar uma imagem de coerência, de competência, de segurança, que tranqüilize os inquietos, crie um consenso, estimule os indecisos, acalme os extremistas, dê sentido à coexistência, etc. Para isso, é preciso ter uma certa solidez, uma correspondência entre a pessoa e o papel, entre o que deve ser feito e o que se sabe ou se gosta de fazer.

Nesse âmbito, a profissão tornou-se mais complexa? Em caso afirmativo, isso ocorre porque a identidade profissional ficou menos clara? Ou porque a formação pessoal (tanto em relações humanas quanto em gestão) não está mais à altura da tarefa? Ou, ainda, porque a angústia, o estresse, as tensões aumentaram e obrigam a esgotar as reservas de cada um e a viver em um estado de dúvida e de sobrecarga?

❋❋❋

O diretor de escola não se encontra desprovido de recursos que o tornem capaz de enfrentar essas evoluções, que variam de uma situação para outra e de um sistema para outro? Para além das estratégias globais propostas anteriormente (reconhecer a complexidade, analisá-la e domesticá-la *juntos*, criar instituições capazes de ter um pensamento sistêmico), podemos propor aos diretores algumas pistas mais específicas:

1. Funcionamento sistemático em equipe de direção.
2. Extensão das delegações de poder.
3. Práticas de negociação, autoridade negociada.
4. Descentralização da gestão (minicolégios no estabelecimento de ensino, equipes pedagógicas).
5. Esclarecimento das competências do diretor do estabelecimento de ensino.
6. Recurso a fontes externas (serviços sociais e médicos, serviços de pesquisa, supervisão).
7. Formação inicial e contínua dos diretores e reitores.
8. Negociação com parceiros externos (comunidade, bairro, associações de pais).
9. Construção contínua de uma cultura comum (objetivos, ética, métodos de trabalho).
10. Prática de projetos e de contratos.
11. Clima, espaço dos alunos e dos adultos na vida do estabelecimento de ensino.
12. Extensão da participação dos professores, dos alunos, dos pais e de outros atores.
13. Possibilidade de tomar distância, de se realimentar (conselheiro pessoal, grupo de colegas).
14. Mais autonomia pedagógica e de gestão para o estabelecimento de ensino.
15. Possibilidade de tratar os problemas em uma escala mais ampla.
16. Colaboração com outros estabelecimentos de ensino.

Nenhuma dessas propostas anula a complexidade. Sua aplicação, em um primeiro momento, pode até mesmo aumentá-la. É possível, contudo, esperar uma transição progressiva rumo a *dispositivos de gestão do estabelecimento de ensino e de mobilização profissional,* que permitam um tratamento mais descentralizado, mais cooperativo, mais flexível e mais coerente da complexidade.

E OS PROFESSORES?

De que forma essa análise da profissão de diretor de escola esclarece a profissão de professor? A complexidade com a qual ambos são confrontados é, em boa parte, a mesma. Além dessa evidência, devem ser destacados dois aspectos:

– o diretor é um parceiro inevitável dos professores, seja qual for seu estilo: avô, empresário ou arquiteto (Gather Thurler, 1994 b); ele garante a lei, as relações com o ambiente, as condições de trabalho e mesmo de emprego; sua maneira de conceber e de cumprir sua tarefa exerce efeitos sobre a parte da complexidade com a qual o professor é diretamente confrontado; nas organizações, o poder permite transmitir aos outros o peso das contradições; em contrapartida, a responsabilidade de um diretor o incita a guardar em seu nível uma parte dos problemas insolúveis para permitir que os professores trabalhem em condições aceitáveis; a balança desigual entre essas duas tendências é uma das dimensões cruciais da diversidade da profissão de professor;

– à medida que avançamos para uma autoridade negociada, a profissão de professor consiste cada vez mais em enfrentar problemas de direção, não para administrar no lugar do diretor da escola, mas para participar do processo de tomada das decisões, por exemplo, investindo na definição e na pilotagem de um projeto de estabelecimento; nesse sentido, os dilemas do diretor são os mesmos dos professores, desde que sua profissão não se detenha na porta de sua sala de aula...

Ensinar é fazer parte de um sistema e trabalhar em diversos níveis. Durante muito tempo, a cultura individualista dos professores incitou-os a considerar que seu ambiente começava na porta de sua sala de aula. Todavia, a complexidade atual obriga a tratá-los como membros de um grupo com um papel coletivo e a questionar seus hábitos e suas competências no espaço da equipe, do estabelecimento de ensino e da coletividade local, bem como no espaço propriamente pedagógico e didático. A organização da escolaridade em ciclos de aprendizagem e a emergência de outros dispositivos que enfraqueçam o esquema fechado da classe também sugerem que o espaço didático e pedagógico é mais vasto que o face a face entre um professor e *seus* alunos...

NOTA

1. Texto não-publicado extraído de uma intervenção no Seminário da Conferência dos Diretores de Estabelecimentos de Ensino Médio (CROTCES). "Directeur d'établissement scolaire: um métier complexe", Bellinzona, 23-25 de setembro de 1992.

A Comunicação na Sala de Aula: Onze Dilemas[1]

"Não podemos não nos comunicar", lembra-nos Watzlawick. Todos se comunicam e, ao contrário de M. Jourdain, que descobriu que fazia prosa sem o saber, todos sabem que se comunicam e também sabem, hoje mais do que nunca:

- que a comunicação é um motor, uma ferramenta, um mecanismo em todos os tipos de situações da vida social, profissional, cívica e pessoal;
- que as competências de comunicação podem ser desenvolvidas e fazem parte do capital cultural rentável, tanto na escola quanto em outros contextos;
- que essas competências estão mal divididas, em função da diversidade das personalidades e das heranças culturais.

Poderíamos facilmente ampliar essa lista com lugares-comuns. Todos eles comprovam o lugar que a cultura contemporânea reserva à comunicação. Estou pensando aqui na cultura das sociedades complexas, conscientes do peso da mídia e da importância das trocas na vida cotidiana, no trabalho, na cidade, na família ou entre o casal. Penso mais ainda na cultura das novas classes médias, entre as quais a comunicação é um novo credo. E penso, finalmente, em todos os ofícios humanos – na saúde, na psicologia, no serviço social, no ensino – para os quais a comunicação é, ao mesmo tempo, objeto e ferramenta da prática.

Que pensam disso os professores? Captam os objetivos que escutamos todos os dias no rádio ou vemos em uma revista? Compartilham os valores e as representações das classes médias? Sem dúvida, mas talvez lhes dêem uma orientação diferente neste ou naquele ponto, levando em conta sua relação com o saber, com a infância, com a avaliação, com a norma que caracteriza sua profissão. Seria preciso realizar uma pesquisa para ficarmos sabendo disso. No entanto, tal procedimento, por melhor que fosse, nos mostraria as representações *que não se comprometem com nada*, que se expressam fora de qualquer contexto, sem outro objetivo além do de parecer aberto e moderno aos olhos de um interlocutor. Conhecemos as formas de comunicação que os professores utilizam *em suas práticas*?

Ter uma ideologia da comunicação é uma coisa, sobreviver e controlar a situação em uma sala de aula é outra. Tentarei mostrar aqui que a comunicação em sala de aula não pode ser a expressão de um ideal, mesmo que ele esteja de acordo com o espírito do tempo, mas uma modalidade de realização do *currículo* (Perrenoud, 1993e), uma modalidade de exercício do ofício de professor e de aluno (Perrenoud, 1995b, 1996g). Portanto, trata-se de uma prática complexa, inserida em um tecido de contradições ou de dilemas, que não pode ser dominada de uma vez por todas. À guisa de conclusão, indicarei algumas pistas para a formação.

UM OLHAR NORMATIVO E UMA QUESTÃO DE PODER

A comunicação em sala de aula passa por uma grande quantidade de julgamentos cotidianos. Podemos ouvir ou ler nos boletins escolares:

- Conversa demais.
- É taciturno, pouco comunicativo.
- Sempre quer ter a última palavra.
- Nunca leva em conta a opinião dos outros.
- Seria melhor que dissesse que não compreendeu.
- Gosta demais de fantasiar.
- Quer ter razão a qualquer preço.
- Gagueja, incapaz de enunciar duas frases coerentes.
- Seria melhor que refletisse antes de falar.
- Toma constantemente a palavra sem a pedir.
- É grosseiro com todos.
- É incapaz de escutar mais de cinco minutos.
- Fecha-se muitas vezes no mutismo.
- É tímido e inseguro.

- É demasiadamente educado e submisso.
- Nunca olha seu interlocutor nos olhos.
- Deveria deixar de lado esse pequeno sorriso arrogante.
- Tem uma vontade doentia de se salientar dizendo qualquer coisa.
- Perde-se em inúmeros detalhes inúteis.
- Inventa boatos que magoam os colegas.
- Exprime-se de forma confusa e entrecortada.
- Ri tolamente com qualquer brincadeira dos colegas.
- Nunca diz o que pensa.
- Agride constantemente seus interlocutores.
- Não reconhece seus erros facilmente.
- Assume uma atitude desafiadora quando é recriminado.
- Responde apenas com monossílabos, é impossível extrair dele uma explicação elaborada.
- Não pára de fazer perguntas não-relacionadas ao tema.
- Nunca cumprimenta os outros.
- Intromete-se em todas as conversas sem ser convidado.
- Mente abertamente quando é pego em uma atitude inadequada.
- Perde tempo com intervenções que não fazem o debate avançar.
- Conversa durante os trabalhos escritos.
- Não participa das discussões.
- Fala mal dos colegas e os magoa.
- Não se expressa, falta-lhe autoconfiança.
- Faz com que se perca tempo com histórias sem interesse.
- Acredita que é obrigado a trazer sua contribuição, mesmo que pequena.
- Faz brincadeiras de mau gosto.
- É incapaz de explicar seu raciocínio.
- É muito negativo com relação ao trabalho proposto na aula.
- Pretende ter respostas para tudo.
- Não diz nada, porque sempre tem medo de ser recriminado.

Todas essas "considerações", relatadas "a granel", falam da comunicação de um modo normativo e muitas vezes negativo: elas *estigmatizam* alguns comportamentos, algumas atitudes, algumas formas de ser ou de fazer dos alunos, como se fossem *desobediências* às regras ou a um contrato de comunicação.

Uma análise mais precisa mostraria que, com freqüência, essas considerações manifestam uma confusão:

- entre competência (saber dizer, escutar, argumentar) e ética (discrição, respeito pela palavra ou pelo silêncio do outro, eqüidade no intercâmbio);

- entre competência de comunicação como objetivo de formação (expressar-se claramente) e capacidade de aceitar as normas e o contrato de comunicação em sala de aula (respeitar o assunto tratado, fazer perguntas adequadas);
- entre conduta *hic et nunc* (por exemplo: "Este aluno fala pouco") e personalidade profunda ("Este aluno é fechado, introvertido");
- entre desejo de se comunicar (escutar ou se expressar, participar da troca) e civilidade (respeitar as formas de comunicação, mas também de autoridade);
- entre contrato pedagógico (escutar, participar, respeitar os interlocutores) e contrato didático (explicar seu raciocínio, reconhecer seus erros, expressar suas dúvidas).

Como se surpreender com isso? A comunicação não é um objeto de reflexão, e menos ainda de julgamento, que possa ser separado do conteúdo dos intercâmbios e da personalidade dos interlocutores. Ao julgar a forma de comunicação de uma pessoa, julgamos seu caráter, seu capital cultural, seu saber viver, sua ética, sua motivação. Por isso, seria conveniente retomar cada um desses julgamentos e distinguir os que se referem à própria forma de se comunicar e os que visam a "outra coisa", qualidades que a forma de comunicação evidencia: timidez, agressividade, egocentrismo.

Tomemos um fato bem simples: na sala de aula, em geral a comunicação não é objeto de uma representação puramente descritiva; ela é associada a uma norma ou a um contrato mais ou menos explícito e, às vezes, adequada a uma "explicação" de ordem psicossociológica. Sem dúvida, isso ocorre porque o controle da comunicação é um componente crucial da regulação da relação pedagógica e, de certo modo, das situações didáticas e das aprendizagens dos alunos.

É imperativo controlar a comunicação para ensinar. Mas, em primeiro lugar, para instaurar a própria possibilidade de um funcionamento didático. E, além disso, para viver e sobreviver no espaço fechado da sala de aula. Este trecho de uma entrevista relatada por Derouet mostra até que ponto um professor percebe-se sobretudo como alguém que deve *conjurar a desordem*:

> A diretora insiste muito em que tenhamos uma forma de trabalho bastante rigorosa, sem ambigüidade, sem projetos que abortem... Por exemplo, durante a aula, quando nos distraímos um momento, quatro ou cinco alunos já sobem na mesa... ou ficam embaixo de suas cadeiras ou de pé. A confusão, a agitação e a desordem começam muito rápido se nos distraímos. Com a experiência que tenho, é preciso... quando o professor coloca o pé na sala de aula, seu curso deve estar rigorosamente estruturado, ele tem de saber, do primeiro ao último minuto, o que vai

fazer. Se minha aula termina cinco minutos antes da hora, sempre tenho algum jogo para ocupá-los de forma agradável, até o último minuto, porque, se não ficarem ocupados até que a campainha toque, vai haver desordem. Nunca podemos esperar que esse tipo de criança fique calma quando dizemos: acabei a aula, façam o que quiserem durante cinco minutos... De jeito nenhum! Nunca vi nenhuma criança ficar calma durante cinco minutos se não estiver ocupada pelo professor. (citado por Derouet, 1988)

"Quando nos distraímos um momento!" Os professores mais experientes, pelo menos a sua maioria, não se identificam com esse professor estressado, ansioso, que tem medo de perder a autoridade a cada instante. Talvez reconheçam algum colega ou recordem seus primeiros passos. Porém, hoje afirmam que não é mais preciso controlar tanto a situação, pois construíram com os alunos uma relação de confiança e, ao mesmo tempo, de autoridade.

No entanto, se tiverem de listar o que eles têm a *perder* quando a comunicação em sala de aula não funciona, enumeram uma quantidade impressionante de *medos*. Por exemplo:

- medo de perder a continuidade da proposta, de que a atenção se disperse;
- medo de perder tempo;
- medo da desordem na construção do saber;
- medo do silêncio;
- medo do conformismo, da imitação;
- medo de que a conversa perturbe alguns alunos, fazendo-os perder confiança em si mesmos;
- medo de perder sua credibilidade, seu espaço, sua autoridade;
- medo de que o nível de linguagem degrade-se;
- medo de perder o papel de estrela, de precisar dividir o palco;
- medo de se envolver demais, de não conservar a distância necessária;
- medo de perder a calma;
- medo de perder a energia;
- medo de perder sua tranqüilidade e a sua consciência tranqüila;
- medo de se envolver em um conflito afetivo;
- medo de alterar sua imagem de adulto;
- medo de perder a exatidão, o rigor;
- medo de perder suas ilusões pedagógicas;
- medo de ser injusto, de precisar renunciar a uma forma de eqüidade;
- medo de ver o texto do saber ficar confuso;
- medo de revelar sua ignorância.

É claro que ninguém sente constantemente todos esses medos. Entretanto, a lista confirma a existência de numerosos fatores em jogo. Quando um professor controla a situação, isso lhe custa um imenso *trabalho*, nunca terminado, para conseguir enfrentar todos os riscos. Trabalho que recomeça em cada aula e que continua durante todo o ano letivo. Boumard e Marchat (1996) lembram que o fantasma da baderna acompanha parte dos professores até mesmo antes do reinício das aulas.

Evidentemente, tudo seria mais simples se o professor tivesse apenas de manter a ordem e reprimir qualquer comunicação não-autorizada. A imagem do soldado, do policial, do carcereiro que tomam conta dos prisioneiros nos vêm imediatamente à mente, assim como a do bedel que quer que a disciplina seja respeitada. O professor está em uma situação bem mais incômoda:

- seus valores, sua ideologia, sua visão do ser humano e da sociedade muitas vezes o levam a privilegiar a liberdade, a rejeitar a censura e a repressão;
- ele espera que seus alunos aprendam e, para isso, precisa de sua cooperação ativa, de seu compromisso com a comunicação para além de um conformismo superficial;
- em diversas disciplinas, seu papel e seu projeto o incitam a desenvolver competências de comunicação.

Surge, então, uma espécie de contradição permanente, um estado de equilíbrio instável, mesmo entre professores experientes. Apresentarei essas contradições sob a forma de *onze dilemas*. Todos eles propõem uma ilustração de um ditado bem conhecido: "Não se pode ter a manteiga e o creme da manteiga ao mesmo tempo". Esses dilemas não conseguem ser totalmente superados pela experiência nem pela formação. No entanto, a consciência de que eles ocorrem ajudam a *conviver com a complexidade*.

ENFRENTAR A COMPLEXIDADE

Cada um dos dilemas analisados é construído a partir de um mecanismo diferente:

1. Em torno da tomada da palavra e do silêncio.
2. Em torno da justiça.
3. Em torno da norma de linguagem.
4. Em torno da mentira.
5. Em torno da esfera privada.

6. Em torno do conflito.
7. Em torno do poder pedagógico.
8. Em torno da conversa.
9. Em torno do erro, do rigor e da objetividade.
10. Em torno da eficácia e do tempo didático.
11. Em torno da metacomunicação e do sentido.

Essa divisão é parcialmente arbitrária e sua ordem não tem importância. Trata-se, sobretudo, de explorar diversas facetas da comunicação, mostrando, em cada uma delas, a dificuldade de encontrar e de conservar uma linha de conduta perfeitamente coerente e de não renunciar a nenhuma das dimensões da ação pedagógica.

A seguir, resumiremos cada dilema.

Em Torno da Tomada da Palavra e do Silêncio

Para evitar a anarquia em uma sala de aula, a palavra deve ser "pedida" e "concedida" a fim de que haja um intercâmbio ordenado, dirigido pelo professor. Por isso, a conversa em uma rede clandestina de comunicação e as tomadas de palavra selvagens na rede oficial (Sirota, 1988) são duplamente proibidas, pois perturbam o funcionamento da aula e minam a autoridade do professor.

Na escola, "o silêncio é de ouro". Ele é considerado necessário para escutar e trabalhar. Isso não impede que o professor o rompa quando quiser para completar suas orientações, intervir no debate ou repreender um aluno. Quando ele quer "ouvir uma mosca voando", a palavra dos alunos o perturba. E, quando solicita sua participação, o silêncio dos alunos o incomoda e torna-se intolerável se ele o interpreta como sinal de resistência, de indiferença, de falta de interesse.

O professor pretende ter o privilégio de impor o silêncio e de rompê-lo, de dizer quem deve falar e quem deve calar-se, quando e por quê. No entanto, se abusar disso, os alunos esquecem-se do que queriam dizer e desinteressam-se de uma conversa que não deixa nenhum espaço para a improvisação, a desordem, a iniciativa, as pessoas. No máximo, darão as respostas apropriadas, aquelas que o professor espera para que a aula possa continuar, sem prazer, sem envolvimento, sem alma e, portanto, sem aprendizagem.

Primeiro Dilema

Como controlar a tomada de palavra sem esterilizar as trocas e sem acabar com a espontaneidade e o prazer?

Em Torno da Justiça

Em uma sala de aula, a palavra não é apenas um direito das pessoas, mais ou menos regulamentado de acordo com a tarefa a ser realizada. Também é – ou deveria ser – uma oportunidade de aprender, de argumentar, de apresentar questões e dúvidas, de tentar formular uma observação, um raciocínio, de participar ativamente da construção de situações-problema ou de sua resolução. No entanto, esse ideal muitas vezes enfrenta grandes obstáculos:

- Os alunos com menos dificuldades, em geral, é que monopolizam a palavra. O professor não pode sistematicamente reduzi-los ao silêncio sem magoá-los, desestimulá-los e sem fazer que se voltem contra ele.
- Os alunos que ganhariam mais se falassem não ousam fazê-lo, pois não têm confiança em si mesmos e não se sentem escutados. Consideram qualquer insistência como uma violência, e o professor corre o risco de colocá-los em situações difíceis, caso seus colegas os ridicularizem ou não prestem atenção a eles.
- O próprio professor precisa de parceiros "à altura" para progredir em sua aula, ou para uma atividade ou projeto funcionar. Paradoxalmente, quanto mais uma atividade coletiva for ambiciosa, mais ela dependerá que os alunos estejam mais à vontade no âmbito da comunicação.

Segundo Dilema
Como conseguir uma certa eqüidade sem magoar alguns e violentar outros, sem interferir nas regras do jogo social?

Em Torno da Norma de Linguagem

Às vezes, a correção da forma predomina sobre a eficácia da mensagem. O importante não é ser compreendido, mas respeitar as formas e as normas (Perrenoud, 1988 e). Muitos alunos são interrompidos para serem interpelados sobre a forma ("Não se diz..."), perdendo, assim, o fio da meada e o sentido de continuar.

Um aluno também pode sofrer uma reprimenda se disser alguma coisa correta antes da hora adequada, atropelando o professor, que quer criar suspense, ou se antecipar ao programa do ano seguinte, que supostamente o aluno ainda deveria ignorar.

Entretanto, um professor que "deixasse tudo passar" teria de enfrentar as críticas dos pais, do inspetor, de alguns colegas, de alguns alunos: encarnar a norma é uma das expectativas tradicionais com relação à escola. O professor não age em função de sua própria tolerância, mas como delegado de uma "sociedade" que facilmente condenará sua permissividade.

Por outro lado, uma relação normativa com a cultura, com o conhecimento e com a língua constitui a identidade de uma parte dos professores. Há coisas que "não podemos deixar que sejam ditas". Por fim, inculcar o respeito à norma faz parte dos objetivos do ensino e das incumbências do professor. Não é fácil saber quando o fato de remeter à norma pode ser formador e quando ele desvia de uma aprendizagem mais importante.

Terceiro Dilema

Como respeitar as normas da comunicação e da língua sem reduzir os alunos ao silêncio ou às banalidades prudentes?

Em Torno da Mentira

A transparência é um dos principais valores educativos. A mentira – e mesmo a fantasia – é considerada um sinal de perversidade ou de imaturidade. Todos desejaríamos poder ler uma criança "como um livro aberto" (Repusseau, 1978). Os adultos não aceitam que as crianças ou os adolescentes sejam atores "como os outros", que tenham bons motivos para não dizer tudo ou enfeitar as coisas, para enganar, para dissimular ou travestir informações por razões táticas (Perrenoud, 1988 d). Ora, como dizia um jesuíta, "Deus deu a palavra ao homem para que ele dissimule seu pensamento". Em um espaço exíguo como a sala de aula, é difícil ocultar alguma coisa, sobretudo do professor, que tem um inigualável poder de inquisição. Isso foi o que chamei de *glasnost pedagógica* (Perrenoud, 1991 b), variante da *pan-óptica* analisada por Foucault (1975). Se o aluno for obrigado a dizer "tudo o que pensa", "para o seu bem", é claro, ele será privado de uma forma de identidade, de autonomia, de existência como sujeito. Quando não pode ocultar seu comportamento nem o conteúdo de sua carteira, de seu fichário ou de seu caderno, o único recurso que lhe resta é o de explicar as coisas de seu jeito, de usar alguns pretextos: "Não tinha compreendido, não tive tempo, não me disseram, eu achava...". Exigir que alguém mostre todas as suas fraquezas, revele seus erros ou dúvidas, preguiças ou contradições, significa exigir que perca sua identidade e assuma riscos (reais ou imaginários) frente a alguém que, no fim das contas, o avalia e decide sobre sua carreira.

Mesmo reconhecendo a necessidade de uma distância tática entre o discurso e o pensamento (ou as emoções, ou alguns atos), um professor é mal compreendido:

- porque tem uma grande dificuldade de não considerar "contra ele" qualquer desvio da transparência; o educador quer ser amado, quer contar com a confiança das crianças e adolescentes confiados a ele, não suporta ser tratado como "adversário", como alguém com quem se mantém uma relação estratégica;
- porque seu papel e seu sonho em geral não o levam a formar jovens astutos e hábeis, mas sinceros, honestos e até mesmo ingênuos.

> **Quarto Dilema**
>
> Como valorizar a expressão aberta e honesta das idéias e dos sentimentos sem negar aos alunos o direito de ser atores, ou seja, de dissimular ou de enfeitar algumas vezes?

Em Torno da Esfera Privada

Desde que seja "pelo bem da criança" ou "por necessidade", muitas vezes penetramos em sua esfera pessoal. Em uma sala de aula, não parece escandaloso intervir em uma conversa particular, exigindo que os alunos falem em voz alta ("O que vocês estão dizendo nos interessa"), interceptar um bilhete passado de mão em mão, obrigar um aluno a dizer o que pensa, interromper seus sonhos ("Quer dizer que continua na lua?"). Nem sempre o aluno tem direito ao seu foro (seu forte?) íntimo. Sua família também não está protegida: com o pretexto de saber das doenças do aluno ou de seus momentos de cansaço, das suas ausências físicas ou mentais, de sua limpeza, do estado de suas roupas ou de suas ferramentas de trabalho, o professor faz incursões em sua vida fora da escola: "Você assistiu à televisão até altas horas, gostaria de saber que tipo de vida você está levando", "Você está tão sujo... ninguém se lava em sua casa?", "De novo atrasado, seus pais não trabalham?".

As pedagogias ativas apresentam o problema por um outro ângulo: quanto mais a vida entra na escola, quanto mais se trabalha a partir da vivência de cada um, quanto mais os alunos realizam atividades com sentido, em projetos concretos, menos se permite estabelecer uma fronteira rígida entre seu *status* de alunos e sua existência fora da escola. Contar, trazer objetos, convidar os pais para um espetáculo, uma pesquisa, uma venda, é partilhar uma parte da realidade, acabar com os limites entre público e privado. Aprender a argumentar sobre as questões da vida cotidiana, como o desemprego, o dinheiro, o racismo, a moradia, as drogas, a violência, o lazer, o trabalho, o consumo, tudo isso significa revelar modos de vida, valores, às vezes desvios ou falhas, significa falar do que se come, do que se assiste, do que se faz, do que se diz em família (Perrenoud, 1994). Muitas vezes, o professor fica sabendo mais do que gostaria, pois as crianças ainda não sabem esconder tão bem sua vida quanto os adultos.

> **Quinto Dilema**
>
> Como a vida pode entrar na escola sem violentar a esfera íntima dos alunos e de suas famílias? Como tratar o aluno como pessoa e envolvê-lo em atividades que tenham sentido para ele sem expô-lo?

Em Torno do Conflito

Na escola, o conflito não é vivido de forma positiva. Mesmo os professores que acreditam no conflito sociocognitivo com freqüência têm uma imagem asséptica dele: deve ser um conflito tranqüilo, sem paixões, sem envolvimento de ninguém, sem vencedores nem vencidos. Como se os únicos desacordos intelectuais toleráveis devessem excluir a tomada de partido, a violência verbal, a má-fé, os jogos de poder, a concorrência. A comunicação pode ajudar a solucionar os conflitos. Porém, na sala de aula, geralmente é utilizada para negá-los, sufocá-los: "Você não tem o direito de dizer esse tipo de coisa", "Você não tem vergonha?", "Não critique o tempo inteiro". A comunicação é associada à ordem e até mesmo à harmonia mais que à negociação e às relações de força.

Também não devemos cair no excesso inverso: a escola é um lugar protegido, não se pode aprender se for preciso adotar constantemente uma atitude defensiva. A escola nunca seria perdoada se deixasse eclodir a violência, o racismo, o sexismo e as relações de força, mesmo em um plano meramente verbal.

> **Sexto Dilema**
>
> Como não tornar a comunicação asséptica, esvaziá-la de qualquer referência à vida e às suas contradições, aos conflitos sociais, sem colocar em risco os alunos e os professores?

Em Torno do Poder Pedagógico

Embora a conversa seja fundamental na vida humana, na sala de aula ela se torna tagarelice quando escapa ao controle do professor. Ele se sente o maestro da orquestra, o iniciador, o controlador dos intercâmbios, de seus conteúdos, de seu nível, de sua correção, de sua duração, de sua progressão rumo a um objetivo. Na sala de aula – assim como na igreja, no exército ou perante a justiça –, a comunicação é *regida* por um ator mais responsável e poderoso que os outros, que é jogador e árbitro simultaneamente. Portanto, ele é quem estipula as regras do jogo, enquanto o aprendiz deve jogar segundo essas regras. Dessa forma, a comunicação na sala de aula é profundamente assimétrica, porém essa assimetria parece estar na ordem das coisas, é a expressão de um poder legítimo. Tão legítimo que não é questionado, ninguém se pergunta com que direito o professor manda na aula. Esse é um dos tabus da comunicação pedagógica. O professor refugia-se em seu papel institucional ("Vocês sabem muito bem que não tenho escolha"), enquanto os alunos falam – entre si – das formas de se protegerem da autoridade e das exigências da instituição ou do professor.

Embora a comunicação esteja baseada em relações de poder e permita sua aplicação, em geral preferimos censurar esse aspecto das coisas. Tal prudência tem conseqüências na formação em diversos âmbitos: não analisar os fenômenos do poder e da autoridade na sala de aula nem na escola é renunciar a "lições sobre as coisas", que seriam a melhor forma de instrução cívica ou de educação para a cidadania, como se diz atualmente; as pedagogias institucionais compreenderam muito bem isso. Também é não ajudar a compreender e, até mesmo, a contestar a autoridade daqueles que sabem, é construir uma relação reverencial com o saber. Por fim, é não preparar para o uso da língua e do pensamento para negociar no interior das organizações: negociar as condições e o período de trabalho, as regras, os objetivos, etc. (Perrenoud, 1991 a).

Sétimo Dilema

Como não eufemizar o poder na comunicação sem questionar a autoridade do professor? Como oferecer ferramentas de análise e de negociação sem ser o primeiro alvo delas?

Em Torno da Conversa

A idéia de que a comunicação depende de um *contrato* (explícito ou implícito) não é muito corrente. As condutas dos alunos não parecem ser objeto de negociação, mas de chamados à ordem. A única comunicação realmente aceitável na sala de aula é aquela organizada pelo professor, sobre o assunto legítimo a respeito do qual ele decidiu falar e fazer falar. O resto não passa de ruído. Essa é a imagem da "comunicação correta": centrada em um tema, ordenada, fazendo com que um debate ou uma lição avance, ou seja, funcional e rigorosa.

Ora, esse tipo de conversa representa apenas uma parte das razões que os seres humanos têm para se comunicar. Os alunos sentem uma necessidade imperativa de falar de todas as coisas estranhas à atividade que está sendo realizada, ou de falar dessa atividade com revolta e ironia. O professor luta contra essas derivações para manter ou fazer com que os alunos retornem ao tema e à rede oficial de comunicação. O professor age como o cão do pastor que leva de volta as ovelhas perdidas para o rebanho. Esse é o seu papel. No entanto, se o desempenha com excessivo rigor, priva seus alunos de liberdade, de emoção, de riso, em outros termos, de oxigênio. É vital ter direito e tempo para conversar. Essa é uma fonte de sentido, de identidade, de força. As instituições penitenciárias, que proíbem qualquer comunicação entre os presos, sabem muito bem disso. Para quebrar o indivíduo, impede-se que ele fale com seus semelhantes – tal prática é tão antiga quanto a repressão. Por outro lado, um aluno que quer contar uma piada, quer fazer uma crítica, uma pergunta ou um comentário irônico, não está, de forma alguma, disposto a aprender.

Oitavo Dilema

Como envolver os alunos no projeto principal sem privá-los do direito de conversar? Como encontrar um equilíbrio entre o controle minucioso dos propósitos e a explosão das conversas particulares?

Em Torno do Erro, do Rigor e da Objetividade

Vamos à escola para aprender. Em outras palavras, para nos apropriarmos – bem ou mal – dos saberes e *savoir-faire* reconhecidos como legítimos, fundamentados, úteis, importantes. Portanto, o papel do professor é o de proscrever o erro, erradicar as representações falsas, as pré-noções, para substituí-las pela verdade científica (ou estética, ou moral) do momento.[2] Mesmo quando os conteúdos do ensino são irrepreensíveis quanto à sua "objetividade", sabemos agora, graças aos trabalhos dos didáticos, que os saberes entram em colisão com representações prévias bem instaladas, que provêm da experiência pessoal, de todos os tipos de esquemas intuitivos, da cultura familiar, etc. Portanto, o professor vê-se diante de uma escolha difícil: se não permitir a expressão das representações dos aprendizes, irá limitar-se a justapor a elas os saberes escolares. Como mostra Astolfi (1992), esses saberes serão mobilizados em situação de avaliação, diante de tarefas canônicas; no entanto, diante de um "verdadeiro problema", as representações prévias e as teorias ingênuas retomarão seus direitos, pois elas funcionam, subjetivamente, como verdadeiras chaves de inteligibilidade, ao passo que os saberes escolares não são ferramentas. Se, ao contrário, o professor dá espaço para as representações dos aprendizes, depara-se com "mundos subjetivos" diversos, muitas vezes coerentes e talvez mais convincentes que a teoria científica. Como não tem tempo nem meios de explicitar todos eles, para refutá-los passo a passo com os alunos, corre o risco de dar direito de cidadania a teorias falsas, às vezes mais fecundas e sedutoras que os conceitos científicos. *"Representações, sim, mas que o fazemos com elas?"*, pergunta-se, com muita razão, De Vecchi (1993).

> **Nono Dilema**
>
> Como dar espaço para as representações dos aprendizes sem colocar em circulação teorias falsas e dar-lhes crédito? Como autorizar todos a dizer o que acham sem cair no relativismo ou no obscurantismo? Como trabalhar com o erro sem legitimá-lo?

Em Torno da Eficácia e do Tempo Didático

Na escola, o tempo é contado. Os didáticos, quando analisam as seqüências, mostram que o professor muitas vezes organiza um pseudodiálogo que lhe permite avançar, levar os alunos para onde pretende. Não há nada mais fácil: basta ignorar as intervenções divergentes e direcionar as intervenções úteis. No limite, encontramos o que Brousseau chamou de "efeito topázio": a pergunta contém a resposta, a aula torna-se um catecismo, com uma divisão fictícia da palavra, pois trata-se de dizer um texto que não permite nenhuma liberdade.

Por outro lado, deixar os alunos expressarem-se livremente, seguir todas as pistas, levar a sério todas as perguntas, ouvir todas as dúvidas, adotar todos os atalhos, abrir todos os parênteses, aproveitar todas as oportunidades, sem dúvida significa perder o fio condutor e, no final do período, encontrar-se muito longe do objetivo ou mesmo completamente perdido. Isso reforça a solidão de todos e o sentimento de impotência do professor.

> **Décimo Dilema**
>
> Como dar espaço para a construção interativa dos saberes sem que a conversa flua "em todos os sentidos"? Como não canalizar completamente a comunicação didática sem perder o fio condutor?

Em Torno da Metacomunicação e do Sentido

A comunicação é incessante na sala de aula, e a comunicação sobre a comunicação também está presente, mas em geral se trata de intervenções normativas ou de injunções do professor das quais os alunos reclamam:

"Não vá tão rápido!" ou "Não estou entendendo nada". Essas microrregulações não relevam de uma verdadeira *metacomunicação*, de uma explicitação das regras do jogo e de seus fundamentos, de relações sociais, de relações intersubjetivas e mecanismos institucionais presentes na situação de aula. Muitas vezes, a escola caracteriza-se por uma aceleração constante. Em geral, não há tempo para questionar tudo o que está sendo feito, para *construir sentido*, ou isso só acontece quando não há outro remédio, quando a crise ameaça ou eclode. Como esperar, então, em uma situação tensa, a instauração de uma relação analítica e relativamente serena com a forma como se está funcionando junto? Nesse caso, o professor contenta-se em "sustentar em suas mãos", ou limita-se a apelar para a boa vontade e a razão dos alunos. Isso também ocorre devido à falta de ferramentas e de uma cultura comum para colocar à distância as finalidades e as modalidades do jogo escolar, o sentido dos saberes e do trabalho. Surge daí uma forma de empenho pedagógico, de tendência a fazer o "mais do mesmo", porque não é possível mudar de registro e observar as disfunções da comunicação. Desse modo, como podemos nos surpreender com o pouco sentido dos saberes (Charlot, Bautier e Rochex, 1992), da experiência escolar (Rochex, 1995; Dubet e Martuccelli, 1996), do ofício de aluno (Perrenoud, 1995 b) e, globalmente, da escola (Develay, 1996)?

Aqueles que adotam o caminho da metacomunicação regular e da explicitação do sentido têm de enfrentar numerosos problemas. É preciso tempo para parar e compreender, e isso nos obriga a imensos desvios para reconstruir, paciente e coletivamente, o que comumente funciona por inércia, o que leva a perigosas incursões ao imaginário, às expectativas, aos valores e até mesmo à intimidade de todos. É claro que, em geral, esse procedimento é positivo se puder ser levado a bom termo. Infelizmente, porém, nas condições habituais do ensino de massa, sobretudo no ensino médio, é raro ter a possibilidade de negociar realmente um contrato de comunicação. Em geral, as escolas alternativas ou as classes que adotam uma corrente renovadora – movimento Freinet, pedagogia institucional – é que assumem o risco de priorizar o sentido, em vez da progressão no programa.

Décimo Primeiro Dilema

Como dar espaço à metacomunicação e à busca de sentido sem desestabilizar o grupo-classe e sem deixar de corresponder às expectativas da instituição?

PRÁTICA REFLETIDA E ESTRATÉGIAS DE FORMAÇÃO

Não devemos pensar que esses dilemas podem ser superados apenas por terem sido enunciados, ou que a experiência é suficiente para lhes dar uma resposta pragmática estável. Eles são verdadeiras contradições, que provêm da complexidade como "irrupção dos antagonismos no centro dos fenômenos organizados" (Morin, 1977, p. 379). Também seria uma falácia acreditar que basta apoiar obstinadamente a política do "meio-termo justo" para se livrar dos dilemas. A estratégia adequada deve ser encontrada em cada caso, baseando-se, naturalmente, em uma linha mestra, pedagógica e ética, mas também em função do grupo, da situação e dos mecanismos do momento. Diante do fenômeno da comunicação na sala de aula, há somente uma resposta: um julgamento profissional baseado em competências de análise, de antecipação, de regulação. Essa competência deveria mobilizar alguns saberes eruditos, por exemplo, um mínimo de conhecimento dos trabalhos das escolas de Palo Alto sobre a comunicação (Watzlawick, 1978 a e b e 1988; Watzlawick, Helmick Beavin e Jackson, 1972; Watzlawick e Weakland, 1981; Watzlawick, Weakland e Fish, 1975; Winkin, 1981, 1996), assim como enfoques psicanalíticos (por exemplo, Cifali, 1994; Imbert, 1994, 1996) ou pedagógicos (Cardinet, 198; Meirieu, 1996; Weiss, 1991) da comunicação educativa, ou ainda trabalhos dos sociólogos da educação (Bourdieu, Passeron e De Saint-Martin, 1965; Woods, 1983; Sirota, 1988; Perrenoud, 1991 a e b, 1992 b). Evidentemente, não devemos esperar que o professor iniciante tenha lido a imensa literatura interdisciplinar dedicada à comunicação, mas que pelo menos tenha uma idéia dos principais paradigmas. A esses saberes eruditos seriam progressivamente acrescentados saberes construídos em função de uma reflexão sobre a experiência.

O papel da formação (inicial ou contínua) é duplo: familiarização com os saberes básicos e iniciação a uma *prática refletida*, a uma "re-flexão" na ação (St.Arnaud, 1992; Gather Thurler, 1992; Perrenoud, 1996 a e b) que permita aceitar e analisar a ambigüidade e a complexidade dos fenômenos de comunicação. Em suma, tanto aqui como em outros registros, trata-se de avançar rumo a uma *crescente profissionalização do ofício de professor*, de destacar suas competências de identificação e de resolução de problemas.

NOTAS

1. Publicado em *Les cahiers pédagogiques*, n. 326, p. 13-15.
2. Sabemos que essa "verdade instituída" é, às vezes, o contrário da verdade: o ensino da biologia, sobretudo da genética, em alguns estados americanos ou na URSS de Stálin, estava mais relacionada à religião ou à ideologia do que a uma ciência independente do saber. Quanto à história, à literatura, à filosofia, à geografia, sabemos que, nos estados totalitários – e mesmo nas sociedades mais democráticas –, elas são um desvio para construir uma "justa" visão do mundo.

3
Dez Não-Ditos ou a Face Oculta da Profissão de Professor[1]

A imagem pública de uma profissão constitui um detalhe importante, tanto para os profissionais quanto para as organizações que os formam ou empregam. Ela a torna visível, a situa com relação às outras, identifica tendências, pontos fortes e fracos. Nenhuma corporação profissional pode ser indiferente à sua imagem pública, na medida em que sua reputação, seu prestígio, sua renda e o poder de seus membros dependem dela. Ela tende, naturalmente, a defender e a ilustrar a profissão e, por isso, nunca deixa de mencionar o professor "digno desse nome", a profissão tal como ela deveria ser. O Estado e os outros poderes organizadores da escola definem e controlam amplamente as competências, as condições de recrutamento, a formação inicial ou contínua dos educadores que formam ou empregam. Portanto, sua imagem pública importa-lhe, pois em parte ela se confunde com a própria imagem da escola. Muitas vezes, os poderes públicos acrescentam algum registro "defesa e ilustração" da profissão de professor, a pedido dos interessados, que tradicionalmente se queixam de não serem apoiados de forma suficiente pelos responsáveis pelo sistema educativo. Quando a imagem pública dos educadores deixa de ser lisonjeira, os atores da escola acabam com suas querelas intestinas e reconstituem a união sagrada contra seus detratores, aqueles que descrevem ao mesmo tempo a profissão e suas organizações subjacentes.

Nenhum poder pode controlar integralmente sua imagem pública. Mesmo os Estados totalitários, que controlam a imprensa e a opinião pública "oficial", não podem impedir que as pessoas pensem e digam em voz baixa o que lhes parece. O confronto de imagens, umas muito positivas e outras muito negativas, pode propiciar um certo equilíbrio no espírito dos que tentam ver claramente e dizem que a "verdade" sem dúvida se encontra em um "meio-termo". No entanto, a contradição não garante suficiente lucidez. Apenas evita que uma imagem simplificadora e injusta domine a opinião.

Para formar os professores, para controlar o desenvolvimento dos sistemas educativos, as reformas de estrutura e os currículos, a luta contra o fracasso escolar, não importam os julgamentos globalmente equilibrados sobre os professores, colocando no mesmo plano detratores e defensores incondicionais. Para construir um plano e dispositivos de formação, melhor seria analisar pacientemente a complexidade da profissão, levar em conta o que se diz publicamente e que contém uma parte de verdade, mas também verificar o que está no centro das práticas pedagógicas, o que não pode ser dito abertamente.

Por que não dizer tudo publicamente? Por que os diversos aspectos das práticas e da profissão de professor não podem encontrar sua justa contrapartida nas imagens públicas? A questão pode parecer trivial: cada organização não guarda seus cadáveres no armário, cada organização não tem suas ovelhas negras? Em todo corpo constituído, à margem, existe uma fração de pessoas *indefensáveis*, que usurpam seu título e a confiança depositada nelas. A corporação não pode reconhecê-lo publicamente, exceto quando essa é a única maneira de se proteger do risco, ainda mais grave, de parecer que está encobrindo o inaceitável. A imagem pública proposta por uma corporação profissional do prático "medio" sempre é mais cor-de-rosa que a diversidade efetiva entre as práticas e os profissionais. Colocam-se em evidência os profissionais mais admiráveis, salientando-se suas competências, sua dedicação, seu trabalho entusiasta, sua retidão e seu espírito inovador. Minimiza-se a informação sobre os que não possuem as qualificações requeridas, não respeitam as regras éticas ou não investem em sua formação. Nesse sentido, por que, os professores teriam de ser mais perfeitos que os médicos, os policiais, os jornalistas ou os contadores? E por que teriam interesse, mais do que os outros, em reconhecer abertamente essa imperfeição?

Seria bastante interessante comparar diversas profissões que tentam ocultar ou minimizar seus fracassos ou erros. Essa não é minha intenção aqui. Não estou interessado na margem, mas na página, no que constitui o cerne da profissão tal como é exercida por professores *comuns*, normalmente competentes e respeitáveis. Portanto, não se trata de exceções, seja qual for seu número, mas da regra: o ensino parece-me uma profissão da qual alguns componentes principais são ignorados ou amplamente enfeitados nas imagens públicas da profissão e mesmo nas imagens internas.

Analisarei os *não-ditos* da profissão de professor em dez aspectos:

- O medo.
- A sedução negada.
- O poder vergonhoso.
- A avaliação todo-poderosa.
- O dilema da ordem.
- O amadorismo ineficaz.
- A solidão ambígua.
- O tédio e a rotina.
- A defasagem inconfessável.
- A liberdade sem responsabilidade.

Voltarei em seguida às razões desses não-ditos, o que chamo de comédia do controle e da racionalidade.

OS NÃO-DITOS

O paradoxo da análise sociológica é tentar formular publicamente aquilo que, em geral, não é apontado pelas imagens públicas. Para entrar no "espírito da coisa", convido o leitor a abandonar por um instante, a ficção segundo a qual um professor digno desse nome não conhece o medo, nem a embriaguez do poder, nem a sedução, nem...

Por que *dez* não-ditos? O número deve-se mais ao prazer do jogo de palavras[*] que à real existência de dez dimensões ocultas da profissão de professor. Acrescento que a lista aqui apresentada não tem uma lógica particular nem pretende ser exaustiva. Não se baseia em certezas científicas inapeláveis, mas em um diálogo ininterrupto com professores, em grupos de formação ou entrevistas de pesquisa nas quais eles falam, sem muita maquiagem, de seu cotidiano.

O Medo

Medo, eu, não me faça rir... De que poderíamos ter medo? Sim, concordo que, nas periferias temos medo de encontrar os pneus dos nossos carros furados e até mesmo de ser agredidos pessoalmente. Às vezes, temos medo de não "estar por cima" na sala de aula. Todavia, essas ainda

---

[*]N. de T. Em francês, há um jogo de palavras na expressão que se perde em português: *dix non-dits*.

são situações marginais, embora abranjam um número crescente de estabelecimentos de ensino afetados pela crise urbana. Essas condições extremas podem parecer estranhas à essência da profissão de professor. Acredito, porém, que elas revelam uma das raízes da relação e das práticas pedagógicas. Ensinar é sobretudo:

- pretender saber mais que os alunos e seus pais, mesmo pressentindo que essa superioridade possa ter suas falhas;
- administrar com justiça e, portanto, poder contestar e ser contestável em nome da igualdade;
- exercer um poder e instituir uma lei e, portanto, enfrentar resistências abertas ou latentes das quais nem sempre se tem certeza de poder controlar;
- sancionar algumas condutas e, portanto, assumir o risco de cometer pequenos ou grandes erros "judiciais";
- trabalhar com pessoas complexas, que não entendem plenamente o que é feito com elas, contar até dez no caso de reações desproporcionais ou decisões tomadas levianamente;
- pensar muitas vezes em seus próprios limites, incertezas ou crises de identidade;
- ser exposto todos os dias ao olhar dos alunos e, através deles, ao dos pais e, portanto, ser julgado sem poder sempre se explicar;
- ser, de vez em quando, desestabilizado por acontecimentos imprevisíveis e ser desnudado por seus colegas ou alunos;
- assumir, às vezes, relações intersubjetivas de alto risco;
- ser julgado pelos colegas e pela hierarquia, muitas vezes sem indulgência, com base em indicadores bastante fragmentários;
- viver dilemas, casos de consciência nos quais ninguém tem certeza de que vai poder se orgulhar de si mesmo;
- enfrentar um grupo que pode tornar-se um ator coletivo, capaz de organizar um tumulto ou uma coleção anômica de pessoas ingovernáveis.

Entre o irreprimível pânico do professor jovem que exerce sua profissão em um colégio sinistro da periferia e as pequenas angústias de um professor aguerrido instalado em uma região tranqüila não existe a mesma medida. A instituição, a formação e a experiência têm a função de dominar todos os medos ou, pelo menos, de reduzi-los a proporções razoáveis ou simplesmente calá-los. "A França está com medo!", afirmou um jornalista na televisão. Ele generalizava para destacar melhor o aumento de um sentimento de insegurança urbana. Toda a França não estava com medo, assim como nem todos os professores tremem todos os dias antes de entrar na sala de aula. Talvez fosse mais adequado dizer que não é preciso muito para que se desperte o medo, para que a pacificação das relações sociais de repente pareça bastante frágil, para que o outro pareça ameaçador. Dos medos precisos ou das angústias difusas, pequenas ou grandes, presentes na profissão de professor, não se fala, ou se fala muito pouco.

A Sedução Negada

Para instruir, é preciso captar de alguma forma a atenção e a boa vontade. Como às vezes os programas são áridos para alunos que não são mais herdeiros e cuja relação com o saber é incerta, o melhor "truque" continua sendo a sedução. Desde que não se confesse nunca que ela é, ao mesmo tempo, um poderoso motor e um verdadeiro prazer...

O mundo do ensino é muito puritano quando se trata da relação pedagógica (Cifali, 1994). Atenção: crianças e adolescentes! Tudo aquilo que evoca o desejo e a sensualidade é excluído. Pode-se amar os jovens com um amor materno ou paterno (esquecendo, naturalmente, que esse amor não é totalmente assexuado). A partir dos 10-12 anos, isso balança.

É normal que os menores sejam protegidos e que a sedução fique apenas no plano do saber e da comunicação intelectual. Podemos recorrer a metáforas menos ameaçadoras: presença, carisma, arte de captar o olhar e o espírito, senso de humor, talento pedagógico. Na verdade, o saber raramente é dissociado da pessoa que o encarna e sabemos bem que um bom professor pode tornar prazerosos até mesmo saberes ingratos. Seduzir não significa necessariamente se fazer amar e, portanto, fazer amar o que se ama. É mais propiciar uma transferência, fazer amar os conteúdos porque amamos outra coisa, por exemplo, o ambiente, o jogo, o suspense, a competição, a solidariedade, a *mise en scène*, a emoção, a surpresa.

No ensino, a sedução enfrenta um duplo tabu: por um lado, tudo aquilo que a palavra e a idéia evocam no registro do desejo e da culpa; por outro, a recusa idealista de qualquer "manipulação". O professor gostaria de acreditar que os alunos não aprendem pelos seus "belos olhos", nem mesmo pelo jogo social organizado em torno do sucesso escolar, mas pelo valor intrínseco do saber. Ficção respeitável, porém joga um véu pudico sobre o que realmente se faz funcionar para envolver, atrair, "embarcar" todos os que não caíram, desde a infância, no caldeirão do saber...

O Poder Vergonhoso

Muitos professores resistem, ativa ou passivamente, todos os dias ou algumas vezes, ao procedimento de inculcar algo em seus alunos. Raramente a sedução é suficiente para superar tais resistências. Ela não dá resultado com todos os alunos, ou não é suficientemente constante para garantir condições decentes de ensino e aprendizagem. Por isso, os professores também devem ameaçar e punir, exercer uma violência que, embora simbólica, não é menos dolorosa que os castigos corporais. Ora, advertir, repreender, sancionar, ameaçar não são ações que valorizam um professor, não é a parte de sua profissão que ele reivindica mais abertamente. Ninguém se sente muito à vontade com o poder, todos gostariam – diz o professor – de não ter de recorrer a ele; todos negam que ele possa proporcionar qualquer prazer. Globalmente, o poder não é bem-visto no mundo do ensino. Se a palavra for introduzida em um projeto pedagógico, alguém sempre dirá que essa palavra o "molesta". O poder é um "mau objeto", uma coisa vergonhosa, um tabu absoluto em alguns grupos, um fenômeno que na maioria das vezes é apresentado sob a forma de eufemismo.

Ensinar consiste também – e, às vezes, principalmente – em assumir uma relação de força, em exercer uma forte pressão sobre alunos que não pediram para ser instruídos nem para assistir às aulas nem para fazer exercícios escolares, quase todos os dias, durante 9 a 15 anos de suas vidas. A sociedade adulta não está interessada no fato de que os professores, aos quais ela delegou essa tarefa, ao mesmo tempo nobre e ingrata, descrevem muito explicitamente a parcela de violência que existe nela, doce ou menos doce.

Os próprios professores não se sentem muito à vontade com o poder e preferem andar como gatos sobre brasas quando se trata de analisar o que acontece sob esse ângulo, tanto em um grupo-classe quanto em uma equipe pedagógica. O único poder de que se fala com tranqüilidade é o que pode ser denunciado por quem sofre com suas conseqüências. Eventualmente, pode-se aceitar o exercício de uma autoridade pedagógica como um mal necessário, uma condição do ensino e da eqüidade. É mais difícil reconhecer que é possível desfrutar o poder, que o desejo de ensinar não está muito distante do desejo de modelar o outro, de traçar seu caminho, de brincar de Frankestein (Meirieu, 1996).

A Avaliação Todo-Poderosa

Ranjard (1984) não dissocia a temática da avaliação da temática do poder. Ele se pergunta por que os professores adotam modos de notação cujos limites, arbitrariedade e aspectos negativos eles conhecem muito bem. Ranjard responde o seguinte:

> Eles defendem um prazer. Um prazer de má qualidade, mas seguro, garantido, cotidiano. Um prazer que deve ser dissimulado para ser vivido sem culpa [...].
> Esse prazer é o prazer do Poder com P maiúsculo. O professor é dono absoluto de suas notas. Ninguém no mundo, nem seu diretor, nem seu

inspetor, nem sequer seu ministro, pode fazer nada contra as notas que ele atribui. Pois ele as atribui a sua alma e consciência. Com seu diploma, foi-lhe reconhecida a competência de dar notas (o que não deixa de ser interessante!). Sua consciência profissional é inatacável. E esse tipo de controle significa poder sobre os alunos. (Ranjard, 1984, p. 94)

Evitemos generalizações: alguns professores sofrem o martírio diante das contradições de seu papel. No entanto, podemos concordar com Ranjard em um ponto: se a maioria dos professores rejeitasse profundamente as notas e outras classificações, o sistema não teria força para impô-las! No entanto, muitos deles não conseguem fazê-lo, por diversos motivos. Talvez alguns sintam, conforme diz Ranjard, "um prazer que vem dos infernos e que ninguém ousa olhar na cara!". Talvez simplesmente seja o único meio de pressão eficaz, ao menos quando o risco do fracasso é mobilizador. Também é uma forma de medir a progressão no texto do saber, de regular o investimento e o ritmo de trabalho da classe (Chevallard, 1986). Ou, ainda, a repetição inconsciente de esquemas autoritários vividos e sofridos da infância à idade adulta, às vezes na própria instituição escolar...

No trabalho escolar, a avaliação pode representar um terço ou mesmo de 40 a 50% do tempo de presença na sala de aula. No tempo de trabalho pessoal do professor, a preparação das provas e sua correção pesam muito. No entanto, esse componente da profissão raramente é mencionado. Ele faz parte daquelas coisas que devem ser feitas, mas que não parecem muito gloriosas. Por quê? Porque há uma grande distância, por exemplo, entre quatro anos de estudos literários e a correção semanal de 25 a 30 dissertações de alunos; porque a avaliação é o componente menos confortável da prática, aquele em que a injustiça ameaça, aflora ou eclode, aquele em que o fracasso da escola manifesta-se através do fracasso de alguns alunos (Perrenoud, 1993 c).

O Dilema da Ordem

É impossível preparar-se detalhadamente para tudo o que pode acontecer em uma sala de aula. No campo do saber, o professor pode encontrar-se nos limites do que controla, pelo menos se criar situações didáticas "de risco". No campo das relações intersubjetivas e das dinâmicas de grupo, também é impossível prever tudo, exceto se houver uma repressão feroz. Esquematicamente, então, estamos diante de duas estratégias igualmente inconfessáveis. A primeira consiste em *enquadrar* os conteúdos e as tarefas, as relações e as regras do jogo, para que nada possa acontecer.

"Quando nos distraímos um momento!", dizia aquele professor em uma entrevista realizada e relatada por Derouet (1988). A menor falha desestabiliza o sistema didático e a relação pedagógica, exceto nas classes em que reina uma harmonia preestabelecida, em que os alunos abraçam a causa do professor. Esse *controle social sem falha* pressupõe uma violência simbólica considerável e um grande fechamento para a vida, para a diversidade das pessoas. Ninguém confessaria com orgulho que "tranca" tudo para não ser pego desprevenido, para não correr o risco de perder a autoridade ou o poder.

A alternativa é, evidentemente, deixar que as coisas ocorram e enfrentar os acontecimentos da melhor forma possível, sabendo que sempre será difícil, não por incompetência, mas porque é sempre árduo tomar a melhor decisão diante do imprevisto. Quando um ator começa a improvisar a partir de frases ou palavras dos espectadores, admira-se sua performance e alguns dos seus "deslizes" menos convincentes são perdoados. Com o professor, o contrato não é o mesmo: pais, alunos, colegas, inspetores *sempre lhe atribuem a imagem de alguém que supostamente sabe o que faz*. Imaginemos, por exemplo, um professor estagiário ou mesmo um professor mais experiente que, observado por um formador ou por um inspetor, assumisse sem vacilar o risco de um procedimento de projeto ou de uma situação aberta e que, se nada desse certo, dissesse tranqüilamente que o sucesso nunca pode ser garantido, que o importante é tentar, que tudo irá melhorar amanhã... Tal serenidade só pode acontecer no caso de professores que têm uma identidade, uma solidez e um domínio muito acima da média.

Gostaria de lançar a hipótese de que alguns professores sempre preferem trancar-se, enquanto outros optam pela improvisação com altos riscos; no entanto, a maioria oscila entre essas duas posturas, conforme os momentos da semana ou do ano, as turmas, as partes do programa, o clima. Não é fácil passar uma imagem pública dessas oscilações sem correr o risco de parecer incompetente. Hoje, as duas estratégias fazem com que nos sintamos vulneráveis: um procedimento tradicional, frontal, rígido, parece dar as costas às pedagogias de projeto e à diferenciação do ensino; diríamos que ele não leva em conta a realidade dos alunos, que provoca o fracasso e a exclusão. Ao mesmo tempo, os pais e a opinião pública continuam esperando professores com procedimentos ortodoxos, com um planejamento preciso das aprendizagens e com uma grande autoridade. Como se fosse difícil aceitar a parcela de desordem, de negociação e de oportunismo indissociável das pedagogias abertas (Perrenoud, 1995 b e 1996 e).

O Amadorismo Ineficaz

Fazer milagres com o que se tem na mão suscita admiração se estivermos falando de Robinson Crusoe ou de um malabarista genial. No entanto, pressupõe-se que os profissionais disponham das ferramentas adequadas para realizar sua tarefa. Que pensaríamos de um dentista ou de um cirurgião que, com um olhar excitado, buscasse o instrumento mais adequado? Em vez disso, ele diz à instrumentista: "Passe-me a pinça de Perkins nº 4". O professor não tem instrumentista, mas espera-se que ele tenha "à mão", quase sempre, os meios de ensino e de avaliação mais convenientes. Nesse caso, esboçam-se duas estratégias:

Primeira estratégia: limitar-se a dar aula utilizando manuais padronizados, virando as páginas do "livro do saber" e fazendo os exercícios previstos. Essa forma de agir convém em algumas classes, mas provoca fracasso em muitas outras, pois o nível dos alunos e sua relação com o saber não correspondem àquilo que foi imaginado pelos autores de manuais que trabalham a partir de programas e de uma transposição didática satisfatória para o espírito, porém mais relacionada a um sujeito epistêmico abstrato que às pressões do terreno, à diversidade dos aprendizes, às condições de trabalho e aos ambientes institucionais e sociais (Perrenoud, 1993 h).

Segunda estratégia: abreviar "selvagemente" os programas (Perrenoud, 1990) e utilizar de forma pragmática e até mesmo oportunista todos os tipos de meios de ensino. A coerência didática deixa de ser, então, a principal preocupação do professor, premido por outras prioridades.

Colocar o problema cruamente é correr o risco de parecer pouco criativo, funcionário, conformista, ou franco-atirador, desejoso de reinventar a roda para se proporcionar prazer... O verdadeiro profissional reconhece os dilemas e aceita que não pode simplesmente responder a eles de uma vez por todas. Também aceita expor-se ao julgamento crítico daqueles que consideram a dúvida uma fraqueza de caráter ou um sinal de incompetência...

A Solidão Ambígua

Profissão individualista, é o que se diz. O professor pode "fazer o que quiser" após fechar a porta de sua sala de aula. Será que isso é mesmo tão verdadeiro e satisfatório? Não se trata de uma forma de se proteger, assim como uma aspiração à autonomia total? O professor faz mais facilmente o que quer desde que, grosso modo, faça o que a instituição e a sociedade ordenam-lhe.

Paradoxalmente, tanto o conformismo quanto o desvio dificilmente são confessados. Quando alguém se graduou após o "bac + 5" (*baccalauréat* e mais cinco anos de estudos universitários), como não pretender ser um profissional autônomo e criativo? Cada professor deve dizer a si mesmo: "Escutem a diferença" e sugerir que ele não é o agente anônimo de uma vasta máquina burocrática, mas um artesão e, até mesmo, um artista independente. Ao mesmo tempo, seria perigoso mostrar abertamente desvios precisos e identificáveis. Os professores que pretendem fazer o que querem evitam descrever mais concretamente suas práticas. A administração pode fechar os olhos enquanto não for interpelada pelos usuários que apontam para os desvios evidentes do programa, para as regras deontológicas e para os procedimentos de avaliação.

Com freqüência, a solidão da profissão de professor parece ter sido escolhida e assumida como uma condição de autonomia, de criatividade ou de eficácia. Essa representação é reforçada por aqueles que exprimem seu ceticismo ou suas reticências frente ao trabalho em equipe pedagógica ou, mais geralmente, frente a qualquer forma um pouco intensiva de cooperação profissional. É impossível deixar de ver que essas afirmações também escondem a negação de enfrentar os outros, o medo de ter de se esforçar mais no trabalho e mesmo de ser obrigado a mudar de prática, o sentimento de não poder preservar sua identidade. Em uma profissão humanista, trabalhar junto é, como já disse, "compartilhar sua parcela de loucura" (Perrenoud, 1994 c, cf. também Cap. 5 desta obra). Sem dúvida, essa fórmula é excessiva se entendermos a loucura em seu sentido violento, porém ela destaca que a relação pedagógica e a gestão da sala de aula envolvem profundamente a pessoa do professor naquilo que ele tem de mais íntimo, naquilo que se refere à sua identidade, à sua maneira de ser no mundo, aos seus valores e atitudes menos negociáveis ou justificáveis em nome da razão: "Gostos e cores não se discutem". Resta admitir que, em uma prática profissional, também há gostos e cores!

O Tédio e a Rotina

"Será que vou morrer diante do quadro-negro, com um giz na mão?". Essa frase de Huberman resume a pergunta feita por uma parte dos professores que exercem há mais de 10 anos a profissão (Huberman, 1989). Durante os primeiros anos, não há muito tédio, pois os professores estão bastante ocupados em fazer com que as classes a seu cargo possam seguir em frente. Contudo, depois de alguns anos mais tranqüilos, para mudar um pouco sua vida profissional, eles podem envolver-se em um projeto da instituição ou em alguma inovação. No entanto, isso também cansa e, em certo momento, o cansaço chega; não se tem mais energia nem fé para "mover montanhas".

É claro que alguns professores escapam das regularidades do ciclo de vida profissional e vivem uma aventura pedagógica a cada momento. O que acontece é que a condição média do ensino condena a uma forte *repetição*. Sem dúvida, existe rotina em todas as profissões, mesmo as mais qualificadas. Após a quadragésima consulta anódina da semana, mais de um médico deve perguntar-se porque realizou estudos tão longos para tratar de gripes e reumatismos. Mas, ao menos, toda semana ele terá um problema novo para ser resolvido, que mobilizará toda a sua sagacidade. Será que acontece o mesmo com os professores? Para que um problema inédito seja fonte de renovação e gratificação, é preciso estar pronto para acolhê-lo e tratá-lo com curiosidade e seriedade. Em uma sala de aula, se os olhos estiverem bem abertos, não faltam desafios. Todavia, para superá-los, é preciso encontrar seu sentido. Ora, a estrutura – programas, horários, curso segmentado, cortes disciplinares – não ajuda muito nesse sentido. Um professor lúcido vive com uma vaga sensação de remorso: sabe que a situação de alguns alunos não é desesperadora, que seria suficiente... Porém, com 25 a 30 alunos, um programa rígido, algumas horas por semana para cada disciplina, outras classes no caso de um professor de ensino médio, outras tarefas para um professor do ensino fundamental, "não se deve sonhar". Certamente, um médico não pode substituir sozinho todo um hospital, mas ao menos pode, ao diagnosticar casos acima de sua capacidade, encaminhá-los para outros profissionais. E, sobretudo, pode contar com os meios para tratar convenientemente os problemas que são de sua alçada. Ao contrário, a estrutura de sua profissão obriga os professores, no fundo, a se ocuparem de tudo e de nada. O professor sempre está tão ocupado, correndo de um lado para o outro, que não pode interessar-se de forma séria e profunda por ninguém em particular. Portanto, a sensação de rotina não está ligada à pobreza dos problemas; ela provém de uma *organização do trabalho* que realmente só permite tratar dos problemas mais padronizados e condena a viver com os outros, habitado pela vaga, porém desagradável, sensação de que seria possível fazer algo positivo se...

A Defasagem Inconfessável

Aumenta a defasagem entre as normas dos especialistas e o que realmente pode ser feito em uma sala de aula comum. Quanto mais se desenvolvem os saberes eruditos nas situações de ensino e aprendizagem, mais os professores ficam condenados a agir tendo consciência de sua ignorância. Há 30 anos, ensinar a subtração e a pontuação ainda era uma questão de bom senso pedagógico: o professor devia saber subtrair ou pontuar corretamente, bem como ser capaz de explicar claramente as regras e as técnicas elementares. Por que se tentou saber mais sobre essa questão, para além da curiosidade dos pesquisadores? Porque essas operações aparentemente simples continuam opacas de forma duradoura e, às vezes, definitiva para uma parcela dos alunos! Para ensinar a subtração e a pontuação para os alunos que resistem a essas aprendizagens, é preciso compreender muito melhor o que se passa – ou não – em seu espírito, em que consistem exatamente as operações mentais visadas e como elas são construídas. A didática das disciplinas progrediu muito nesse ponto para que ainda seja possível conservar sua ingenuidade (Develay, 1991, 1995; Astolfi, 1992).

Nenhum profissional pretenderia estar a par de todos os desenvolvimentos de sua arte. Sempre há uma certa defasagem entre a pesquisa e a prática. No entanto, no campo didático e pedagógico, muda-se de paradigma, de cenário (Meirieu, 1989), não é mais suficiente dominar os conteúdos e a comunicação pedagógica; também é preciso assimilar suficientemente psicologia cognitiva e psicolingüística para saber, por exemplo, por meio de quais operações é produzido um texto escrito de determinado tipo e como é possível dominar tal procedimento. Estamos em uma etapa de aumento dessa defasagem: uma parte das aquisições das ciências sociais e humanas é recente e ainda não foi integrada à "bagagem" dos professores em exercício, seja porque ainda não estava estabilizada no momento de sua formação inicial, há 10, 20 ou 30 anos, seja porque essas contribuições foram ignoradas durante muito tempo (e continuam sendo!) pelos programas de formação inicial dos professores.

Por outro lado, as redefinições do papel profissional colocam uma parte dos professores em uma situação incômoda: seus motivos para optar pela profissão e suas competências deixaram de coincidir com as novas exigências. Trata-se agora de dialogar e de negociar com os alunos, os pais, as coletividades locais; de desenvolver projetos de estabelecimento de ensino; de trabalhar em equipe pedagógica; de cooperar com outros especialistas (psicólogos, assistentes sociais, médicos sanitaristas, por exemplo). Tudo isso não fazia parte do contrato inicial. Atualmente se tem em vista outra cultura profissional, outra relação com a mudança, outra responsabilidade na escola (Gather Thurler, 1993 a, 1994a e b).

No âmbito da sala de aula, também aumentou a defasagem entre o que um professor médio sabia fazer e o que se *pretende* que ele saiba fazer, como, por exemplo, construir seqüências didáticas rigorosas e situações de aprendizagem que atinjam o aprendiz em sua "zona proximal de desenvolvimento"; diferenciar sua ação pedagógica; individualizar os percursos de formação; praticar uma observação formativa; desenvolver métodos ativos e procedimentos cooperativos; reforçar ou suscitar um "projeto pessoal" no aprendiz; trabalhar sobre o sentido do trabalho escolar, das situações, dos saberes; transformar a classe em uma sociedade multiétnica baseada na tolerância e gerenciar a diversidade das culturas ou das famílias (Huberman, 1988; Perrenoud, 1995 a).

Ninguém conseguiria tomar ao pé da letra todas essas "belas idéias" nem aplicá-las todos os dias na sala de aula. Entretanto, hoje, elas não podem mais ser ignoradas com magnificência. Algumas utopias trazidas pelos movimentos de escola nova a partir do início do século XX, assim como a evolução da sociedade, transformam-nas em uma necessidade. Se quisermos levar 80% de uma geração ao nível do *baccaléaureat* e preparar os jovens para a sociedade que os espera, o sistema educativo não tem outra escolha: a diferenciação do ensino e a coexistência das culturas tornam-se suas verdadeiras prioridades.

Nesse âmbito, como confessar tranqüilamente que "não se sabe fazer" ou que "não se escolheu o ensino para isso"?

A Liberdade sem Responsabilidade

Caracterizada por um estado de "semiprofissionalização" (Perrenoud, 1994 a e b), a profissão de professor oscila entre o respeito escrupuloso pelas orientações da instituição (horários, programas, modalidades de avaliação, procedimentos didáticos) e a conquista de autonomia. A primeira postura deixa de lado a responsabilidade individual dos professores, enquanto a segunda freqüentemente se limita ao que chamo de "autonomia de contrabando", à margem ou nos interstícios da instituição.

Em geral, os professores não conseguem explicar claramente a quem prestam contas de forma concreta. À sua hierarquia? Pareceriam inclinar-se ante a inspeção e o enquadramento. Aos seus alunos? Seriam considerados ingênuos ou demagogos. Aos pais dos alunos? Pareceriam favorecer os consumidores da escola mais ativos ou elitistas. Aos seus colegas? Quem poderia acreditar nisso, levando-se em conta o individualismo e o respeito mútuo pelas atribuições que predominam nos estabelecimentos de ensino? À sua própria consciência? Sem dúvida, mas isso é suficiente?

Também é difícil oferecer uma imagem clara do tempo de trabalho dos professores fora das horas de aula. Para conservar o *status quo*, ou seja, a ausência de controle sobre seu tempo de preparação e de formação, eles precisam de uma certa opacidade.

Também há um *black-out* sobre o modo como os professores cooperam com seus colegas, relacionam-se com os pais, negociam com os alunos e gerenciam sua formação contínua. Em todos esses pontos, a flexibilidade artística é globalmente protetora, apesar dos preconceitos que ela impede que sejam formalmente desmentidos. Alguém pode afirmar que os professores trabalham menos que os outros, são intocáveis se respeitarem o código penal, não demonstram seus conhecimentos didáticos ou científicos ou têm uma interpretação oportunisa dos programas. Cada uma dessas afirmações provocará protestos virtuosos ou desmentidos categóricos, porém sem dados precisos.

Sob esse ângulo, os professores não lutam pela visibilidade porque, no atual estado de profissionalização de seu ofício, são tentados a jogar nos dois times: proteger sua liberdade sem se expor, em contrapartida, a uma verdadeira avaliação. É claro que todos os atores sociais sonham em gozar de uma liberdade absoluta com total impunidade... E cada categoria profissional tem interesse em projetar uma cortina de fumaça. Só que a tecida pelos professores é mais densa.

A COMÉDIA DO DOMÍNIO E DA RACIONALIDADE

O exame desses "não-ditos" mereceria mais matizes e precauções. As simplificações não fazem justiça nem à diversidade das práticas, nem às representações sociais da profissão. No entanto, acredito que essa breve lista é válida para uma parcela importante da profissão e suficiente para fundamentar uma questão: se essas dimensões da profissão são geralmente silenciadas ou "edulcoradas", isso ocorre por motivos próprios de cada um ou há mecanismos comuns? Percebo pelo menos um fio condutor: o fechamento da profissão de professor no mito do domínio e da racionalidade e, portanto, na comédia que tenta fazer com que os outros (ou ele mesmo) acreditem que a situação esteja totalmente dominada.

Quem pode recriminar que um equilibrista tenha medo, que um vendedor utilize a sedução para vender, que um patrão ame o poder, que um magistrado goste de julgar, que um pianista de *jazz* adore improvisar, que um inventor faça algum remendo, que um artista fuja da pressão do grupo, que um almoxarife se entedie, que um político pense apenas nos votos, que um assalariado sonhe com uma liberdade paga e sem risco? A opinião pública é formada por pessoas que exercem profissões e sabem, em seu foro íntimo, que nem sempre é possível ser racional, rigoroso, eficaz, objetivo, etc. Nenhum dos não-ditos evocados anteriormente se refere a atitudes incompreensíveis ou escandalosas. Tudo isso é "muito humano", mas humano em um sentido que não tem nada de desprezível, de aviltante. Já deixamos – eu espero – de proibir que os meninos chorem e que as meninas subam em árvores. Por que não teríamos, como professores, o direito de sentir medo? De desfrutar de uma forma de poder? De improvisar? De vacilar? De sermos ambivalentes quanto às responsabilidades que assumimos? A profissão de professor parece-me vítima de uma excessiva exigência de domínio, de racionalidade e de respeitabilidade.

Em parte, o saber está ligado à razão, pelo menos de forma absoluta. De fato, ele não provém da lógica pura e da estrita objetividade descontextualizada, separada de suas condições sociais de produção e utilização. Na vida cotidiana, usamos o saber para agir, julgar, justificar, distinguir, confundir o outro, fazer com que ele escute a razão. O saber é um recurso. A *relação com o saber* e o sentido dos saberes estão vinculados à identidade, à imagem de si mesmo, à inserção nas relações sociais e ao itinerário pessoal ou familiar (Hameline, 1971; Isambert-Jamati, 1990; Charlot, Bautier e Rochex, 1992; Cifali, 1994; Perrenoud, 1995 b; Rochex, 1995). Uma relação totalmente racional com o mundo é uma relação *sociologicamente improvável*, própria dos privilegiados, cuja vida e cujo conforto estão garantidos. Acreditar que a escola é um lugar de pura razão porque nela são construídos e transmitidos saberes significa esquecer que esses saberes alimentam práticas e políticas. A astronomia ou a teoria da evolução desencadearam grandes paixões em sua época. Todo discurso um pouco cru realizado hoje a partir das ciências humanas suscita fortes resistências ideológicas. Não é bom dizer todas as verdades!

Quem deve aprender o quê? Não existe uma resposta racionalista para essa questão. Ao elitismo de alguns contrapõe-se o igualitarismo de outros. Dispensar saberes é criar ou ampliar desigualdades, é participar de um sistema de seleção cujos fundamentos nunca são consensuais, pois ele faz parte da reprodução ou da mudança, da transmissão de privilégios ou da redistribuição das cartas.

Por outro lado, a relação pedagógica não é um encontro puramente epistêmico em torno de um saber abstrato. No vestiário, os atores não esquecem sua história, suas necessidades, seus preconceitos, suas sensibilidades nem suas relações interpessoais, dos quais o saber pode ser um mecanismo ou instrumento. O famoso "triângulo didático" lembra-nos que a relação pedagógica tem uma dimensão fundamentalmente epistemológica e que não podemos esperar compreendê-la reduzindo-a a uma relação intersubjetiva. Daí a esquecer que a pessoa e a sociedade investem em qualquer relação há um grande passo.

Cifali (1994), Imbert (1994, 1996) e outros afirmam que é importante lembrar que o ensino é uma profissão humanista, complexa, paradoxal, impossível. *Profissão humanista* porque passa por um encontro entre dois sujeitos: o outro, esteja lá para aprender ou ensinar é, em primeiro lugar, um *outro*, que abordamos com esperanças e medos que vêm de longe, de nossa cultura ou de nossa infância. *Profissão complexa* porque está condenada a conviver com contradições intransponíveis (Morin, 1977; Perrenoud, 1994 a). *Profissão paradoxal* porque a intenção de construir, de mudar o outro só pode ser bem-sucedida se ele aderir a essa intenção e transformá-la em parte de seu projeto. Isso é o que faz com que a educação seja uma *práxis*, a qual só pode ser cumprida se o outro se colocar em movimento. Ainda é um paradoxo o fato de que a conquista progressiva da autonomia está baseada em uma forte dependência, de que o trabalho do professor tende a se tornar inútil. Paradoxo também porque transforma um agente do Estado em um artesão independente e em uma espécie de monarca que reina em sua pequena classe. *Profissão impossível*, por fim, segundo Freud (Cifali, 1986; Boumard, 1992), porque as condições de seu exercício, conjugadas às resistências dos aprendizes, a condenam regularmente a não atingir seu objetivo.

Atualmente, não há nada de muito novo nesses enfoques antropológicos, psicanalíticos ou sociológicos da profissão de professor. No entanto, as representações sociais mais comuns continuam sendo desesperadamente racionalistas e abstratas. A moda das didáticas das disciplinas e sua centralização nos saberes, ao mesmo tempo em que equilibrou os excessos de uma psicopedagogia que estuda relações e aprendizagens sem conteúdo, alimentou as representações míticas do ensino como profissão do saber e da razão acima de tudo.

Quem é beneficiado pela rejeição da complexidade? Os professores? Quando eles acentuam a parte de racionalidade de sua profissão, certamente confirmam o fato de pertencer à esfera dos profissionais cujo domínio, baseado nos saberes eruditos, é invejado. Paga-se um alto preço por tal simplificação. Perante os pais e o grande público, ela reforça o raciocínio apontado por Chevallard (1991). Os professores, diz ele, são como as empregadas domésticas: todos pensam que sabem realizar seu trabalho, mas não vêem nenhum motivo para perder seu tempo dessa forma, uma vez que há tantas coisas mais interessantes para se fazer na vida. Certamente, reconhecemos que é preciso saber um pouco mais que os alunos e dispor de um certo bom senso pedagógico. Mas será que isso não está ao alcance de qualquer adulto instruído? Se muitas pessoas ainda pensam dessa maneira hoje, não será porque não percebem a complexidade de uma classe, das dinâmicas de grupo, das relações intersubjetivas, das relações com o saber, dos contratos estabelecidos e das desigualdades existentes? Se os professores comentassem mais abertamente sua vida cotidiana e as competências que mobilizam, talvez os pais e o público fossem menos ingênuos ou arrogantes.

Na profissão, o excesso de racionalismo também paga um alto preço, fazendo com que todos representem, sem interrupção, a comédia do domínio, negando o medo, o cansaço, a sedução, os prazeres narcisistas, o poder, etc. Ao contrário do que se imagina, a profissionalização do ofício de professor não equivale à sua racionalização abusiva, mas a uma análise adequada daquilo que, atualmente, no exercício dessa profissão, está sob o controle dos saberes eruditos, dos saberes da experiência, do *habitus* ou de outras dimensões da pessoa (Gauthier, Mellouki e Tardif, 1993). Somente às custas disso será possível, na formação inicial ou contínua, trabalhar a partir de práticas reais e preparar verdadeiramente para elas (Altet, 1994; Perrenoud, 1994 c, 1996 a e b). A lucidez sobre o efetivo exercício da profissão e as competências que ela exige não é um jogo acadêmico. Por um lado, trata-se de precisar, de tornar mais realista e menos racionalista a imagem da profissão que circula nas instituições de formação, a qual serve de base à transposição e ao contrato didático na formação inicial e contínua. Porém, dificilmente se pode imaginar que ainda perdure tal defasagem entre a imagem pública da profissão e a imagem que os profissionais têm de si mesmos. Isso só acontece porque a orientação ao ensino e às primeiras imagens da profissão são forjadas em grande parte, em um primeiro momento, através das imagens públicas. O realismo não está apenas ao lado dos formadores. Eles só poderão fazer seu trabalho se partirem de uma imagem compartilhada pelos formandos, pelos professores, pelos diretores da instituição, pela inspeção e, de certo modo, pela opinião pública e por aqueles que desejam tornar-se professores.

A imagem pública de uma profissão está, assim como toda representação social amplamente compartilhada, condenada à simplificação, à esquematização, à imagem de Epinal. Não é possível torná-la tão realista ao ponto em que se rompa. Para assumir a complexidade, é preciso ser "indígena". Isso não impede um esforço para se ter maior realismo. *Une semaine de vacances, Une vie de prof, L'institut* e alguns outros filmes ou programas de televisão têm feito, ao seu modo, mais em prol da profissão de professor que as pregações dos sindicatos e dos ministros. Talvez não seja necessário mendigar, protestar e valorizar. Talvez, pelo menos no que se refere àqueles que têm desejo de compreender e boa-fé, seja suficiente mostrar a realidade das práticas de ensino. Esta é, sobretudo, uma responsabilidade dos próprios profissionais e de suas associações. Porém, o esforço de "dizer a verdade" será ineficaz se a instituição não entrar no jogo. Ora, ela também se sente tentada pelo mito da racionalidade, embora não se possa compreender os paradoxos do trabalho pedagógico sem levar em conta as contradições dos sistemas democráticos e das administrações públicas. Conhecendo os orçamentos disponíveis, a importância concedida à eqüidade, as paixões desencadeadas pela seleção, todos podem sentir-se tentados a fingir algumas certezas que não têm. Essa atitude condena a escola e os professores a uma expectativa irreal e a uma curiosa aceleração, bastante próxima do discurso dos dirigentes políticos sobre o desemprego: prometer para amanhã, deixando de lado toda razão, os milagres que não puderam ser realizados hoje...

A comédia do domínio é um obstáculo para a identificação precisa das competências reais requeridas pela profissão de professor. Nas profissões humanistas, toda negação da complexidade, da parte irracional e da pluralidade das racionalidades em jogo reforça uma ficção que impede de pensar as práticas e, portanto, de preparar para uma formação. Uma prática puramente racional exigiria apenas a competência de uma ampla base de conhecimentos valorizada por um julgamento logicamente impecável. A "razão do pedagogo" (Gauthier, 1993) está – e podemos ficar felizes ou desolados por isso – muito longe da razão dos cientistas, cuja lógica e cujos conhecimentos eruditos não determinam as práticas tanto quanto eles acreditam ou gostariam de acreditar...

NOTA

1. Publicado em *Recherche et Formation*, 1995, n. 20, p. 107-124.

4
A Pedagogia de Domínio, uma Utopia Racionalista?[1]

Há cerca de 20 anos, a sociologia da educação oferece uma resposta ainda parcial, mas que rompe fundamentalmente com as explicações em termos de fatores individuais, sejam eles quais forem, à pergunta sobre como a escola gera desigualdades de aprendizagem. As diferenças são bastante reais entre as crianças que iniciam sua escolaridade obrigatória ao mesmo tempo. No entanto, não são suficientes para explicar as desigualdades: as diferenças só se transformam em desigualdades de aprendizagem devido a um funcionamento particular do sistema escolar.

Bourdieu (1966) falou de *indiferença às diferenças*. A fórmula pode parecer um pouco caricatural, pois a escola não ignora todas as diferenças. Ela leva em conta a idade dos alunos e, *grosso modo*, seu nível de desenvolvimento. Por meio de repetências e de dispensas por idade, corrige parcialmente a rigidez dos cursos em função da idade. Em alguns sistemas, desenvolveram-se pedagogias de apoio, cursos lentos e rápidos e grupos de nível. Pelo menos no ensino fundamental, o professor geralmente pratica algumas formas de diferenciação na sala de aula (Favre e Perrenoud, 1985; Perrenoud, 1995 a).

No ensino médio, a diferenciação do ensino consiste, sobretudo, em levar em conta as desigualdades acumuladas, direcionando os alunos a cursos adaptados a seu "nível". No ensino fundamental e em alguns cursos do ensino médio, a diferenciação pode ter objetivos igualitários, embora a "discriminação positiva" continue sendo irrisória com relação à amplitude das diferenças iniciais e das desigualdades de capital escolar acumuladas desde o primeiro ano de escola.

O fato de que nem todos os alunos aprendem suficientemente bem e rápido para satisfazer as exigências da escola depende, em parte, da escolha do momento da avaliação e da seleção. Porém, isso ocorre, principalmente, porque a organização da escolaridade é tal que uma fração das crianças de cada geração recebe, desde o início, um ensino inadequado com relação ao seu nível de desenvolvimento e ao capital cultural e escolar de que dispõem ou, ainda, a um ensino desprovido de sentido, levando-se em conta seus interesses e projetos.

Portanto, para a questão de saber o que é possível fazer com o intuito de evitar o fracasso escolar e as desigualdades, a resposta parece evidente, ao menos em seu princípio: é preciso acabar com a estruturação dos cursos em graus rígidos, "inventar" uma organização pedagógica que permita a cada um progredir de acordo com seu ritmo, sem encerrá-lo em uma classe por idade ou em um grupo-classe que pretenda ser homogêneo. Isso pressupõe uma pedagogia diferenciada, baseada em uma avaliação formativa. A pedagogia de domínio vai nessa direção, além de outras tentativas. Em outra obra (Perrenoud, 1995 a), para além das diferenças de linguagens, tentei resumir fundamentos teóricos e opções didáticas, aquilo que há de comum nas tentativas de luta contra o fracasso escolar por meio da diferenciação do ensino.

Na verdade, tudo isso não é muito original nem novo. Ao pregar, desde o início do século XX, uma "educação sob medida", Claparède já fazia a mesma análise. Ao propor um "ensino individualizado" nos anos 30, Dottrens repetia o mesmo. Desde o início do século XX, pessoas ligadas à escola e observadores do ensino formulam as mesmas intuições e críticas: que a escola é uma máquina pesada e rígida, pouco adaptada à diversidade das crianças, que, ao deixar de lado o bom senso, impõe a todos os mesmos ritmos e métodos, que cria artificialmente os fracassos através de exigências uniformes e prematuras... As avaliações de Bloom continuam sendo totalmente atuais.

Será que há motivos para se pensar que a pedagogia proposta por ele poderá ser mais que uma nova utopia racionalista? A experiência prova que a evidência dos absurdos de um sistema não é suficiente para levar à sua transformação, sobretudo quando há mecanismos tão importantes quanto nesse caso. No papel, a pedagogia de domínio propõe um procedimento racional e controlado para alcançar objetivos pedagógicos definidos. Quem ousaria se opor abertamente a uma abordagem tão legítima em nossa cultura? No entanto, será que ela tem alguma chance de ser implantada em larga escala nos sistemas de ensino? Podemos passar à ação (Huberman, 1983 a) sem que a pedagogia de domínio seja pervertida, ou perca sua coerência interna essencial e sua eficácia? Em uma palavra, é sociologicamente realista esperar que possam ser criadas, nas grandes organizações escolares, as condições de uma pedagogia realmente racional?

QUAL PEDAGOGIA DE DOMÍNIO E PARA QUEM?

Em que escala estamos raciocinando? Em que nível dos cursos? Caso se trate de implantar a pedagogia de domínio em um curso universitário, sem dúvida teremos de enfrentar obstáculos, porém eles serão superados. Pode-se conceber uma pedagogia de domínio para ensinar a resistência dos materiais, a mecânica teórica, o procedimento penal, a estatística ou as técnicas de diagnóstico. As experiências conhecidas foram realizadas, em sua maioria, em níveis elevados dos cursos. Aplicada a um fragmento de currículo em uma escola pós-obrigatória, a pedagogia de domínio parece viável, sem dúvida, porque está destinada a alunos que optaram voluntariamente por uma formação especializada, que têm idade suficiente para organizar e avaliar seu trabalho e que, acima de tudo, dispõe de bases suficientes para se dedicar a novas matérias sem que isso signifique um grande peso individual.

Será que é preciso reservar a pedagogia de domínio aos níveis elevados dos cursos e aplicá-la apenas quando a seleção escolar já produziu seus efeitos mais essenciais, depois que o fracasso e a falta de estímulo já afastaram dos estudos uma proporção importante de cada classe? Ou é possível aplicar uma pedagogia de domínio desde os primeiros anos de escolaridade? A análise da gênese das desigualdades proposta por Bloom pode ser aplicada a todo o sistema ou a partir da escola elementar. Por que não podemos fazer o mesmo com as soluções? Se a considerarmos uma possível resposta ao fracasso escolar e à desigualdade social frente à escola, a pedagogia de domínio deve ser aplicada ao currículo do ensino fundamental, na escala de todo o sistema escolar.

Sem dúvida, não devemos generalizar sem precaução os dispositivos propostos em pequena escala e para alunos mais velhos. No entanto, por que não tomar a liberdade de ampliar e adaptar o modelo de Bloom? Na pedagogia, ninguém está obrigado a adotar uma ortodoxia estrita! A pedagogia de domínio já se apresenta como uma nebulosa de experiências e reflexões, algumas delas realizadas por Bloom ou seus colaboradores, e as outras inspiradas em seus escritos, mas nem tudo foi dito a respeito. É possível tomar alguns elementos e articulá-los a outros enfoques da aprendizagem ou do ensino. Desse modo, o uso adequado da pedagogia de domínio depende não da aplicação de um modelo acabado, mas do direcionamento das opções gerais e de alguns dispositivos concretos propostos por Bloom, ou por outros pesquisadores, em função de outras abordagens teóricas ou de outras experiências de pesquisa.

Assim, no ensino fundamental, se realmente visarmos ao domínio de um *fundamentum* para todos os alunos, não basta a alternância entre um ensino coletivo e alguns enfoques individualizados. É preciso inventar modalidades de diferenciação e de avaliação formativa o mais flexíveis e diversificadas posível. Em algumas matérias complexas, como a aprendizagem da língua escrita ou do raciocínio matemático, ainda não sabemos o suficiente para que testes formativos coletivos possam dar conta da diversidade de saberes e dos modos de aquisição. As próprias didáticas da língua materna ou das aprendizagens matemáticas fundamentais também excluem uma fragmentação dos objetivos e das seqüências de aprendizagem.

O que está em jogo, evidentemente, é a teoria do ensino e da aprendizagem. A teoria em que se inspira a pedagogia de domínio está fundamentada? É suficiente? O modelo de Carroll, retomado por Bloom, realmente dá conta das aprendizagens escolares? Uma abordagem mais construtivista e interacionista levaria a outra concepção das situações de aprendizagem e das intervenções dos professores. Bloom prega um "microensino" estruturado em função de objetivos muito fragmentados, com ciclos curtos de avaliação e de remediação relacionados a noções ou *savoir-faire* bem delimitados. Outras abordagens privilegiam atividades mais amplas, situações abertas, procedimentos de pesquisa polivalentes com relação aos objetivos, impossíveis de pilotar e reorientar todos os dias. Será que a síntese é possível?

Para criar um dispositivo aplicável, Bloom e seus colaboradores imaginaram uma representação simplificada do conhecimento, dos processos de aprendizagem e das interações didáticas. Tal simplificação colocou entre parênteses, ao menos provisoriamente, alguns tipos de aprendizagem, em particular aquelas que proporcionam competências globais, como a expressão ou o raciocínio. Portanto, seria preciso enriquecer o modelo teórico, elaborar sínteses da abordagem construtivista e das teorias neobehavioristas, unir as abordagens clássicas da pedagogia experimental e os novos procedimentos dos didáticos, trabalho este que já está sendo realizado (Allal, 1988; Rieben, 1988; Cardinet, 1988).

As reservas teóricas e os desejos de ampliação não justificam que se deixe de lado a pedagogia de domínio como paradigma, como esquema básico de um sistema de regulação das aprendizagens. Os trabalhos de Bloom oferecem um marco constituído que permite integrar a definição de objetivos pedagógicos, o acompanhamento das aprendizagens através de uma avaliação formativa e sua regulação graças a uma ação pedagógica diferenciada. Sem ignorar os problemas teóricos e didáticos de sua aplicação, gostaria de pensar que eles podem ser superados, para suscitar outro debate, mais sociológico, sobre as condições de "organização" da pedagogia de domínio. A partir do esquema básico desenvolvido por Bloom, já podemos perguntar se os sistemas públicos de ensino são capazes de assimilar e de aplicar, em larga escala e a partir do ensino elementar, um procedimento tão racional.

A UTOPIA IGUALITÁRIA OU COMO PROVAR O AVANÇO

Por que a escola muda tão lentamente rumo à direção correta? Será que a organização escolar não sabe o que fazer para melhor enfrentar as diferenças? Será que lhe faltam recursos? Será que a evolução rumo a uma pedagogia diferenciada perturbaria os professores? Ou será que diversas forças, tanto no sistema quanto fora dele, não desejam uma escola mais igualitária?

Tal questão é colocada a propósito da pedagogia de domínio, assim como de qualquer nova tentativa no sentido de um ensino mais diferenciado. Sem outra forma de procedimento, não podemos assimilar a pedagogia de domínio a uma estratégia de democratização do ensino. Em primeiro lugar, ela se apresenta como uma maneira mais eficaz de atingir os objetivos didáticos. Podemos fazer uma leitura "apolítica" de Bloom. Entretanto, não é absurdo colocar a pedagogia de domínio ao lado das políticas igualitárias. Bloom distancia-se claramente da ideologia do dom. Para ele, o "fracasso escolar não é uma fatalidade" (CRESAS, 1981); e cada um pode assimilar os saberes e *savoir-faire* essenciais ensinados, desde que a ação pedagógica seja realizada de modo racional. Certamente, a referência aos "dois *sigmas*", aos "85% de domínio", ao "tempo investido na tarefa" ou aos "*feedbacks* corretivos" contrasta com o lirismo igualitário dos movimentos pedagógicos europeus. Mas não nos enganemos: o credo da pedagogia de domínio é essencialmente igualitário. Aplicada ao ensino fundamental, a pedagogia de domínio equivale à rejeição do fracasso escolar e das desigualdades.

Se pregarmos esse tipo de pedagogia, não poderemos evitar a pergunta sobre se existe, para além de belas palavras, uma vontade política de democratização do ensino. Bourdieu e Passeron, após terem defendido a idéia de uma pedagogia mais racional, afirmaram, desde 1970, que as tentativas de democratização do ensino estavam destinadas ao fracasso em um sistema cuja lógica é reproduzir a estrutura das relações entre as classes sociais. Se a classe dominante utiliza o sistema de ensino para conservar seu poder e seus privilégios, ela fará o que for necessário, de uma maneira mais ou menos hábil, para tornar impossível ou inoperante qualquer medida de democratização do ensino. Se essa tese fatalista for fundamentada, para que sonhar com uma pedagogia de domínio em larga escala?

O exame das políticas de democratização e de seus fracassos mostra que elas não têm de enfrentar apenas obstáculos, mas também adversários. Em algumas sociedades, as relações de força impedem qualquer tipo de esperança e transformam a pedagogia de domínio em uma quimera política. No entanto, há sociedades e períodos históricos em que as coisas são menos estáticas. Sem cair em um otimismo ingênuo, eu seria mais preciso que Bourdieu e Passeron, adotando a linha dos trabalhos de Petitat (1982) ou de Berthelot (1983), que mostram os limites das teorias da reprodução.

Vivemos em uma sociedade complexa, pós-industrial, atravessada por toda sorte de novos conflitos que escapam à análise marxista tradicional. Ela passa por crises, pela criação de inesperadas novas alianças, pela transformação dos mecanismos de década em década, em função das mutações econômicas, das inovações tecnológicas, da evolução das relações internacionais. Nessa sociedade, não podemos encaixar a educação e suas funções em esquemas simplistas, na integração republicana ou na reprodução das classes sociais. De qualquer modo, o estado de formalização e de validação das teorias de ordem social não é tal que seja possível basear-se em um conhecimento dedutivo para definir o que se pode ou não fazer "sociologicamente". Para saber até que ponto a lógica da reprodução impede qualquer transformação real do ensino no sentido de uma maior igualdade das aquisições, é preciso tentar! *Do it*!

A vontade política não é suficiente! Ela existe desde que os partidos de esquerda participam do poder. E, mesmo assim, não haveria um consenso geral sobre a idéia de que se deve dar a todos os meios de realmente dominar o currículo básico. Esse consenso não existe nem na classe política, nem no corpo docente em seu sentido amplo, incluindo nele os administradores. Ora, não se pode esperar que um sistema de pedagogia diferenciada seja implantado sem a cooperação de administradores e professores experientes; eles têm de estar convencidos de que é possível e necessário lutar contra a desigualdade. Seja qual for o partido no poder e a ideologia dominante, as opiniões de cada um continuam sendo livres. Alguns, certamente fatalistas, consideram que a desigualdade faz parte da natureza humana, que sempre haverá, independentemente de tudo o que for feito, indivíduos "pouco dotados". Outros, que compartilham esse ceticismo, ao menos em seu foro íntimo, acrescentarão que as coisas estão muito bem assim! A preocupação de uma elite faz com que se rejeite, mais ou menos abertamente, uma sociedade em que todos poderiam, graças a uma pedagogia racional, apropriar-se de todos os saberes e *savoir-faire*, desde que trabalhassem o suficiente para isso. Ora, a imagem de uma ordem social baseada na dominação esclarecida de uma elite instruída continua sendo atual, mesmo nas sociedades relativamente democráticas e pluralistas.

Se o poder político e as altas instâncias de um ministério ou de uma ordem do ensino decidissem instaurar um sistema inspirado na pedagogia de domínio, teriam de compor tal sistema com um corpo docente e uma administração não totalmente convencidos das opções políticas e pedagógicas dos tomadores de decisão, embora estivessem baseadas – ou talvez por isso mesmo – nas propostas de movimentos pedagógicos, de pesquisadores em educação ou da fração "progressista" dos professores ou responsáveis pelas escolas.

Sem dúvida, esse é um problema clássico de todas as inovações e não insistirei nele. Pode ser resumido nos seguintes termos: não basta que a direção de uma organização adote uma política para que ela seja implementada. Uma reforma é frágil se sua implantação depender da boa vontade dos inúmeros agentes da organização, de sua adesão pessoal tanto ao espírito quanto à letra, de sua convicção de que o que se lhes pede é, ao mesmo tempo, possível e desejável. Toda política igualitária precisa enfrentar esse obstáculo. A implementação de uma pedagogia diferenciada passa pela adesão e pela mobilização de todos os professores.

A ORGANIZAÇÃO PEDAGÓGICA E OS LIMITES DA RACIONALIDADE

O desenvolvimento da escolarização de massa desde os séculos XVII e XVIII foi acompanhado de uma reflexão sobre a organização pedagógica. Todo sistema escolar pretende utilizar recursos limitados da forma mais racional possível. Quase sempre, o esforço de racionalização fez com que os alunos fossem agrupados de modo a constituir um público relativamente homogêneo, deixando que o professor enfrentasse as diferenças remanescentes. Talvez, hoje, possamos colocar o problema da utilização ótima dos recursos, livrando-nos da lógica do agrupamento homogêneo. Podemos insistir na definição de objetivos claros, na explicitação de critérios de seleção ou de otimização, na noção de regulação individualizada das aprendizagens. Esse vocabulário moderno não nos deve iludir. Por um lado, apenas pinta com novas cores intuições bastante antigas: para conceber o ensino como uma ação finalizada, não é preciso falar de objetivos "comportamentais" e de "taxonomias"; para tomar consciência da diversidade das aptidões e aquisições, os "testes criteriosos" e as listas de "pré-requisitos" não são indispensáveis; para descobrir que uma aprendizagem é mais garantida se o aluno receber regularmente respostas e explicações personalizadas, não é necessário pensar em termos de avaliação "formativa" ou de *feedback*.

Como diz o próprio Bloom, a pedagogia de domínio apenas sistematiza e nomeia uma racionalidade implícita na ação humana e, em particular, no ato de ensinar. O mestre-de-armas ou o preceptor da época medieval tinham objetivos, davam *feedback*, avaliavam a progressão de seus alunos. Os professores das pequenas escolas de leitura e gramática faziam o mesmo até o século XVIII. O problema era que seu ensino, bastante individualizado, deixava os outros alunos ociosos...

Não imaginemos que a pedagogia de domínio finalmente revelará às pessoas ligadas à escola que é preciso ensinar racionalmente. Elas já tinham pensado nisso sozinhas! Se não chegaram a esse ponto, não é por falta de ter tentado! Como mostram Chartier, Compère e Julia (1976), a primeira divisão de um curso em graus, em um colégio do século XVI, deveria permitir um melhor gerenciamento da progressão dos alunos. Tanto Jean-Baptiste de la Salle, que desenvolveu o ensino simultâneo nas escolas cristãs, quanto os defensores do ensino mútuo pretenderam, desde o século XVIII até meados do XIX, propor soluções racionais para gerir de forma ótima as aprendizagens paralelas de um grande número de alunos.

Segundo Giolitto (1983), o debate sobre a organização pedagógica que ocupou a França no século XIX foi estimulado pela vontade de dividir os cursos em seções ou graus sucessivos para que cada professor pudesse ensinar razoavelmente o mesmo programa a todos seus alunos ou, pelo menos, a subgrupos homogêneos, que hoje seriam chamados de "grupos de nível". Sabemos atualmente que esse tipo de organização não resolve o problema. Porém, desde que a escola existe, tentou-se racionalizar o ensino, em especial com a criação de grupos homogêneos de alunos.

Mais recentemente, diversos movimentos de escola ativa ou moderna tentaram encontrar, no interior da organização existente, formas de descompartimentação e de organização da classe que permitissem uma maior diferenciação do ensino. Uma parte dos esforços de Freinet e do movimento de escola moderna vai nesse sentido. Mencionamos anteriormente os trabalhos de Dottrens sobre a individualização do ensino.

Todos os que buscaram uma organização mais racional da escolaridade, que permitisse levar em conta as diferenças, talvez não contassem com meios à altura de sua ambição: seus recursos eram ínfimos, suas teorias de aprendizagem muito frágeis, seu sistema didático muito sumário ou muito dependente de pressões locais ou de personalidades carismáticas. Entretanto, podemos considerar outra hipótese: esses diversos movimentos de renovação não tiveram de enfrentar apenas obstáculos muito reais, mas, globalmente, enfrentaram a extrema dificuldade de organizar a escola de forma duradoura, pelo menos em larga escala, no sentido de uma gestão mais racional e mais eficaz das aprendizagens individuais.

De onde vem tal dificuldade? Os movimentos libertários, adversários de qualquer instituição, respondem que uma organização é, por sua própria natureza, incapaz de despertar ou manter o desejo de aprender, de conferir sentido ao trabalho escolar. Nessa perspectiva, se alguns alunos aprendem, isso aconteceria apesar da organização, quase contra ela. Sem adotar integralmente essa visão romântica e muito individualista da aprendizagem, gostaria de retomar seu problema fundamental: até que ponto as grandes organizações, por mais sofisticadas que sejam, podem gerenciar o saber, sua transmissão e sua apropriação?

Antes de chegar a um questionamento radical, podemos adiantar algumas hipóteses de alcance mais limitado, que explicam a dificuldade da organização escolar em gerenciar de modo racional e eficaz as aprendizagens individuais de todos os seus alunos.

A MEMÓRIA CURTA

Em princípio, toda organização pedagógica nova é implantada com base em uma racionalidade explícita; ela procede de decisões formais que, em geral, são tomadas depois de debates contraditórios, em diversos níveis do sistema político ou da organização escolar. As comissões de estudo discutem e melhoram um projeto em função de diversas críticas, por exemplo, elas estudam o orçamento, modificam os textos oficiais, planejam a produção de novos meios de ensino, implantam uma informação e uma formação dos interessados. Uma evolução do ensino básico no sentido da pedagogia de domínio não seria uma mudança pouco significativa: ninguém passaria à ação antes de pesar devidamente os prós e os contras. No melhor dos casos, seria elaborado um dispositivo de avaliação e controle da inovação.

Suponhamos que a pedagogia de domínio fosse introduzida sem improvisação, que fosse seriamente concebida e implementada, que seus princípios fossem clara e amplamente explicados. Mesmo assim, o tempo passaria. A nova organização pedagógica estaria na rotina. As pessoas esqueceriam progressivamente sua razão de ser. O jogo normal da mobilidade profissional levaria os que participaram da implantação da inovação a deixar pouco a pouco algum espaço para as novas gerações, que se inseririam no sistema sem saber muito bem por que ele é assim, sem aliás fazer muitas perguntas nesse sentido. Alguns "pais fundadores" da reforma levariam a boa nova para outra parte; outros, por cansaço, deixariam de lutar pela manutenção da coerência e da ortodoxia iniciais. Em suma, a organização perderia a memória das razões de ser de cada elemento.

Por que deveríamos nos surpreender com isso? Em uma organização, a prioridade de cada um não é ter uma visão do conjunto e manter a coerência do sistema. É sobreviver, ocupar seu espaço, alcançar seus objetivos. Se tiverem poder para isso, os membros de uma organização não deixarão de mudar suas estruturas em função de interesses particulares ou de pressões locais ou passageiras. Tal fato ocorre não só ao nível da sala de aula ou do estabelecimento de ensino, mas também ao nível das direções gerais. Para responder a novos problemas, ajusta-se a organização pedagógica, sem se preocupar muito com sua coerência ou com a racionalidade de conjunto. Por exemplo, a urgência obriga a enfrentar as flutuações demográficas que afetam os efetivos de alunos, a pletora ou a penúria de professores qualificados, as repentinas restrições orçamentárias, os problemas de integração de crianças migrantes, a evolução da demanda e as estratégias de formação das famílias. Podemos pensar também nas renovações do currículo que tornam as didáticas e os meios de ensino obsoletos, na administração do tempo de trabalho dos professores, que depende mais de negociações sindicais que de considerações pedagógicas, ou ainda nas reformas do horário escolar, mais ligadas à evolução do trabalho e do lazer dos adultos que a necessidades didáticas. Acrescentemos que as escolas e as ordens de ensino aplicam suas próprias estratégias com relação aos outros: recebem-se alunos portadores de um capital escolar mais ou menos de acordo com as expectativas; enviam-se alunos para outras escolas ou a um mercado de aprendizagem ou de trabalho cujas exigências mudam todos os anos. Há tantos motivos para administrar gradualmente a organização...

Para gerenciar os conflitos, resolver os novos problemas, enfrentar a renovação da demanda, é preciso questionar incessantemente alguns aspectos da organização pedagógica. Raramente os interessados têm tempo, energia e coragem para isso, ou a competência necessária para zelar pela coerência do todo. Nenhuma organização pode funcionar repensando constantemente a racionalidade global de suas estruturas. Mesmo os que a dirigem e que se identificam mais com o conjunto nem sempre têm poder para impor uma coerência, ou renunciam a ela para preservar outros interesses, como o fim dos conflitos internos ou das críticas externas.

Se a pedagogia de domínio fosse instaurada em larga escala, não escaparia nem desse esquecimento das origens, nem dessa forma de "amadorismo institucional". Será que conservaria sua eficácia? Podemos duvidar disso, porque a eficácia da pedagogia de domínio depende do extremo rigor da definição dos objetivos, da avaliação formativa, das regulações individualizadas. Poderíamos comparar um dispositivo de pedagogia de domínio a uma mecânica de alta precisão ou, para acompanhar a moda de hoje, a um sistema cibernético complexo. Se ele quebra, torna-se ineficaz e transforma-se em uma maquinaria inútil. Ora, nada é mais difícil de conservar que o rigor em uma organização de massa!

O IMPOSSÍVEL CONSENSO SOBRE OS OBJETIVOS

Mesmo os professores partidários da pedagogia de domínio como ideologia igualitária e sistema didático teriam dificuldade para chegar a um certo acordo sobre o conteúdo das aprendizagens a serem favorecidas.

Naturalmente, os objetivos fixados no currículo formal ligariam todos os professores. Eles seriam explicitados em testes formativos ou somativos colocados à disposição, e até mesmo impostos a todos. Sem dúvida, esse tipo de codificação reduziria a interpretação dos professores da definição do currículo real (Perrenoud, 1993 d, 1995 c), do que deve ser ensinado e avaliado. Contudo, a interpretação não desapareceria totalmente, porque nenhum sistema escolar pode criar um consenso absoluto sobre as finalidades do ensino, sobre a concepção do saber e da aprendizagem. Talvez o problema seja mais simples nos cursos especializados do ensino médio, no qual a formação equivale à assimilação de um *corpus* bem delimitado de conhecimentos técnicos. No ensino básico, porém, também se fala de desenvolvimento global da pessoa ou da inteligência, de cultura geral, de autonomia ou de criatividade. E nesses pontos é impossível chegar a um consenso, ainda mais a propósito de *savoir-faire* ou de saberes delimitados!

Parece que a pedagogia de domínio privilegia a aquisição de saberes e *savoir-faire* bastante identificáveis, em oposição aos objetivos de longo prazo que são a estruturação do pensamento e da língua, a liberação da palavra, o desenvolvimento da autonomia ou do espírito crítico, isso sem falar do desabrochar ou da auto-imagem. A distinção não é necessariamente entre objetivos cognitivos e socioafetivos, mas entre objetivos gerais no interior de uma unidade de tempo e de matéria e objetivos que só têm sentido no conjunto da escolaridade obrigatória.

Sejam quais forem os esforços realizados para superar a fragmentação dos objetivos e a prioridade dada às aquisições melhor observadas, a pedagogia de domínio terá de negligenciar objetivos e conteúdos que não se relacionem à sua forma específica de racionalidade: ensinar, avaliar, remediar. Que farão os professores ligados a conteúdos que não se incluam nessa lógica? Quem impedirá que eles, aproveitando sua relativa autonomia, reintroduzam as aprendizagens excluídas e as avaliem à sua maneira? O "mal" não seria tão grande se os professores se contentassem em administrar, no seu tempo disponível, pequenos enclaves reservados a atividades "fora do programa", como é o caso hoje em dia. Na verdade, as coisas também tomam a forma de uma amálgama. Para respeitar o programa oficial sem excluir algumas aquisições que aprecia pessoalmente, o professor pode sentir-se tentado a privilegiar atividades polivalentes, que supostamente contribuem com todo tipo de aprendizagens. As didáticas abertas, no sentido contrário de um "ensino por objetivos", reforçam a tendência de correr atrás de muitas lebres ao mesmo tempo.

Uma pedagogia de domínio exigiria, em matéria de definição e respeito pelos objetivos, uma disciplina dificilmente compatível, a longo prazo, com a diversidade de concepções da cultura e do homem presentes nos professores. Todo dirigente de uma organização deve sonhar com colaboradores que façam exata e unicamente aquilo pelo qual são remunerados, que não tenham outras aspirações pessoais senão a de servir aos objetivos da organização, que não invistam em seu papel, nem em sua ideologia, nem em suas preferências pessoais. Uma tal redução do ator social e do ser humano ao papel de mero instrumento da organização não passa, naturalmente, de uma fantasia no espírito dos reformadores ou dos dirigentes. A maioria deles considera que as pessoas que trabalham em uma organização podem conferir sentido à sua atividade se tomam a liberdade de redefinir seu trabalho em função de seus próprios valores e aspirações. Se um professor pensa que ensinar também é fazer com que seus alunos reflitam sobre o mundo, sensibilizem-se com relação à ecologia ou interessem-se pela padaria da esquina (Huberman, 1983 b), nenhuma taxonomia de objetivos, mesmo obrigatória, irá demovê-los! Entre o sistema atual e um sistema regido pela pedagogia de domínio, apenas mudariam as estratégias que permitem que cada um faça – até certo ponto – o que tem vontade de fazer, sem causar muitas insatisfações...

É muito possível que a maioria dos professores, no fundo, esteja de acordo sobre o essencial. Todavia, o mito da diversidade faz com que sejam valorizadas pequenas diferenças. Quando compartilhamos a mesma concepção da cultura, dedicamo-nos justamente a personalizar sua maneira de ensinar, distanciando-nos do currículo imposto para "reinventar" alguns conteúdos, para nos apropriar dos objetivos. Isso não provoca espetacularmente a unidade do ensino, mas é suficiente para comprometer o rigor de uma pedagogia e de uma avaliação por objetivos.

ROTINA, FANTASIA E AMADORISMO PEDAGÓGICO

Aqueles que refletem sobre a inteligência artificial e, em particular, sobre o desenvolvimento de sistemas especializados na pedagogia sabem muito bem que, para definir objetivos, praticar uma avaliação formativa, oferecer um *feedback* individualizado, é preciso dar substância ao modelo bastante abstrato da regulação das aprendizagens. Não se pode passar à ação sem trabalhar com conteúdos concretos, conteúdos dos objetivos, das condutas dos alunos, das intervenções a serem feitas, de seus efeitos. Diante de um aluno que não consegue realizar um exercício, uma série de perguntas são evidentes: será que ele compreendeu a orientação dada? Tem uma representação adequada da tarefa? Escolheu o modelo adequado de resolução (Perret, 1985)? Ou simplesmente: iniciou a tarefa com suficiente energia e perseverança para ir além do ritual "Não entendo nada!"? Percebemos a complexidade das informações a serem captadas e interpretadas somente para identificar a natureza das dificuldades que impedem a progressão do aluno em uma tarefa. Se nos parece que ele não leu o enunciado, que compreendeu algo de forma errônea ou que não conseguiu iniciar a reflexão, impõe-se uma intervenção adequada. No entanto, em muitas situações, isso não é tão simples. Um aluno pode entrar "em pane" porque a compreensão da orientação, a representação da tarefa ou a elaboração de uma estratégia exigem recursos que ele não possui, ou que não sabe utilizar. Tomemos um exemplo em matemática: damos a cada aluno um diagrama cartesiano da relação "é múltiplo de" definida entre números inteiros.

No alto de cada coluna, há uma letra. A tarefa consiste em "substituir as letras pelo número de duas cifras mais elevado possível compatível com o diagrama". Alguns alunos, diante de um problema desse tipo, ficam perturbados: sua abstração e sua complexidade os desconcertam tanto que não conseguem pensar, segmentar a dificuldade, proceder com método. Outros pensam que estão lidando com um diagrama de Caroll, que tem uma forma análoga, e assim adotam uma representação inadequada. Outros, ainda, nem imaginam que seja possível substituir números por letras... A diversidade das dificuldades possíveis é quase inesgotável.

Ora, como qualquer outra forma de diferenciação do ensino, a pedagogia de domínio não tem uma chance verdadeira de lutar contra o fracasso escolar e de fazer com que todos tenham as mesmas aquisições, a menos que leve em consideração a complexidade da estrutura dos conhecimentos e do funcionamento do espírito que tenta apropriar-se deles. Para que um professor possa lidar com essa complexidade, não precisa ter apenas competências e tempo, mas também precisa ficar permanentemente atento ao que acontece, pronto para elaborar hipóteses, verificá-las, tentar intervir, corrigi-las. Essa atitude de "pesquisa" talvez seja mais exigida dos psicólogos e dos professores de apoio que se encarregam de alguns alunos. Entretanto, mesmo nesse caso, é preciso levar em conta a rotina, a impossibilidade de permanecer constantemente vigilante e disponível para compreender e agir.

Quando um professor lida com um número maior de alunos, quando deve gerenciar não apenas as aprendizagens, mas também tudo o que acontece ao nível da disciplina, da organização da vida coletiva, da gestão das coisas e do espaço, não pode ter sempre as disposições de espírito necessárias para uma avaliação realmente formativa e uma regulação ótima das aprendizagens. Para sobreviver nessa profissão, assim como em qualquer outra, é preciso encontrar um funcionamento econômico, que permita agir rápido sem pensar muito, quase automaticamente.

Como a racionalidade de qualquer ação não depende somente do modelo ideal que o profissional tem de seguir, mas da energia e da boa vontade aplicados em respeitar o espírito e a letra, é impossível que, a longo prazo, essa energia e boa vontade estejam presentes de forma constante em todos. O esquecimento, a preguiça, a omissão, o amadorismo, são componentes de toda prática profissional. Eles podem ser limitados se exercermos uma forte pressão sobre os profissionais, prometendo-lhes formidáveis recompensas se trabalharem bem e sanções ameaçadoras se errarem ou desinteressarem. É a mesma pressão exercida sobre o time de futebol que irá disputar a final da Copa do Mundo, sobre uma equipe médica em uma unidade de tratamento intensivo ou em uma operação complexa, sobre um grupo de policiais em um momento de alta vigilância. Tal pressão não pode ser exercida desse modo permanente sobre o conjunto dos profissionais de uma determinada categoria. O ensino de massa é necessariamente o melhor e o pior, formações e motivações diversas, pessoas muito sérias e outras menos, momentos de graça ou de aborrecimento, etapas do ano ou do ciclo de vida em que se sente mais interesse pelo trabalho e outras em que não passa de um ganha-pão.

Uma pedagogia de domínio em larga escala deve necessariamente levar em conta essa realidade. Ora, a inevitável regressão para a rotina contribui com o enfraquecimento e até mesmo com a degradação espetacular da suposta eficácia dos dispositivos aplicados. Podemos constatar isso observando a escola atual: ela não é muito eficaz porque o sistema está mal concebido, tanto na definição do currículo quanto na organização do curso ou das didáticas. Todavia, no papel, o sistema parece mais eficaz do que na realidade. Por quê? Simplesmente porque uma parte das disposições que deveriam garantir a aprendizagem de todos os alunos não é posta em prática, porque os professores não têm tempo nem vontade, não sabem como lidar com elas, agem de forma leviana, intermitente ou sem acreditar no que estão fazendo. Desse modo, não há nenhum motivo para acreditar que um dispositivo de pedagogia de domínio instituído em larga escala transforme realmentalmente a relação dos professores com sua profissão.

A necessidade de fantasia e de mudança é exatamente o contrário da necessidade de rotina, talvez por ser seu antídoto. No entanto, ela também pode comprometer a implantação da pedagogia de domínio em larga escala. Para ser eficaz, esta deve demonstrar o máximo rigor na coleta e na interpretação das informações, no planejamento e na implementação das intervenções. Porém, se o ser humano precisa, tanto no trabalho quanto na vida privada, encontrar rotinas econômicas, mesmo às custas da eficácia, também precisa de mudança para não sucumbir ao tédio e à monotonia da existência. Se muitos professores modificam periodicamente um certo número de coisas em sua forma de ensinar e avaliar, isso não ocorre porque esperam obter resultados mais satisfatórios, mas apenas para que haja alguma mudança. Uma parcela dos professores faz a mesma coisa todos os anos e todas as semanas. Para outros, porém, que me parecem ser a maioria, a vida profissional só pode ser suportável com mudanças periódicas no sistema de trabalho, quer se trate dos conteúdos, das situações didáticas, das tarefas dos alunos, da maneira de avaliar, dos modos de agrupamento dos alunos, da ordem de progressão no programa. Essas pequenas inovações dão a impressão de que se acabou com a rotina. Além disso, sua concepção e sua implementação são momentos privilegiados do amadorismo pedagógico, no sentido nobre do termo (Perrenoud, 1983). Privar os professores da capacidade de fabricar meios de ensino, situações didáticas e formas de avaliar é empobrecer sua profissão!

Há outras maneiras de lutar contra o tédio: a improvisação e a criação de algum acontecimento, por um lado, e o ativismo e a dispersão, por outro (Perrenoud, 1994 a). Todas elas são maneiras de escapar da impressão de que sempre fazemos a mesma coisa, de que nos tornamos "autômatos", mas também são maneiras de ameaçar o rigor das regulações. Será que o caráter metódico e sistemático de uma pedagogia de domínio poderia conciliar, ao mesmo tempo, a rotina e a vontade de mudar com os momentos de amadorismo que são sua contrapartida?

A RECUSA DE REDUZIR A ESCOLA ÀS APRENDIZAGENS

Na maioria das pedagogias ditas tradicionais, o tempo investido na aprendizagem propriamente dita representa apenas uma fração, às vezes irrisória, do tempo passado na escola. Será que isso se deve somente a uma gestão irracional das atividades, a uma inadequação das tarefas às capacidades dos alunos? Não acontecerá porque é impossível aprender sem descanso de 25 a 30 horas por semana, em horários preestabelecidos?

Os horários escolares são os mesmos para todos os alunos, embora o tempo de que eles necessitam para aprender seja bastante desigual. No ensino fundamental genebrino, por exemplo, algumas crianças que trabalham muito lentamente precisariam, para dominar o programa, passar 26 horas por semana concentradas em uma tarefa de aprendizagem. Isso é humanamente impossível. Para outras, porém, o mesmo tempo de trabalho é excessivo, mesmo se uma organização mais flexível permitisse que elas avançassem um pouco no programa, ou trabalhassem em outros domínios. Sua boa vontade não fará com que trabalhem 26 horas por semana se 12 ou 15 são suficientes para transformá-las em "bons alunos".

A única solução razoável seria diferenciar os tempos de presença e fazer o possível para que eles se transformassem realmente em tempos de trabalho. Porém, nesse caso, deparamo-nos com outras funções da escola, em particular como a guarda das crianças e dos adolescentes durante o horário de trabalho dos adultos. Talvez isso possa evoluir, mas há mais de um século vivemos em uma sociedade na qual os adultos, que contam com a escola para guardar suas crianças, fazem de conta que o tempo escolar é dedicado totalmente à aprendizagem! A escola não pode correr o risco de acabar com essa ficção, embora os professores e os alunos saibam perfeitamente que, em alguns momentos, nada se faz. É claro que, durante uma hora ou no final da jornada, é possível dizer "Vamos fazer outra coisa" ou "Cada um pode fazer o que quiser, desde que permaneça na escola". Esses momentos são tolerados com a condição de que sejam excepcionais. Caso se repitam ou se alonguem, os colegas ou alguns alunos podem fazer considerações negativas, insinuando que em tal classe "nunca se trabalha". Assim, a sala de aula define-se, acima de tudo, como um lugar onde todos passam de 25 a 30 horas por semana para trabalhar ou fazer de conta...

Essa coexistência obriga a gerenciar muito mais que aprendizagens: um espaço comum, material, relações entre o grupo e entre o professor e seus alunos, atividades que apresentam um interesse e uma dinâmica para além de suas virtudes formativas. Mas também é preciso gerenciar o tédio, o cansaço, as frustrações, a vontade de estar em outro lugar, a resistência passiva ou ativa à norma. Em uma sala de aula, tanto o professor quanto os alunos perseguem objetivos parcialmente estranhos ao ensino ou à aprendizagem: ocupar-se, exprimir-se, comunicar-se, ter seu espaço, ser admirado, exercer liderança, fazer amigos, dedicar-se a todos os jogos relacionais que permitem a vida de um grupo. Algumas preocupações que não têm relação com o currículo formal são "funcionais" com respeito à sobrevivência de cada um ou do conjunto do grupo-classe. Outras são apenas consideradas importantes pelos interessados, que não pretendem reduzir sua vida cotidiana ao ensino e ao trabalho escolar.

Aumentar o tempo investido na aprendizagem poderia significar o expurgo da vida escolar de todas as práticas, de todos os tempos que não contribuem para o trabalho escolar, ou o expurgo do trabalho escolar propriamente dito dos rituais e das rotinas que não contribuem para a aprendizagem. Reencontramos aqui a lógica do desempenho nas organizações industriais ou burocráticas. Ora, a sociologia do trabalho ensina-nos que esse é um combate perdido de antemão: a vida, em toda a sua complexidade, sempre se reproduz onde pensávamos ter racionalizado o uso do tempo, a atribuição do espaço, os gestos, as posturas, as trocas, as estruturas de comunicação e de decisão. Uma organização só pode durar se conservar aquilo que torna sua existência possível como grupo humano e rede de relacionamentos.

Seria difícil uma escola que se restringisse apenas às aprendizagens correspondentes aos objetivos, pois a convivência é um valor positivo para uma parcela dos professores, como modo de vida e prática educativa. A escola não é concebida somente como um local de aprendizagem, mas como um espaço de vida, que professores e alunos tentam administrar para tornar suportável e, até mesmo, agradável e acolhedor. Portanto, eles recusarão mais ou menos abertamente uma racionalização do uso do tempo que os levaria a uma dedicação exclusiva ao trabalho propriamente escolar.

O debate sobre o retorno aos saberes caricaturiza as atuais práticas dos professores. Praticar uma pedagogia relativamente aberta ou ativa não equivale ao tempo que se tem para discutir, organizar festas, brincar, fazer doces ou outras atividades. Na maior parte do tempo em sala de aula, todos trabalham, escutam as explicações, fazem exercícios, redigem ou lêem textos. Muitos professores têm a impressão de que os programas são tão pesados e as exigências tão grandes que praticamente não têm tempo para se dedicar a outra coisa. No ensino fundamental, por exemplo, as atividades artísticas ou musicais são os parentes pobres; a maior parte do tempo é dedicada à língua materna e à matemática.

Talvez o tempo escolar seja mal utilizado, talvez uma pedagogia de domínio bem conduzida permitisse liberar tempo para atividades mais lúdicas ou criativas. Contudo, antes de termos a prova de que a pedagogia de domínio deixa tempo livre, a própria idéia de um dispositivo que mantenha os alunos em sua tarefa provoca reações de rejeição em todos os professores que se opõem a esse modelo "produtivista" (Plaisance, 1986), pois pensam que a escola não se reduz ao ensino e que não têm nenhuma vontade de limitar sua profissão a tarefas de avaliação formativa e de gestão de aprendizagens.

Atualmente, em grande medida, o ensino consiste em estimular um grupo a exercer uma liderança que proporcione profundas satisfações a muitos professores. Se o ensino coletivo tem uma vida dura, mesmo em uma forma mais participativa, isso em parte ocorre por conta dos professores. Talvez não seja muito eficaz do ponto de vista dos alunos, mas é uma prática gratificante, uma vez que coloca o professor no centro dos acontecimentos, no centro da rede de comunicação. Ser apenas uma pessoa-recurso, um avaliador, um "regulador" de aprendizagens não é muito estimulante. Para muitos professores, o interesse da profissão está relacionado aos seus aspectos relacionais ou ao domínio de um conhecimento e de sua transposição didática. A gestão das aprendizagens individuais, sua avaliação e sua regulação não me parecem constituir um elemento-chave da identidade profissional da maioria dos professores.

UMA RELAÇÃO ESTRATÉGICA COM O TRABALHO

Muitas vezes se imagina que a pedagogia de domínio pode fazer com que os alunos sejam cooperativos, porque está baseada em seu próprio interesse. Sem dúvida, com um dispositivo de pedagogia de domínio, eles aprenderiam mais e passariam menos horas dedicados a tarefas que não compreendem ou, ao contrário, que dominam tanto que perdem todo o interesse. Os trabalhos experimentais parecem indicar que há maior satisfação dos alunos em um sistema de pedagogia de domínio do que nas classes que praticam uma pedagogia tradicional.

No entanto, ao menos no ensino obrigatório, o aluno não optou por ir à escola nem por assimilar, em uma determinada idade e momento do ano, este ou aquele saber ou *savoir-faire*. A pedagogia de domínio pode aumentar o sentido do trabalho escolar, à medida que ajusta o nível da tarefa e do procedimento de aprendizagem às características do aluno. Assim, ela pode lutar contra o tédio, a falta de investimento, o desgosto com relação à escola, a impressão de perder tempo (porque o aluno já sabe ou poderia aprender sozinho o que lhe é ensinado longa e laboriosamente), ou contra a sensação de ter de escutar, da manhã à noite, explicações incompreensíveis ou de fazer exercícios "impossíveis". Uma pedagogia diferenciada efetivamente deveria estimular a vontade de aprender pelo simples fato de que o aluno tem a sensação de dominar seu trabalho e de receber ajuda no momento e da forma mais apropriados.

Entretanto, a adequação da tarefa às possibilidades dos alunos não muda em nada o fato de que o trabalho e a cultura escolar são impostos a todos da mesma maneira, sejam quais forem seus interesses e seus projetos. Pressupõe-se que cada aluno saiba – pelo menos seus pais e professores tentam convencê-los disso – que é preciso passar por isso para ser bem-sucedido na escola e, portanto, na vida. Com certeza, tal argumento é suficiente para que uma maioria dos alunos aceite, durante anos, simplesmente para ter paz e preservar seu futuro, estudar coisas que lhes interessam apenas moderadamente. No entanto, essa relação meramente estratégica com a aprendizagem também tem suas conseqüências (Perrenoud, 1995 b). Significa que o aluno não aprende pelo prazer de saber, mas para se proteger de sanções ou de medidas seletivas, ou para garantir vantagens materiais, felicitações ou o acesso a uma carreira invejável. Quando um ator adota uma postura estratégica, faz o que é preciso para obter o que quer, nem mais nem menos. Evidentemente, pode enganar-se, fazer demais por ter superestimado as expectativas ou, ao contrário, mostrar-se otimista e fracassar. Seu interesse, porém, é fazer apenas o suficiente para salvaguardar sua situação e seu futuro. Alguns alunos têm uma tal necessidade de aprovação que correspondem de modo incondicional às expectativas dos adultos, sejam elas quais forem. Mas e os outros? Quando avançam em sua carreira, aprendem que a vida não é isso, que, se quiserem fazer tudo o que lhes é pedido, terão de dedicar todo o seu tempo livre, correndo o risco de precisar esperar para sair da escola a fim de começar a viver. A maioria dos alunos procura um equilíbrio entre o trabalho escolar e outras atividades, como o jogo, os esportes, a música, as relações sociais sob diversas formas, e o *far niente*.

Parece-me que a pedagogia de domínio subestima essa dimensão, esquece que o ensino em parte é uma violência cometida contra crianças e adolescentes pela sociedade adulta, da qual eles se defendem como podem. Um sistema de pedagogia de domínio parece convincente quando a aprendizagem é uma opção livre, na formação de adultos, em alguns cursos da escolaridade pós-obrigatória; porém, na idade da escolaridade obrigatória tem de enfrentar a resistência por parte dos alunos a aprender mais do que o estritamente necessário para que a vida possa ser suportável. Ora, para muitos alunos, a vida pode ser suportável com muito menos de 85% de domínio!

Evidentemente, tudo depende do sistema de sanção e de seleção no qual um dispositivo de pedagogia de domínio está inserido. Se se considerasse que os alunos que não dominam 85% do programa fracassam, talvez se obtivesse um esforço suplementar da maioria. Se fosse suficiente 60% de domínio, boa parte dos alunos não pretenderia ir além disso, exceto nas disciplinas que realmente lhes interessassem ou lhes demandassem menos esforços.

Nas organizações escolares, alguns alunos aprendem o mínimo necessário para sobreviver, defender seus interesses, conservar seu espaço e uma certa autonomia e também para não ser incomodados. Cada um estipula o limiar a ser alcançado em função de sua representação das expectativas das quais é objeto, dos riscos, custos e benefícios esperados. Uma organização pode estipular altas expectativas para uma parte de seus membros, prometendo-lhes em troca vantagens simbólicas ou materiais. Entretanto, pode transformar a excelência em norma? Não seria esperar demais de uma organização que não tem outra autoridade do que aquela delegada pela sociedade? Fora de um sistema totalitário, a escola só pode funcionar se a pressão exercida sobre os alunos e suas famílias permanecer dentro de limites toleráveis!

AS ESTRATÉGIAS DOS PROFESSORES

Um dispositivo de pedagogia de domínio modificaria o "contrato" dos professores com relação aos fracassos "toleráveis". No entanto, a menos que se exija de todos uma eficácia extraordinária, com o risco de levar uma parcela dos professores ao seu nível de incompetência, não seria possível elevar muito as expectativas. Em sua maioria, os professores preocupam-se, como todos os assalariados, em fazer apenas o necessário; portanto, ajustam-se à norma comum, mesmo se tiverem recursos e uma formação que lhes permita conduzir sua classe para além dos limiares de domínio considerados mínimos. O problema da competência dos professores e de suas estratégias de adaptação às normas que definem uma taxa aceitável de fracassos é fundamental para o futuro de um dispositivo de pedagogia de domínio.

Não devemos esquecer que os professores fazem parte dessas novas classes médias (Montjardet e Benguigui, 1982, 1984), definidas pelo desejo de fugir da racionalidade industrial da produção. Ninguém opta por ser professor para sofrer as mesmas pressões que existem em uma fábrica, por meio de uma "organização científica do trabalho", imperativos de desempenho, controles técnicos e hierárquicos permanentes. Todos os que optam pela pedagogia de domínio impõem-se certas limitações que outros considerariam troça ou sinal de uma regressão para o *status* de mero executor.

Os professores têm aspirações muito diversas. A pedagogia de domínio não interessará àqueles preocupados essencialmente com a renda, o *status*, a segurança do emprego, que não pretendem investir em sua profissão. A pedagogia de domínio também não será do agrado daqueles que privilegiam os aspectos relacionais, a qualidade da vida de trabalho, o respeito pelos gostos e ritmos pessoais, os prazeres da improvisação. Quanto aos que aderem ao modelo da competência profissional, só apreciarão a pedagogia de domínio se ela permitir que conservem grande parte de sua autonomia, de responsabilidade e de criatividade. Se tudo é definido por especialistas em objetivos, em avaliação, em didática, em meios de ensino, os professores mais centrados nas aprendizagens irão sentir-se órfãos de sua competência.

Talvez esse seja o cerne do problema. Não é suficiente invocar a formação dos professores, tal como é feito em todas as reformas. É claro que, quando uma reforma é decidida, é melhor oferecer ou impor aos professores uma formação adequada, mas seria simplista conceber nesses termos as estratégias de desenvolvimento da pedagogia de domínio. Os professores, como todos os profissionais, só adquirem os conhecimentos necessários para eles. Ora, essa necessidade não se define de maneira abstrata, mas com relação às condições da prática. Quem poderia imaginar que, com a decretação de um sistema de pedagogia de domínio, seria suficiente oferecer ou impor uma formação aos professores para que todos se preocupassem em dominar os objetivos, os instrumentos de avaliação e os modos de regulação? Alguns não aderiram à inovação. Outros tentariam uma adaptação mínima compatível com sua sobrevivência no sistema. Entretanto, mais que qualquer outra reforma, a pedagogia de domínio depende muito da boa vontade dos professores, do espírito no qual trabalham. A aplicação de uma pedagogia de domínio em um espírito burocrático significaria o esvaziamento de toda a sua eficácia, exceto se fossem introduzidos na escola procedimentos de controle impensáveis.

Seria melhor colocar o problema de outra forma: parece-me que o desenvolvimento da pedagogia de domínio exigiria uma completa profissionalização do ofício de professor. Como os professores não são profissionais da transposição didática e da gestão das aprendizagens, assim como os médicos são profissionais do diagnóstico e da terapia, as tentativas de implantação de uma pedagogia de domínio parecem-me fadadas ao fracasso, pois manterão os professores em uma dependência irreal e pouco mobilizadora de especialistas suficientemente competentes para conceber os objetivos, os instrumentos, os meios, os procedimentos e o sistema. Os professores só poderão apropriar-se da pedagogia de domínio se forem qualificados o bastante para reinventá-la! Não em um esplêndido isolamento e subestimando as experiências de terceiros, mas com uma competência e uma confiança que lhes permitirão não aplicá-las "ao pé da letra". Isso pressupõe uma elevação maciça da qualificação dos professores, com consideráveis implicações sobre o plano dos salários e, portanto, dos orçamentos, assim como no plano da formação inicial e contínua: duração, conteúdo, nível de formação, seleção no momento do ingresso.

Se, para aplicar uma pedagogia realmente racional, o professor deve ser tão qualificado quanto um engenheiro ou um médico, como podemos esperar isso sem confundir a formação, o *status* social e a definição da profissão? Naturalmente, estamos falando de uma formação de nível universitário, orientada de antemão para uma prática pedagógica, o que pressupõe o domínio integrado dos saberes a serem transmitidos e das didáticas. A formação atual dos professores do ensino médio não corresponde absolutamente a essa exigência! Uma especialização dos professores de ensino fundamental segundo esse modelo não seria, portanto, uma solução: o domínio dos conhecimentos acadêmicos não pode ser negligenciado, porém a dificuldade real está em sua integração didática.

ESQUECER ILLICH?

Será que os obstáculos relacionados à organização da pedagogia de domínio são intransponíveis? Ou será que, se levarmos a sério cada um dos problemas apresentados, podemos criar e manter dispositivos de pedagogia de domínio em larga escala e a partir do ensino elementar?

A análise anterior ao menos sugere que, se realmente pretendermos passar à ação, como propõe Huberman, é preciso medir a complexidade dos sistemas escolares, a ambivalência dos atores, a sua capacidade de neutralizar as racionalidades concebidas por especialistas. O paradoxo da pedagogia de domínio é que ela, para ser implantada e durar sem perder muita eficácia, deveria conjugar as vantagens da centralização e da autonomia.

Para conceber e elaborar objetivos, demandas didáticas, meios de ensino e de avaliação, é preciso concentrar mais forças e competências, as quais nunca serão encontradas em um professor isolado nem em uma equipe pequena. Se confiarmos a elaboração de tudo àqueles que estão sempre na noosfera (Chevallard, 1991), isto é, a inspetores, especialistas em metodologia, especialistas em currículo ou em avaliação, pesquisadores na área da educação e outros didáticos, estaremos em uma situação conhecida: as reformas imaginadas no centro evaporam-se quando pretendemos estendê-las a todas as classes.

A racionalidade integral do ensino é uma utopia. No entanto, podemos avançar nessa direção, desde que identifiquemos o tipo de racionalidade que queremos. É a mesma da indústria e da medicina? Passa por uma organização científica do trabalho dos professores, decidida por alguns "engenheiros da educação"? Ou é preciso formar professores suficientemente competentes para realizar uma ação racional e eficaz sem que ninguém os empurre?

Só há um futuro possível na segunda opção, mas não basta repetir que é preciso formar melhor os professores. É preciso questionar a própria definição da profissão e a estrutura da organização. Isso não exclui um investimento centralizado na concepção da pedagogia de domínio, em sua adaptação a um currículo particular, na elaboração de meios e procedimentos. Contudo, os profissionais devem poder apropriar-se dessas aquisições sem aplicá-las de maneira burocrática nem descaracterizar suas virtudes.

Se é urgente "passar à ação", o que podemos fazer? Trabalhar para elaborar um sistema ideal de pedagogia de domínio e convencer os tomadores de decisão a adotá-lo? Ou trabalhar para modificar gradualmente a definição da profissão de professor?

Se optarmos por esse longo caminho, não está na hora de nos perguntarmos: será que isso é razoável? Devemos esquecer Illich?

Quando Jean-Pierre Chevénement, ministro da Educação da França na época, esperava que 85% dos indivíduos de uma classe atingissem o nível do *baccalauréat*, pretendia conciliar a igualdade, o elitismo republicano e a preocupação com a modernização e o desenvolvimento econômico. Todavia, ele não se perguntava se 85% dos indivíduos das novas gerações desejavam, para assimilar o conjunto dos conhecimentos e dos *savoir-faire* equivalentes a um *baccalauréat*, passar toda a sua juventude na escola. Qual é o sentido de uma sociedade que padroniza a tal ponto a cultura e a transforma em um controle social legalmente obrigatório? A pedagogia de domínio, como utopia racionalista, como sonho de um empreendimento educativo que finalmente seja eficaz, coloca a questão da violência simbólica ligada a toda forma de escolarização.

Aderir à pedagogia de domínio é professar uma fé inabalável na escola, que continua sendo vista como um lugar privilegiado de aprendizagem. Sem reabrir o debate sobre a "desescolarização", sobre as relações entre o Estado e o indivíduo em matéria de instrução e cultura, podemos ao menos perguntar: a idéia de que vastas populações cheguem a um nível de domínio elevado do currículo através de uma escolarização maciça e de longa duração está bem fundamentada?

A pedagogia de domínio talvez seja uma nova ilusão da religião da escola, um novo sacrifício ilusório por uma quimera, a instrução obrigatória de todos. A pedagogia de domínio significa o reforço da escolarização da sociedade, a adesão ao credo instaurado há mais de um século. Talvez seja um caminho sem saída!

A competência dos professores também consiste em navegar à deriva entre a boa consciência do pedagogo seguro de agir no interesse do aprendiz e a dúvida de quem questiona seu direito de instruir seja lá quem for contra a sua vontade. Nenhum educador está ao abrigo do desejo de ser todo-poderoso, como o Dr. Frankestein (Meirieu, 1996); a competência do profissional é avaliar o risco e não visar à eficácia didática às custas da identidade e da autonomia do sujeito!

NOTA

1. Publicado em Huberman, M. (dir.), *Maîtriser les processus d'apprentissage. Fondements et perspectives de la pédagogie de maîtrise*. Paris: Dalachaux & Niestlé, 1988, p. 198-233.

O Trabalho em Equipe Pedagógica: Resistências e Mecanismos[1]

Que é uma equipe pedagógica? Podemos falar de equipe a partir do momento em que alguns professores associam-se para compartilhar tarefas ou recursos? Ou esse *status* deve ser reservado a um grupo de profissionais que coordenam suas práticas e até mesmo colaboram de forma intensiva na ação pedagógica cotidiana?

Em primeiro lugar, tentarei distinguir pseudo-equipe, equipe *lato sensu* e equipe *stricto sensu*. Em segundo, analisarei os mecanismos do sistema educativo e dos estabelecimentos de ensino. Em terceiro, descreverei os mecanismos das pessoas, identificando sobretudo algumas resistências ao trabalho em equipe e tentando mostrar que não são "irracionais".

A EQUIPE PEDAGÓGICA ENTRE COORDENAÇÃO DAS PRÁTICAS E *TEAM TEACHING*

Equipe: "Grupo de pessoas que agem juntas" (*Petit Robert*) ou "Grupo de pessoas que colaboram em um mesmo trabalho" *(Dictionnaire Hachette de la Langue Française)*. Se levarmos em conta essas definições tão abstratas, quem poderia se pronunciar contra ou a favor do trabalho em equipe, com exceção de alguns individualistas ou coletivistas incondicionais? Os outros atores são determinados em função do modo de formação e do funcionamento de uma equipe particular e, especialmente, da liberdade que lhes é reconhecida ou negada: entrar ou sair de acordo com sua vontade, dar aos outros ampla liberdade ou uma influência mais limitada sobre suas idéias e suas práticas. Afinal, o importante para todos é que eles *acreditem* ganhar ou perder em função de um modo de trabalho, de decisão, de reunião, de partilha dos recursos e das responsabilidades, de divisão de tarefas, de renovação do grupo. Os mecanismos e as resistências estruturam-se em função de um funcionamento específico, real ou imaginário, mais do que de uma idéia geral.

No Trabalho Assalariado, Dois Extremos

Enquanto as equipes esportivas, as orquestras amadoras, os grupos de turistas e os clubes de jogo em geral são constituídos sobre uma base voluntária, no trabalho as equipes de assalariados situam-se entre dois pólos:

- em um extremo, encontramos as equipes *constituídas por um poder hierárquico exterior ao grupo*, os indivíduos que não têm outra escolha senão abandonar a organização (ou não entrar nela) se não quiserem fazer parte de uma equipe;
- no outro extremo, encontramos as equipes *constituídas por escolha mútua* de indivíduos que não são obrigados a trabalhar juntos, nem a aceitar parceiros que não tiverem escolhido.

As situações intermediárias são múltiplas: algumas organizações, sem impor formalmente o trabalho em equipe, penalizam ou marginalizam de forma mais ou menos sutil os que optam por trabalhar sozinhos, descartando-os, por exemplo, de negociações ou de possibilidades de promoção. Quanto à composição dos grupos, há inúmeras variações, desde a livre escolha de cada membro à imposição autoritária de uma "equipe", formada por pessoas que mal se conhecem. Muitas vezes, as escolhas são *semi-obrigatórias* porque são levadas em conta as exigências do trabalho, as competências, os horários, os desejos de cada um, algumas pressões ou incitações da autoridade.

Não nos atreveríamos a lançar as mesmas hipóteses a respeito das resistências e dos mecanismos quando a equipe é constituída de cima para baixo ou, ao contrário, resulta de um contrato entre iguais. Uma sociologia do trabalho em equipe também deveria dar conta das variações em função da estrutura e do modo de gestão das organizações, bem como do nível de qualificação dos assalariados. Assim, pode-se supor que as equipes constituídas de forma autoritária agruparão, acima de tudo, assalariados pouco qualificados e que os graus de liberdade serão mais restritos se o trabalho tiver de se submeter às exigências da produtividade, a regras muito estritas ou a tecnologias constrangedoras. Ao contrário, pode-se imaginar que as profissões mais qualificadas, em particular se orientadas para as relações e o acompanhamento de pessoas, deixam aos profissionais uma maior possibilidade de escolha quanto às modalidades e ao próprio princípio do trabalho em equipe.

E na Escola?

Os estabelecimentos de ensino não são fábricas. No entanto, podemos dizer que uma equipe pedagógica sempre é formada por professores que adotaram voluntariamente esse modo de trabalho e que se escolheram reciprocamente? Não, porque, em certos sistemas educativos, a administração escolar julga adequado considerar como equipe, sejam quais forem as relações entre as pessoas, o corpo docente de uma escola ou o grupo de professores que lecionam na mesma classe. A denominação não é protegida, não podemos impedir os abusos de linguagem! Porém, podemos sustentar que essas equipes não passam de *artefatos* administrativos que mais desestimulam do que estimulam a colaboração e que suscitam diversas estratégias de fuga, como sempre acontece cada vez que uma organização impõe uma cooperação contra a vontade dos assalariados.

Podemos conceber perfeitamente que, em nome da eficácia e levando em conta as tarefas a serem realizadas, uma organização imponha o trabalho em equipe ao seu pessoal. O absurdo é que uma administração institua formalmente o trabalho em equipe sem ser capaz de direcionar atitudes e comportamentos. Não é a decisão inicial que cria um problema, e sim seu *irrealismo*, o fato de se esperar impor por decreto uma cooperação e um diálogo que, nessa profissão, considerando-se o funcionamento das instituições e da autoridade escolar, em geral não passam de letra morta se os interessados não aderem a eles livremente, pois possuem todos os meios para fantasiar ou mesmo para desobedecer abertamente aos regulamentos. Isso é uma variante do que Hargreaves (1989) chama de *contrived collegiality*, colegialidade forçada. Tal ficção de trabalho em comum pode basear-se em textos impostos a todos os estabelecimentos de ensino. Também pode nascer de uma decisão mais local do diretor da escola. Nos dois casos, fala-se de equipe sem a preocupação de saber o que os interessados pensam a respeito disso.

Para esquematizar, distinguirei três *situações-tipo*, segundo a natureza das pressões:

- *A equipe imposta*. Supõe-se que os professores trabalhem juntos, mas a equipe só existe "no papel". Nesse caso, as resistências não se ma-

nifestam no lugar de uma idéia sedutora; também não correspondem mais às propostas de colegas prestes a constituir uma equipe por livre associação; elas tomam distância da regra administrativa e da autoridade encarregada do controle de sua aplicação.
- *A equipe autorizada/estimulada*. Os professores não são obrigados a trabalhar juntos, porém são convidados e estimulados a fazê-lo, porque a organização prevê, formal ou informalmente, um *status* para as equipes pedagógicas e porque as considera uma forma moderna e desejável de colaboração profissional.
- *A equipe proibida/desestimulada*. Não se espera que os professores trabalhem em equipe; se realmente estiverem interessados, irão deparar-se com milhares de complicações administrativas na etapa de atribuição de cargos, de horários, da carga de ensino, de lugares de reunião e serão desestimulados abertamente pela direção ou pelo restante do corpo docente.

Essas três situações produzirão dinâmicas bem diferentes: a primeira e a última induzem a uma luta contra o sistema e embaralham as cartas. No primeiro caso, não se resiste inicialmente – ou apenas – ao trabalho em equipe, mas a um modo autoritário de gestão das relações entre professores. No terceiro caso, as resistências pessoais podem ser provisoriamente colocadas entre parênteses; trata-se de convencer a administração a reconhecer a equipe e de facilitar sua tarefa, um bom motivo para calar as divergências internas e as dúvidas de cada um.

Entre essas três situações-tipo, sem dúvida, encontramos alguns pontos comuns. No entanto, não tentarei amalgamá-los. Concentrarei minha análise na segunda, a da equipe autorizada ou estimulada, sem ser imposta nem por regras gerais nem por uma decisão do diretor da escola. Portanto, eu me situarei no campo limitado da *cooperação voluntária* para mostrar que, mesmo nele, podemos descobrir diversas ambigüidades.

Cooperar Sim, Mas Até Que Ponto?

Algumas agências de viagem tratam seus clientes como "grupos" para obter tarifas *ad hoc*: conjuntos de pessoas que se encontram pela primeira vez na vida no avião e que têm apenas um interesse material para fingir que viajam juntas. Algumas "equipes pedagógicas" são constituídas pelos mesmos motivos: compartilhar um crédito ou espaços suplementares, um professor de apoio ou um especialista, etc. Não passam de arranjos, pois a equipe não tem nenhuma substância. Nesse caso, eu falaria de *pseudo-equipe*.

Algumas equipes pedagógicas vão além dessa associação interesseira, porém limitam-se a *trocas* sobre as idéias ou as práticas recíprocas e não impõem nada a seus membros. Com relação ao isolamento total, esse tipo de comunicação é um grande passo, mas não poderíamos falar de um "grupo de pessoas que agem juntas", nem de um "grupo de pessoas que colaboram em um mesmo trabalho". São grupos de reflexão e de trocas. Nesse caso, eu falaria de equipe *lato sensu*. Para todos os seus membros, o grupo não passa de um *ecossistema*, um ambiente estimulante, que proporciona idéias, coragem, vontades, pistas concretas e ajuda. Na verdade, todos permanecem sozinhos diante de suas responsabilidades e tarefas concretas (Perrenoud, 1993 j).

Aqui me limitarei às equipes pedagógicas *stricto sensu*, que, para além dos arranjos materiais ou das práticas de intercâmbio, são formadas por pessoas que agem verdadeiramente *juntas*, colaboram com um *mesmo* trabalho, em suma, constituem um *sistema de ação coletivo*, renunciando voluntariamente (ou pelo menos sem ambivalência) a uma parte de sua autonomia.

A questão é saber qual é o papel da ação pedagógica assumida em equipe. Poderíamos – especificando o nível de ensino, o tipo de estabelecimento e a disciplina – elaborar uma lista de tarefas constitutivas da profissão de professor e estabelecer, para cada equipe pedagógica, um *perfil* que distinguisse as tarefas provenientes do grupo daquelas em que cada um conserva sua autonomia. Também seria preciso distinguir vários graus de negociação: algumas tarefas são decididas, planejadas e realizadas em comum, em todos os seus detalhes, enquanto outras são discutidas em equipe ao nível dos princípios, e todos conservam sua liberdade de manobra no planejamento e na realização.

Abordarei uma *dicotomia simplificadora* entre:

- as equipes pedagógicas que coordenam as práticas, conservando seus alunos;
- as equipes pedagógicas cujos membros compartilham coletivamente a responsabilidade pelos mesmos alunos.

Portanto, o critério determinante é a responsabilidade por um grupo de alunos. Se continua sendo individual, uma equipe coordena apenas as práticas, mesmo que possa avançar muito nesse sentido. Quando a responsabilidade torna-se coletiva, muda-se o registro, porque então os alunos têm a ver com um ator coletivo.

Evitemos, a esse propósito, uma *confusão*: no ensino médio, vários professores intervêm na mesma classe e parecem compartilhar os mesmos alunos. Entretanto, não exercem uma verdadeira responsabilidade comum, pois cada um "dispõe" em sua vez do grupo-classe, segundo uma grade horária imutável durante todo o ano; eles não têm muito a negociar com os colegas, exceto em casos de graves dificuldades ou no momento dos conselhos de classe, para decidir sobre a seleção e a orientação. Cada professor é responsável apenas pelas condutas e pelas aprendizagens que ocorrem durante "suas" horas de aula. Um "professor de classe" ou "professor principal" pode garantir uma harmonia mínima, através de conversas bilaterais com todos os professores que intervêm na mesma classe e, mais raramente, pode reuni-los para uma breve negociação. Essa organização do trabalho não favorece *a priori* a partilha das responsabilidades; tanto pode estimulá-la como evitá-la definitivamente...

A Coordenação das Práticas

O modelo não questiona a divisão clássica do trabalho: cada um trabalha em *sua* classe com *seus* alunos. Ninguém interfere diretamente na relação que o professor constrói com seus alunos. Em outros termos, ele conserva uma certa margem de manobra na interação e uma margem de interpretação das decisões de equipe.

Podemos considerar uma coordenação das práticas que se diversifica de acordo com dois eixos: o número de aspectos da prática que dependem da coordenação e do grau de coerência visado.

Quadro 5.1

Intensidade	*Extensão*	
	Baixa	*Alta*
Baixa	Os membros da equipe concordam em *poucos aspectos* de suas práticas, porém permitem a todos uma *grande autonomia* na interpretação e na realização.	Os membros da equipe concordam em *inúmeros aspectos* de suas práticas, porém permitem a todos uma *grande autonomia* na interpretação e na realização.
Alta	Os membros da equipe concordam em *poucos aspectos* de suas práticas, porém permitem *pouca autonomia* na interpretação e na realização.	Os membros da equipe concordam em *inumeros aspectos* de suas práticas, porém permitem *pouca autonomia* na interpretação e na realização.

Uma coordenação extensiva sem dúvida é mais fácil, porque permite grande autonomia na interpretação e na realização. Da mesma maneira, uma fraca autonomia é mais facilmente suportada se a coordenação limita-se apenas a domínios limitados da prática, permitindo que cada um reencontre sua liberdade nos outros.

Cada equipe pedagógica navega entre dois *excessos*:

- *excesso de "laisser-faire"*, que remete a um grupo de intercâmbios sem uma coordenação real das práticas pedagógicas; quando uma equipe passa a controlar algumas regras de vida em comum e fecha os olhos para as acomodações de todos, a coordenação transforma-se, sobretudo, em um pretexto para trocar idéias, e cada um conserva sua liberdade;
- *excesso de interferência* nas práticas individuais, o que pode provocar conflitos ou a explosão do grupo; quando se tenta coordenar tudo e fazer com que todos sejam coerentes com as opções comuns, a equipe passa a exercer uma pressão que pode tornar-se insuportável.

A autoridade do grupo sobre seus membros é um fenômeno ainda mais complexo quando a equipe reúne *iguais*, quando não tem um chefe para encarnar o poder. Nesse caso, todos ficam divididos entre *duas lógicas*: identificar-se com o grupo e aderir às decisões comuns, mesmo às custas de alguns sacrifícios, ou seguir suas próprias preferências e deixar de lado a solidariedade, correndo o risco de ficar com a consciência pesada ou de sofrer acusações dos outros. Todos os membros da equipe não exercem a mesma liderança, nem todos têm os mesmos recursos para conciliar fidelidade e independência, nem todos atribuem o mesmo peso à influência e à autonomia, à ação coletiva e à ação individual. Alguns podem encarnar com mais prazer a ortodoxia doutrinal, o projeto, a instituição interna, a memória coletiva, a fidelidade às decisões tomadas, enquanto outros assumirão o papel de individualistas, rompendo com um grupo que ajudaram a construir ou ao qual se uniram de bom grado... Esses são os *paradoxos da ação coletiva*.

Tais contradições provocariam a explosão de diversas equipes, se cada um, no ensino, não continuasse dono da imagem que os outros têm de seu trabalho. Através de seus objetivos, contribuições, rumores, confissões voluntárias ou não, percepções acidentais, colaborações episódicas na sala de aula, cada membro de uma equipe pode "fazer uma certa idéia" da forma como seus colegas agem frente a seus alunos. Contudo, não é legítimo usar isso no trabalho coletivo. Essa proteção acaba quando se pratica um verdadeiro *team teaching*.

Assumir a Responsabilidade por um Grupo de Alunos de Forma Conjunta

Vamos, então, mais além da coordenação das práticas; não se trata apenas de conversar, de tomar decisões, de elaborar um material comum, situações didáticas, instrumentos de avaliação, regras de vida e de funcionamento. Trata-se de *gerenciar coletivamente um grupo de alunos*. É claro que todos os professores que vivem no mesmo prédio escolar gerenciam a seu modo um grupo de alunos, visto que organizam a vida em comum. Porém, do ponto de vista didático, é "cada um por si", ninguém se sente responsável pelos alunos dos outros professores, ninguém deseja que os outros intervenham na relação pedagógica que mantém com *seus* alunos.

Uma verdadeira gestão coletiva *impõe* uma certa coordenação entre as práticas e, nesse caso, reencontramos a dialética do indivíduo e do grupo evocada anteriormente. A ela podemos acrescentar alguns elementos suplementares:

- maior visibilidade das práticas, das atitudes, dos pontos fracos, das manias, das exigências de cada um;
- forte interdependência entre os alunos, por exemplo, quando desempenham vários papéis e contestam as normas ou a didática de um em nome dos hábitos do outro;
- momentos de "co-presença" e de intervenção conjunta diante dos aprendizes, com todos os problemas de respeitabilidade, unidade e coerência correspondentes;
- responsabilidade conjunta pelo grupo dos alunos com relação aos pais, à administração e aos outros professores.

A coordenação das práticas deixa de ser protegida por uma distância bem-vinda entre os princípios e sua aplicação: é possível ver as divergências, as incoerências e as falhas entre os membros da equipe. Na medida em que a equipe existe publicamente como um ator coletivo e *pretende* ter mais coerência que um grupo de professores formado por acaso, os alunos e seus pais sentem-se no direito de lhes exigir contas, de exigir que os membros da equipe "entrem em algum acordo". Quando tais injunções são dirigidas a professores que não fazem parte de nenhuma equipe, eles podem alegar que estão respeitando suas incumbências. Todavia, uma equipe pedagógica pode cair na armadilha de sua própria vontade de acabar com o "cada um por si".

Para aprofundar a análise, teríamos de falar um pouco mais sobre as *estruturas* que permitem assumir coletivamente a responsabilidade por um grupo de alunos. Da descompartimentação agora quase banal entre classes paralelas às escolas com áreas abertas, da "co-animação" entre iguais à divisão do trabalho entre um professor de classe e um interventor pontual (professor de apoio ou especialista, na escola fundamental), dos amadorismos locais aos módulos ou ciclos instituídos em larga escala, das equipes de quatro a seis pessoas de uma pequena escola fundamental às equipes interdisciplinares maiores do ensino médio, a responsabilidade conjunta pelos alunos assume diversos significados, intensidades e formas. Aqui nos interessam sobretudo as fórmulas em que ela se manifesta por meio de um *contrato pedagógico entre um grupo de alunos e um grupo de professores*. No entanto, os simulacros de partilha também devem atrair nossa atenção se quisermos entender os mecanismos e as resistências.

OS MECANISMOS PARA OS ESTABELECIMENTOS DE ENSINO E O SISTEMA EDUCATIVO: UMA NOVA CULTURA PROFISSIONAL

Descartemos as pseudo-equipes. Nesse caso, restam:

- as equipes *lato sensu*, que se limitam a intercambiar pontos de vista;
- as equipes *stricto sensu*, que coordenam suas práticas;
- as equipes *stricto sensu* que também assumem coletivamente a responsabilidade por um grupo de alunos.

Será que, para cada categoria, teremos de propor uma análise diferente dos mecanismos e das resistências? Para ir mais rápido, estabelecerei que os mecanismos e as resistências são, grosso modo, do mesmo tipo e que só aumentam quando passamos da equipe *lato sensu* à equipe *stricto sensu* e, no caso desta última, da coordenação das práticas à partilha dos alunos.

Falaremos primeiro dos mecanismos dos estabelecimentos de ensino e do sistema educativo. O trabalho de equipe não concerne somente aos professores. Os estabelecimentos de ensino e, sobretudo, seus diretores também devem se envolver, pois o trabalho em equipe modifica o funcionamento do conjunto e as relações de poder. Em que sentido? Em sentidos *contraditórios*, pois os estabelecimentos de ensino têm algo a ganhar e a perder ao mesmo tempo! Mais especificamente: aqueles que querem que nada mude têm muito a perder, aqueles que desejam revitalizar a escola têm muito a ganhar. Mas é tão simples assim?

O Que os Estabelecimentos de Ensino Têm a Perder

Para os administradores autênticos, especialmente ao nível do estabelecimento de ensino, as equipes pedagógicas são fontes de problemas porque:

- complicam a gestão do pessoal, pois é preciso levar em conta as escolhas mútuas dos professores;
- interferem nos procedimentos burocráticos de atribuição das classes, de elaboração de horários;
- criam novas separações no seio do corpo docente: os que trabalham em equipe e os que são individualistas;
- exigem privilégios, derrogações, providências e fontes suplementares;
- colocam o estabelecimento de ensino – e, às vezes, o sistema – em perigo quando adotam inovações audaciosas;
- constituem um "contrapoder" frente à direção, que é mais forte que o de pessoas isoladas;
- contestam as regras comuns, ameaçam a ordem tradicional;
- podem criar uma "escola na escola", com suas próprias regras e sua própria política.

Por essas diversas razões, podemos compreender por que nem sempre as equipes pedagógicas são estimuladas pela autoridade escolar ou pelos outros professores.

O Que os Estabelecimentos de Ensino Têm a Ganhar

Ao contrário, as equipes pedagógicas são fontes de renovação e dinamismo porque:

- animam o debate no estabelecimento de ensino, introduzem novas idéias, contestam as tradições;
- fazem com que alguns professores sintam vontade de romper com seu individualismo;
- permitem uma organização mais flexível das classes e dos ensinamentos;
- influenciam o clima geral com mais otimismo e menos passividade frente ao sistema;

- podem resolver alguns problemas e crises difíceis melhor que um grupo de professores que não têm nenhum hábito de trabalhar juntos;
- impelem a direção a avançar;
- facilitam uma certa desconcentração ou descentralização dos poderes de gestão.

Também podemos compreender perfeitamente bem por que alguns diretores de escola optam de forma sistemática pela criação ou pela manutenção de equipes pedagógicas.

Um Outro Funcionamento das Escolas

Essa lista poderia ser elaborada desde o aparecimento espontâneo das primeiras equipes pedagógicas em alguns estabelecimentos de ensino. Hoje, porém, as perdas e os ganhos assumem um sentido novo, visto que os sistemas educativos tendem a dar mais autonomia aos estabelecimentos de ensino e a lhes exigir, em contrapartida, a resolução local de problemas muito específicos ou complexos, que não podem ser resolvidos por uma solução geral. A capacidade de resolução de problemas dos estabelecimentos de ensino já é um desafio para o sistema educativo em seu todo.

Em diversos locais (associações de professores, centros de difusão das inovações ou de formação contínua, por exemplo), já se raciocina em termos de autonomia das escolas, de projetos de estabelecimento, de inovação e de renovação pedagógica na escola local (Gather Thurler, 1993a, 1994a). O trabalho em equipe pedagógica transforma-se em uma *necessidade*, em um modo de funcionamento sem o qual a mudança não é possível. E é integrado a uma noção mais abrangente, a de *cultura de cooperação*, que não se resume à colaboração com colegas próximos, mas envolve também a gestão participativa (Demailly, 1990), a autoridade negociada (Perrin, 1991) e a auto-avaliação dos estabelecimentos de ensino (Gather Thurler, 1994a).

Uma Nova Cultura Profissional

Nas últimas décadas, o trabalho em equipe foi tratado como uma questão das pessoas. Com certeza, alguns sistemas educativos impediram ou complicaram o nascimento e a vida das equipes pedagógicas, enquanto outros, com a melhor das intenções, instituíram equipes no papel, sem compreender que uma equipe eficaz depende de um contrato livremente negociado entre os membros.

O que ocorre hoje é diferente: há um enfrentamento entre duas tendências. Uma delas vai no sentido da *profissionalização do ofício de professor*, ou seja, de uma evolução cada vez maior para as práticas orientadas por objetivos gerais e uma ética, mais que para diretrizes estreitas. A outra tendência vai no sentido de uma certa *proletarização da profissão de professor*, cada vez mais presa a estratégias, didáticas e meios de ensino e de avaliação pensados por especialistas e entregues "prontos para uso".

Cada uma dessas tendências manifesta-se em diversos níveis do sistema, no debate sobre a formação dos professores (Vonk, 1992; Perrenoud, 1994a, Paquay et al., 1996), na concepção dos currículos, no funcionamento dos estabelecimentos de ensino (Gather Thurler, 1993a, 1994a e b). Elas não provocam as mesmas implicações para o trabalho em equipe. Da perspectiva de uma racionalização tecnocrática da profissão pelos especialistas em didática, em tecnologia educativa ou em avaliação, o trabalho em equipe não parece ser indispensável; ele pode diminuir o poder dos especialistas, oferecendo capacidades de resistência coletiva aos professores. Em contraposição, a profissionalização do ofício não exige de cada um apenas competências de alto nível, orientadas para a identificação e a resolução de problemas, mas também *capacidades de cooperação*: seja qual for a qualidade de sua formação, é raro que uma pessoa possa enfrentar sozinha a complexidade e a diversidade dos problemas. Portanto, cooperar é dividir as forças para que o todo seja mais forte que a soma das partes (Gather Thurler, 1996).

Nessa perspectiva, o trabalho em equipe não é mais uma conquista individual de uma parcela dos professores. É a dimensão essencial de uma nova cultura profissional, uma *cultura de cooperação* (Gather Thurler, 1994 b) ou *collaborative culture,* conforme Hargreaves (1992).

Poderíamos considerar prematuro colocar a questão, pois ela só será pertinente em função da tendência à profissionalização. Contudo, isso equivaleria a imaginar, erroneamente, que essas tendências confrontam-se apenas no mundo das idéias ou na esfera política e administrativa. Elas estão por toda parte e opõem-se através dos atores. Não existem campos bem delimitados: uma parte dos pesquisadores sonha com professores autônomos e parceiros, enquanto outra parte prefere executantes inteligentes, porém dóceis. Entre as associações profissionais, encontramos as mesmas contradições: umas lutam pela profissionalização, outras privilegiam a lógica burocrática e a proletarização em troca de vantagens materiais. Nos ministérios, os que temem perder o controle contrapõem-se aos que querem modernizar o sistema educativo e sabem que as reformas não vêm – ou não vêm apenas – de cima.

Ora, as resistências dos professores ao trabalho em equipe pesarão muito nessa batalha. Se aderirem a uma cultura de cooperação, reforçarão sua autonomia estatutária e as tendências à profissionalização. Se defenderem seu direito ao individualismo acima de tudo, estarão dando munição àqueles que trabalham por uma racionalização burocrática do ensino. Por isso, é importante compreender melhor as resistências das pessoas ao trabalho em equipe.

OS MECANISMOS PARA AS PESSOAS OU COMO PARTILHAR SUA PARCELA DE LOUCURA?

Por que um professor se recusaria a trabalhar em equipe? Não se trata de uma oportunidade de compartilhar idéias, hipóteses e soluções, de tirar partido das diferenças de pontos de vista e de competências, de favorecer uma divisão ótima do trabalho, de reforçar a identidade de cada um? Em uma primeira análise, as resistências ao trabalho em equipe podem traduzir um individualismo exacerbado, um medo doentio do confronto ou da partilha, em suma, podem mobilizar mecanismos de defesa pouco racionais ou, no mínimo, pouco "profissionais".

No entanto, essa visão das coisas é um pouco limitada. Ela ignora a natureza particular da profissão de professor e da relação pedagógica, a dificuldade objetiva de coordenar práticas que dependem muito da personalidade, do estilo e da arbitrariedade cultural de cada um. É claro que certas resistências emanam de pessoas que teriam a mesma atitude em outras profissões e que não têm vontade nem meios para trabalhar em equipe. Há, porém, bons motivos para preservar a autonomia, entre eles:

- Não é verdade que as virtudes potenciais do trabalho em equipe podem ser constantemente verificadas.
- A partilha das responsabilidades didáticas, dos territórios disciplinares, das redes relacionais, das tarefas de animação e do poder de decisão pode enfraquecer a posição dos professores no contrato pedagógico.
- O trabalho em equipe pode privar os professores de uma parte essencial de satisfação e de identidade com o trabalho, afetando, assim, o sentido da profissão e os recursos que permitem que se permaneça muito tempo na carreira.

Retomemos esses três temas, não para sugerir que os céticos, em última instância, têm razão, mas para frisar que somente a análise lúcida das resistências permitirá seu enfraquecimento.

Uma Eficácia Mítica?

Para as pessoas, o mecanismo mais constante é claro: elas desejam que a relação custo/benefício seja-lhes favorável, que o trabalho em equipe traga-lhes um número suficiente de estímulos e satisfações para equilibrar, da melhor forma possível, os medos, as decepções, as dificuldades e as inevitáveis incertezas. Ora, essa balança não é totalmente favorável.

Os professores que experimentam o trabalho em equipe sabem que *a cooperação é uma luta*: contra si mesmo, contra suas próprias ambivalências; contra os outros quando desestimulam ou alimentam as tendências centrífugas; contra o sistema educativo ou o estabelecimento de ensino (colegas e direção) quando demonstram pouca compreensão. Alguns professores que abandonam o trabalho em equipe dizem abertamente que não querem mais investir tanto para obter resultados tão aleatórios. É verdade que a criação e o funcionamento de uma equipe requerem, com freqüência, uma fé e uma energia desmedidas em função das vantagens visíveis, tanto para os adultos quanto para os alunos. Fé e energia para manter a comunicação sem cair na tagarelice ou em discussões sem fim, para respeitar as diferenças sem renunciar a uma certa coerência, para superar os conflitos sem negar as divergências, para permitir uma renovação regular da equipe sem perder a continuidade.

Essas dificuldades podem ser associadas a todo funcionamento coletivo, à tensão inevitável entre os atores e o sistema social, mesmo quando são seus criadores e responsáveis. Parece-me que também não podemos deixar de lado outro ponto muito importante, que é o período de transição, o qual ainda pode durar muito. A maioria dos professores em exercício foi formada em uma perspectiva individualista, talvez tenha escolhido a profissão para não trabalhar com outros adultos ou, ao menos, para liderar uma classe. Certamente, os que optaram pelo trabalho em equipe trilharam um longo caminho rumo a outra concepção da profissão, porém sempre ficam divididos entre uma ideologia favorável à cooperação e *habitus* individualista. Essa não é uma aventura solitária: a cultura profissional comum a muitos professores leva-os a *não acreditar* que o todo é maior que a soma das partes, que o tempo dedicado à negociação não é desperdiçado, que nem sempre a discussão é a expressão de conflitos de pessoas ou de poder. Os que se engajam no trabalho em equipe gostariam de ser otimistas, mas a observação atenta de várias equipes sugere que esse otimismo é frágil, que é facilmente "minado" por algumas experiências desfavoráveis, que o retorno ao "cada um por si" nunca pode ser descartado se as pessoas disserem honestamente: "Podem ver, isso nunca vai dar certo". E, muitas vezes, esse prognóstico é fundamental. O que esquecemos de perceber é que a tolerância, a paciência, a descentralização, a resistência aos conflitos, a capacidade de escuta não são virtudes pessoais, mas poderiam ser competências profissionais. Se os professores, mesmo aqueles atraídos pelo trabalho em equipe, retiram-se tão facilmente diante de qualquer ameaça, é porque não possuem os *savoir-faire* e as representações que lhes permitiriam antecipar os momentos difíceis, não procurar um bode expiatório, não se desestimular prematuramente, não se sentir questionados em função do menor desacordo, não se sentir ameaçados quando se toca em suas zonas de incertezas.

Aqueles que superam tais mecanismos de proteção descobrem que um grupo só se torna eficaz se seus membros aprendem a funcionar juntos e mobilizam *savoir-faire* elementares: animação, memória coletiva, momentos de regulação, esclarecimento dos mecanismos e dos *status* de cada um, expressão dos medos e das expectativas de cada um, mediação em caso de conflitos graves, etc. Entre os partidários da escola ativa, dos projetos de estabelecimento, de diversas causas, há uma considerável experiência, da qual infelizmente não é possível transmitir muito, pois está pouco incorporada à cultura profissional mais comum.

Não é possível superar esse obstáculo com um toque de varinha de condão. Todavia, o tempo sozinho não fará com que as coisas avancem. O que mais falta, tanto nos estabelecimentos de ensino quanto nos locais de formação, é uma prática mais contínua de explicitação e de legitimação das dificuldades. É uma irresponsabilidade convidar os professores a trabalhar em equipe sem lhes dizer, ao mesmo tempo, que será difícil, que existem métodos e aquisições e que não precisarão reinventar a roda (Mahieu, 1992).

Citarei apenas um exemplo: uma vez constituída, uma equipe adquire seu próprio mecanismo, que é o de durar, sem cair na rotina ou no conflito endêmico, no fechamento ou no faz-de-conta, na pretensão ou na consciência infeliz. Se é impossível durar, o mecanismo é a dissolução elegante do grupo, sem viver esse fim como um fracasso, uma fonte de amargura, de cinismo, de imobilismo. Ora, esse bom senso é bastante mal dividido. Aqueles que se engajam em uma equipe sentem que precisam provar que são capazes para acabar com os sorrisos irônicos dos céticos. Eles possuem um tipo de obstinação que deixa feridas abertas e conduz ao "Nunca mais!" Por que uma equipe deveria necessariamente ser bem-sucedida? Sempre é uma aposta, é possível perder sem ter de procurar um culpado ou concluir que é impossível. Contudo, essa serenidade não se conquista na ação. Se o fracasso não é antecipado, banalizado, desdramatizado no momento inicial, é normal que seja "jogado na cara" ou que seja negado contra qualquer evidência quando as coisas não dão certo. As representações, os esquemas de análise não previnem todos os fracassos, mas ajudam a lhes conferir sentido, conservando as justas proporções e ajudando a extrair algumas lições deles.

Equilíbrios Frágeis

Ensinar é uma profissão difícil, na qual nada é estável: cada nova turma é uma incógnita, cada aluno em dificuldade é um enigma, cada ano letivo é uma aventura que só se revela às vésperas das férias de verão. Isso acontece mesmo nas pedagogias frontais mais tradicionais. A rotina didática não garante a definição e o respeito do contrato pedagógico. É claro que os professores experientes não estão constantemente à beira do abismo. Mas quantos podem vangloriar-se de estar sempre tranqüilos? De saber de antemão que não acontecerá nada ou que poderão enfrentar todo tipo de situações?

Na escolaridade obrigatória, a relação pedagógica baseia-se em uma obrigação legal e em uma violência simbólica que nem todos os alunos percebem como tal. Entre os que a percebem, nem todos têm força, coragem ou meios para se rebelar. Entretanto, todo professor sabe que terá de enfrentar, a cada ano, crianças ou adolescentes que não gostam da escola, ou que simplesmente não a consideram simpática ou detestam a disciplina que ele ensina, ou ainda sua maneira de dar aula ou de avaliar. Os jovens que se aborrecem, que se revoltam, que não sabem o que estão fazendo lá podem ser contidos por meio de um certo controle, porém podem revoltar-se ao entrever uma falha no sistema de trabalho e de repressão. Fantasma ou risco real? Na verdade, isso pouco importa, pois as representações do professor é que contam, sejam elas fundamentadas ou não. Ora, na imaginação de muitos professores, é importante que a falha só ocorra excepcionalmente. Para evitar dificuldades, o professor tem necessidade de ser um pouco manipulador, de seduzir, de provocar riso, de ser cúmplice, de ser temido ou adorado, ou tudo isso ao mesmo tempo. A relação pedagógica só pode ser construída sobre estratégias parcialmente inconfessáveis. Esses não-ditos preservam a auto-imagem e a respeitabilidade do professor quando ele tenta demonstrar seu poder e seu domínio da situação.

Como imaginar que equilíbrios tão frágeis possam reconstruir-se facilmente entre um grupo de alunos e um grupo de professores? No caso de trocas, de coordenação das práticas, cada um tem seu jeito pessoal de resolver, o qual não precisa ser legitimado nem apresentado; em uma equipe cujos membros não são coletivamente responsáveis por um grupo de alunos, os intercâmbios só se referem ocasionalmente ao poder, à maneira como cada um o exerce, o vive, o justifica, ao papel do medo, da sedução, do amor, do ódio e da culpa na relação pedagógica.

Essa proteção acaba quando os professores deparam-se *conjuntamente* com os mesmos alunos. Então, a professora da pré-escola que distribui bombons para obter silêncio, que obriga as crianças a ficar imóveis durante horas para "acalmá-las", que promete castigos terríveis aos rebeldes, essa professora passa a trabalhar sob o olhar de seus colegas de equipe. Ela sabe ou imagina que esse olhar inevitavelmente será crítico, em um mundo profissional onde cada um tem seus próprios truques, porém denigre com prazer os dos outros. O mesmo ocorre no ensino médio: o professor que recrimina os alunos em dificuldade, que faz comentários sexistas ou racistas, que conta piadinhas para fazer os alunos rirem, que corrige sadicamente as provas, que pressiona os alunos nas provas orais, que perde seu sangue-frio quando é contestado, que explode de cólera ou é invadido pelo pânico quando dá um passo em falso, esse professor deixará de ter como únicas testemunhas alguns alunos cuja credibilidade é suspeita...

Estou exagerando um pouco, para ir mais rápido. Muitas rotinas são menos condenáveis, porém serão julgadas pelos outros membros da equipe. Qualquer um pode facilmente se sentir ridículo ao ser observado por um colega: pode cair no ridículo de reagir com exagero a uma pequena falha ou, ao contrário, de permitir qualquer coisa; ridículo de estabelecer regras muito severas ou, ao contrário, de ser muito gentil; ridículo de ser muito rígido ou muito flexível, de planejar ou improvisar demais; ridículo de se envolver pessoalmente ou de parecer distante e frio; ridículo de se movimentar muito ou de permanecer imóvel. Qual é a norma? Como se comportar nesses casos, em que cada um faz o que pode?

De certa maneira, para colaborar com os mesmos alunos, é preciso ou ser "impecável", ou *elaborar uma cultura comum a partir dos não-ditos da profissão*, daquilo que todos ocultam por medo de serem julgados, por vergonha ou por não terem total certeza de estar certo ou "à altura". Isso não é impossível, mas pressupõe relações de confiança que vão bem além da simples cooperação profissional.

Mesmo que tal obstáculo seja superado, é preciso reconstruir rotinas de equipe capazes de enfrentar, no dia-a-dia, as estratégias individuais e coletivas dos alunos. De fato, os "truques" não podem ser simplesmente transpostos a um contrato pedagógico entre um grupo de professores e um grande grupo de alunos. O que funciona em uma relação singular deve ser reinventado em uma escala mais ampla.

Satisfações Muito Pessoais

Os partidários do trabalho em equipe muitas vezes são vítimas de um viés racionalista. Fingem acreditar que o que mais lhes importa na profissão de professor é que o maior número de alunos adquira o maior domínio possível. Nessa perspectiva, todos deveriam aderir ao trabalho em equipe, pois se supõe que ele aumente a eficácia da ação didática.

A realidade é mais complexa. Falamos de uma profissão em que os resultados são bastante incertos a longo prazo. Quem poderia ter certeza do que "sobrará" de todas as suas horas de estudo? Todos os professores alguma vez "caíram do pedestal" ao constatar que, de noções devidamente trabalhadas e, em princípio, adquiridas, não restava nada muito sólido algumas semanas mais tarde ou em uma situação que exigisse transferência. Na pedagogia, só é possível construir o sentido do trabalho a partir das aquisições visíveis dos aprendizes, que são difíceis de apreender, desestimulantes e até desesperadoras se deixarmos de lado exercícios familiares. Portanto, a satisfação pessoal muitas vezes se baseia em impressões vinculadas ao clima, à participação dos alunos, ao correto andamento das atividades. Uma "boa jornada" é aquela que termina com a sensação de não se ter perdido tempo, nem cometido erros ou injustiças demais, uma jornada feliz, serena, ou pelo menos não muito pesada, tediosa ou agitada. O balanço exprime o equilíbrio entre todos os momentos bem-sucedidos, nos quais se tem a impressão de dominar a situação, de ter prazer, de ser útil, amado, apreciado, eficaz, e todos os momentos contrários. O trabalho em equipe pode ameaçar essas satisfações. Para muitos, captar a atenção, impressionar, divertir, seduzir, criar suspense, criar um ambiente agradável, fazer sonhar, estar no centro dos acontecimentos, controlar a conversa, brincar de *deus ex machina* são prazeres difíceis de compartilhar e de reconstruir.

Com certeza, o trabalho em equipe permite uma divisão do trabalho. Será que esse é um motivo de satisfação quando se gosta de "controlar tudo"? Em princípio, ele permite concentrar-se de maneira mais eficaz em algumas tarefas (Perrenoud, 1994a): é menos tedioso ou angustiante ter de fazer milhares de coisas quando temos todo o tempo do mundo para ajudar um aluno em dificuldade ou construir uma grade de avaliação – e, muitas vezes, percebemos que não sabemos muito bem lidar com isso... Os especialistas em informática pensam que livraram as enfermeiras de um imenso trabalho administrativo. Eles não conseguem entender bem o fato de que algumas delas viveram esse progresso como uma perda, pois as privou de um motivo para se isolar, dando-lhes a possibilidade de passar mais tempo à cabeceira dos doentes... Toda racionalização do ensino produz os mesmos efeitos inesperados. Assim, um dos prazeres de muitos professores é *inventar* fichas, objetos e situações didáticas. Essa é a parte mais criativa, menos rotineira da profissão para quem deseja renovar-se (Perrenoud, 1983). Em prol de uma divisão racional do trabalho, cada um pode ser incitado a utilizar o material pedagógico produzido por este ou aquele colega. Se tiver liberdade para utilizá-lo sempre que for conveniente, de ignorá-lo quando quiser reinventar a roda, tudo bem. Em uma equipe, porém, a reciprocidade das trocas e a – relativa – visibilidade das práticas de todos se contrapõem a tal desenvoltura. É preciso levar em conta o trabalho dos outros membros da equipe e utilizá-lo, mesmo sem estarmos convencidos de sua pertinência ou se nos sentirmos frustrados por não tê-lo concebido ou realizado. Assim como a diferenciação do ensino, o trabalho em equipe impõe um respeitável número de *lutos* (Perrenoud, 1992a).

※※※

Esses três exemplos não esgotam a questão. Não posso analisar aqui todas as facetas da profissão de professor como profissão impossível (Cifali, 1986), ou como profissão complexa, profissão humanista e relacional, profissão da subjetividade e do imaginário, profissão difícil de compartilhar. Gostaria apenas de mostrar que as injunções racionalistas ao trabalho em equipe demonstram muita ingenuidade. Em outra obra, analisei outras ambivalências (Perrenoud, 1993j, 1996f; ver também Vieke, 1987; Hadorn, 1987).

UMA POLÍTICA DE COMPETÊNCIAS

A sorte e o azar da época vindoura é que não podemos deixar somente aos professores a preocupação de saber se o trabalho em equipe é ou não oportuno. É uma sorte porque os sistemas educativos talvez possam, enfim, compreender melhor que é de seu interesse favorecer a cooperação profissional, deixando de lado vagas palavras de ordem desmentidas pelas práticas administrativas, instalando concretamente os modos de gestão do pessoal, o *status* e as incumbências das pessoas e das equipes, a alocação dos recursos, a composição dos horários e das classes, bem como outros parâmetros que favorecem ou impedem a colaboração. Também é um azar porque é extremamente difícil que as administrações não sabotem as boas idéias, criando uma nova regra burocrática que seja imposta a todos. *Incitar sem obrigar*, esse é o caminho estreito. Ele passa por outra gestão dos estabelecimentos de ensino, por uma prática de incentivo e pelo acompanhamento das equipes de professores, o que pressupõe uma grande tolerância do sistema educativo e dos estabelecimentos de ensino quanto ao seu tamanho, funcionamento e *status*. Normalizar o trabalho em equipe muitas vezes equivale a esvaziá-lo de seu sentido e criar estruturas frágeis em terrenos nos quais é preciso conciliar constantemente a demografia, os movimentos das pessoas, a evolução das afinidades e das inimizades no corpo docente, as fases de dúvida ou de engajamento no ciclo de vida profissional. Incitar ao trabalho em equipe sem obrigar sua realização é admitir de uma certa desordem, altos e baixos, disparidades, é uma negociação permanente. Que perigo se confiarmos a escola a meros administradores!

No entanto, seria imprudente fazer de conta que a capacidade de trabalhar em equipe nasce da simples boa vontade dos parceiros. "A união é uma luta", afirmava um líder comunista, falando da aliança entre os partidos de esquerda. O trabalho em equipe também é uma luta, passa por crises, por momentos de agressividade e de dúvida, de mal-entendidos e de cansaço. Portanto, há uma dupla competência nos professores que trabalham em equipe: no registro dos conhecimentos, ela consiste em saber (e em lembrar no momento oportuno!) que esses fenômenos não são nem perversos, nem excepcionais, que fazem parte de qualquer dinâmica de grupo, que expressam a ambivalência fundamental dos atores em sua relação com o grupo em uma cultura individualista e que não vale a pena procurar um bode expiatório; no registro da ação, a competência consiste em analisar e compreender o que está acontecendo e em introduzir as regulações necessárias, por meio de intervenções delicadas, ou, eventualmente, suscitando uma análise do funcionamento e uma redefinição das respectivas expectativas e das regras do jogo. A competência para cooperar, que supõe a competência para comunicar, também é construída em função da experiência e de uma prática refletida; porém, sem cultura psicossociológica, a reflexão pode levar, por exemplo, à rejeição da responsabilidade por eventuais disfunções dos parceiros, recusando-se a "fazer parte do problema". Uma formação que desenvolva o pensamento complexo e sistêmico não protege dessa tentação todos os dias, mas pode tornar as pessoas mais lúcidas!

NOTA

1. Texto de uma intervenção nas Jornadas de Estudo de ANIFEC, *Travailler en équipe*, Clermont-Ferrand, 3-6 de março de 1993. Publicado nas *Actes*.

6
A Ambigüidade dos Saberes e da Relação com o Saber na Profissão de Professor[1]

Em um ofício totalmente profissionalizado, a capacidade dos especialistas para resolver problemas complexos baseia-se em saberes amplamente organizados, vastamente reconhecidos e compartilhados no seio da profissão e, em grande parte, transmissíveis aos futuros profissionais, primeiro pela assimilação de seus conceitos, teorias e procedimentos e, depois, por um procedimento ativo e empírico (experiências de campo ou de laboratório, simulação, trabalhos práticos, clínica, prática supervisionada). Esse último componente reconhece que as competências profissionais não se limitam ao domínio dos saberes (fundamentais ou aplicados, teóricos ou procedimentais), mas mobilizam *savoir-faire* e, sobretudo, esquemas de pensamento ou de ação cuja codificação nunca é total. A ambigüidade dos saberes e da relação com o saber não é própria à profissão de professor. As figuras emblemáticas do profissional – médico, arquiteto, engenheiro, administrador, advogado, pesquisador, especialista – sugerem que seria absurdo caracterizar uma profissão como simples aplicação de uma tecnologia ou de uma ciência aplicada, as quais também se baseiam em conhecimentos teóricos fundamentais. Nas raízes de uma verdadeira profissão, há uma imponente base de conhecimentos teóricos e procedimentais comuns e uma explicitação bastante grande, senão dos próprios esquemas, ao menos das formas seguras de desenvolvê-los e avaliá-los durante a formação.

Com relação a esses critérios, a profissão de professor continua sendo uma *semiprofissão, um ofício em vias de profissionalização*, fato que gera a ambigüidade dos saberes e *savoir-faire* dos professores, bem como de sua *relação com o saber*. Todos os debates sobre a formação dos professores contrapõem representações muito díspares, que vão das ideologias do dom (não se ensina a ensinar, trata-se de um talento – inato ou adquirido – da pessoa) às tentações racionalistas prematuras, que falam a língua da engenharia didática ou da ciência do ensino.

Entre esses extremos, talvez haja espaço para um *caminho médio mais realista*, que leve em consideração o estado histórico dos saberes e das práticas. Nessa perspectiva, mais do que prolongar no espírito dos professores uma justaposição selvagem, não-construída, de saberes eruditos provenientes das ciências humanas, de saberes oriundos da experiência profissional e de esquemas práticos, poderíamos propor um caminho mais fecundo: fazer com que pesquisadores, formadores universitários, formadores de campo e alunos *cooperem* não em um empreendimento de normalização ou de racionalização, mas de *teorização da prática*, de articulação e fecundação mútua dos saberes eruditos e dos outros, de reconhecimento e explicitação dos esquemas de pensamento e de ação sob a forma de saberes procedimentais ou de procedimentos de formação.

Em um primeiro momento, para evitar os mal-entendidos mais grosseiros, definirei a profissionalização como uma transformação estrutural da profissão. Mostrarei por que as competências profissionais exigem muito mais que saberes. Então, introduzirei mais explicitamente a noção de esquema e de *habitus,* para em seguida retornar aos saberes e mostrar que todos eles são, à sua maneira, saberes de experiência, mas que os saberes eruditos estão, pouco a pouco, cercando os saberes do senso comum, transformando os saberes em *sursis*.

Isso não deve desviar-nos da análise dos saberes comuns atualmente mobilizados pelas práticas educativas, nem da maneira como são construídos na ação e a partir da experiência ou da socialização profissional. Concluirei evocando um procedimento clínico de formação próprio para favorecer o conhecimento em e sobre a ação na linha dos trabalhos sobre a prática reflexiva.

A PROFISSIONALIZAÇÃO, UMA TRANSFORMAÇÃO ESTRUTURAL DA PROFISSÃO

Segundo a sociologia das profissões e dos ofícios, consideramos que as profissões são ofícios particulares, cujas características são mencionadas por Lemosse:

a) o exercício de uma profissão implica uma atividade intelectual que compromete a responsabilidade individual de quem a exerce;
b) é uma atividade erudita, e não de natureza rotineira, mecânica ou repetitiva;
c) no entanto, ela é prática, pois é definida como o exercício de uma arte, em vez de algo puramente teórico e especulativo;
d) sua técnica é aprendida após uma longa formação;
e) o grupo que exerce essa atividade é regido por uma forte organização e uma grande coesão interna;
f) trata-se de uma atividade de natureza altruísta, que presta um serviço precioso à sociedade. (Lemosse, 1989, p. 57)

Toda profissão é um ofício, porém nem todo ofício é uma profissão. Esquematizando, podemos representar as profissões como um *subconjunto* dos ofícios. Nesse caso, o que é a profissionalização? Podemos dar duas definições complementares, uma estática e outra dinâmica:

- de um ponto de vista estático, a profissionalização de um ofício é o grau em que ele manifesta as características de uma profissão;
- de um ponto de vista dinâmico, a profissionalização de um ofício é o grau de avanço de sua transformação estrutural no sentido de uma profissão total.

Essas duas definições postulam uma continuidade entre os ofícios menos e mais profissionalizados. Nesse sentido é que Etzioni (1969) falou do trabalho social, da enfermagem e do ensino como "semiprofissões": elas respondem plenamente a alguns critérios e não a outros, ou satisfazem razoavelmente cada um deles.

O grau de profissionalização de um ofício pode ser um estado estável. Todos compreendem facilmente que uma "semiprofissão" tenha a ambição de se tornar uma profissão total e que pretenda assumir logo todas as suas características. No entanto, as instituições e a sociedade resistem, a profissionalização não é decretada de modo unilateral, simplesmente porque ela "dá direito" a consideráveis privilégios em termos de autonomia, poder, prestígio e renda. Portanto, podemos perfeitamente imaginar que um ofício instale-se de forma duradoura nas condições de semiprofissão, levando em conta o estado das tecnologias, das necessidades, da divisão do trabalho e das relações de força entre ofícios, entre empregadores e assalariados, entre usuários e profissionais. Podemos até mesmo considerar evoluções regressivas, processos de "desprofissionalização", de "proletarização". Ninguém pode garantir que o ofício de professor esteja definitivamente ao abrigo de tal evolução (Bourdoncle, 1993b; Perrenoud, 1996i).

Em todo caso, sua profissionalização está longe de ser concluída e só progride com o passar das décadas (Perrenoud, 1993b, 1993g, 1994a).

Seria inglório conclamar simplesmente a um esforço individual de profissionalização. Cada professor dispõe de certa autonomia e pode utilizá-la para ir no sentido da profissionalização do ofício, porém não poderíamos concebê-la como a simples multiplicação de evoluções pessoais convergentes. É preciso haver uma *transformação estrutural*, que passe por dinâmicas complexas, envolvendo vários atores coletivos e individuais. É verdade que, em parte, um ofício é o que fazem aqueles que o exercem, em função de uma imagem ideal de seu espaço, de seu papel e de si mesmos. Alguns conseguem direcionar seu papel em um sentido que se desvia das práticas comuns e antecipa o futuro do ofício. A evolução progressiva das práticas dos professores pode contribuir para a profissionalização do ofício. Entretanto, essa evolução é comandada por um estatuto, uma formação, uma identidade coletiva. O ofício de professor não é definido apenas por aqueles que o praticam, mas também pelas instituições e pelos atores que tornam essa prática possível e legítima: o Estado, que proporciona bases legais à educação e *status* ao ofício e aos diplomas que dão acesso a ele; os poderes organizadores – privados ou públicos, nacionais, regionais ou locais –, que gerenciam as escolas, contratam e empregam os professores, estipulam suas incumbências; as instituições de formação dos professores, que definem e certificam suas competências profissionais; as ciências humanas, que dão uma imagem mais ou menos realista do ofício; os diretores de escolas e os inspetores escolares, que aconselham ou controlam os professores; as empresas e as administrações, que exigem dos professores e da escola a formação de trabalhadores qualificados; as comunidades locais nas quais se insere a escola; os alunos e as famílias, que têm inúmeras expectativas com relação à escola; a opinião pública e a classe política, que no fim das contas decidem o espaço dos professores na hierarquia dos ofícios.

Por outro lado, cada professor depende dos colegas, com os quais cruza todos os dias sem muitas trocas profissionais, com os quais eventualmente trabalha em equipe, com os quais faz parte do mesmo estabelecimento de ensino ou, ainda, com os quais milita nas associações que orientam a própria profissão, sua ética, suas reivindicações estatutárias e salariais.

Isso não significa que os professores estejam em uma situação de pura dependência: eles são *atores* que podem, individual ou coletivamente, trabalhar para transformar o próprio ofício. Porém, a progressiva evolução das representações e das práticas individuais pode *preparar* transformações estruturais: quanto mais os professores decidem investir na formação contínua, na prática reflexiva (Schön, 1983, 1987), no trabalho em equipe, na cooperação no contexto de um projeto de estabelecimento, na inovação, na pesquisa de soluções originais, na parceria com os usuários, mais começam a tornar possível uma progressiva redefinição do ofício no sentido de uma maior profissionalização. Contudo, é um erro falar de "profissionalização dos professores". O termo pode provocar confusões, pois subentende que a profissionalização é uma aventura pessoal e que, para favorecê-la, basta multiplicar as formações contínuas ou os projetos de estabelecimento.

A análise dos saberes profissionais demonstrará isto: a profissionalização do ofício não se limita a uma ampliação dos conhecimentos e dos *savoir-faire* dos professores. Ela passa por uma redefinição bastante radical da natureza das competências que estão na base de uma prática pedagógica eficaz.

AS COMPETÊNCIAS PROFISSIONAIS EXIGEM MUITO MAIS QUE SABERES!

O debate intensifica-se quanto à natureza dos saberes profissionais: saberes eruditos, aprendidos nas universidades e nas faculdades? Ou saberes construídos a partir da experiência? É importante compreender melhor a articulação de diversos tipos de saberes em uma prática profissional e não é inútil propor classificações dos saberes. Antes, porém, detenhamo-nos no essencial: situar os saberes, sejam eles quais forem, no conjunto das *competências* de um profissional. Resisto decididamente à tentativa de ampliar a noção de saber para abranger todos os recursos cognitivos que um profissional mobiliza. Sem dúvida, esse imperialismo dos saberes pode ser explicado pelo fato de que as universidades participam cada vez mais da formação dos profissionais. Ora, os acadêmicos sentem-se mais à vontade no mundo dos saberes. A referência às competências a aproxima perigosamente das escolas profissionalizantes. Ao chamar de saberes ou conhecimentos todos os recursos cognitivos de um profissional, realizamos um grande esforço: formar profissionais sem, aparentemente, deixar de transmitir saberes e, portanto, sem colocar em risco a principal identidade da universidade.

Contra essa tentação, acredito que chegou o momento de enfrentar o problema das *competências*, as quais englobam os saberes, porém não se limitam a eles! Ao contrário dos conhecimentos, que são representações organizadas da realidade ou do modo de transformá-la, as competências são *capacidades de ação*. Em geral, manifestar competências profissionais diante de uma situação complexa é ser capaz de:

- identificar os obstáculos a serem superados ou os problemas a serem resolvidos para realizar um projeto ou satisfazer uma necessidade;

- considerar diversas estratégias realistas (do ponto de vista do tempo, dos recursos e das informações disponíveis);
- optar pela estratégia menos ruim, pesando suas oportunidades e seus riscos;
- planejar e implementar a estratégia adotada, mobilizando outros atores, em caso de necessidade, e procedendo por etapas;
- coordenar essa implementação conforme os acontecimentos, ajustando ou modulando a estratégia prevista;
- se necessário, reavaliar a situação e mudar radicalmente de estratégia;
- respeitar, durante o processo, alguns princípios legais ou éticos cuja aplicação nunca é simples (eqüidade, respeito pelas liberdades, pela esfera íntima, etc.);
- controlar as emoções, os humores, os valores, as simpatias ou as inimizades, sempre que elas interferirem na eficácia ou na ética;
- cooperar com outros profissionais sempre que for necessário, ou simplesmente mais eficaz ou eqüitativo;
- durante ou após a ação, extrair alguns ensinamentos para serem usados na próxima vez, documentar as operações e as decisões para conservar as características que podem ser utilizadas para sua justificação, partilha ou reutilização.

Toda ação complexa finalizada mobiliza algumas competências da mesma ordem. O profissional enfrenta todo tipo de problemas, o que impede que ele mantenha a mesma rotina ou esgote todas as soluções de um repertório estabelecido por terceiros. Em uma profissão, a complexidade, a diversidade, a mobilidade das situações e das decisões que elas exigem uma separação rígida entre concepção e execução da ação. O profissional passa a ter diversos papéis, passa a ser idealizador-analista e executante-operador, pois uma divisão do trabalho comprometeria a rapidez, a coerência, a qualidade, o rigor ético ou a eficácia de sua tarefa. Isso evidentemente não impede a delegação de trabalhos de preparação, de documentação, de vigilância, de assistência ou de acompanhamento para diversos colaboradores menos qualificados.

Tal conceituação da ação de um profissional peca pelo excesso de racionalismo e de simplificação. Nem sempre as diversas fases são diferentes, nem as operações são explícitas. Muitas vezes, a decisão é tomada na urgência, no estresse, na incerteza, em condições de cansaço ou de angústia que impedem um raciocínio tranqüilo e seguro. Frente à abundância das tarefas, às conseqüências dos possíveis erros, o cirurgião, o *manager*, o terapeuta ou o juiz nem sempre conseguem seguir as regras da arte nem pesar longamente os prós e os contras. Os funcionamentos efetivos são influenciados pelas paixões, pelas emoções, pela tomada de partido e também são engolidos pelas rotinas e aprisionados por normas cuja razão de ser, às vezes, pode diluir-se com o passar do tempo. A profissionalização define-se mais por sua racionalidade global do que pela conformidade de cada gesto a um determinado modelo. Ela se fundamenta se em uma evidência: uma ação intuitiva, improvisada, heterodoxa do ponto de vista dos padrões da profissão, pode ser mais eficaz do que uma ação raciocinada e conforme as "regras da arte". Do profissional, aceita-se a parcela de irracionalidade inerente a toda ação humana complexa, exigida cada vez que há conflito entre a eficácia e o respeito pelos procedimentos estabelecidos. O profissional deve saber *jogar com as regras,* se necessário violá-las e redefini-las, e isso também ocorre com as regras técnicas e as certezas teóricas. Nesse sentido, pede-se que ele tenha uma relação com os saberes teóricos que não seja reverente nem dependente, mas, ao contrário, crítica, pragmática e até mesmo oportunista.

Sabemos que um computador pode derrotar excelentes jogadores de xadrez, porque é capaz de memorizar um impressionante número de estratégias clássicas observadas em outras partidas, ou de calcular estratégias eficazes a partir de algoritmos inspirados nas formas de raciocínio de grandes jogadores; sua potência permite confrontar inúmeras estratégias arroladas na situação do jogo, identificar as mais pertinentes, calcular os riscos e as vantagens de cada uma delas e reter a mais adequada. No entanto, para vencer jogadores do mais alto nível é preciso mais do que isso: programar o computador para que ele simule a intuição, o *insight* ou as visões fulgurantes que permitem aos campeões encontrar uma estratégia para vencer sem listar e comparar todas as estratégias possíveis, ou seja, funcionamentos *heurísticos,* quando a lógica e o cálculo são lentos demais e não conseguem lidar com a massa de dados e possibilidades, e funcionamentos *criativos* quando a situação é inédita.

Tais funcionamentos supõem competências que ultrapassam vastamente aquilo que podemos chamar de saberes, mesmo em seu sentido mais amplo, sejam eles eruditos ou do senso comum, declarativos ou procedimentais, individuais ou compartilhados, explicativos ou normativos. Assim como não podemos conceber o profissional como um simples especialista que segue uma determinada rotina, sem pensar muito no que está fazendo, não podemos imaginá-lo como um simples detentor de saberes que se limita a colocá-los em prática. Ou melhor: não podemos pretender agir como se essa implementação fosse algo natural, pois é eminentemente problemática e exige outros recursos. Sem essa *capacidade de mobilização e de atualização dos saberes,* não há competências, mas apenas conhecimentos.

Na inteligência artificial, sempre que se desenvolve um *sistema especializado,* combinam-se dois componentes: por um lado, uma base de conhecimentos – factuais, teóricos, procedimentais – e, por outro, um "motor de inferência", isto é, um conjunto de esquemas capazes de identificar os conhecimentos pertinentes para enfrentar uma situação concreta e de utilizá-los. Esses esquemas estão no cerne das competências profissionais do especialista ou do profissional; sem eles, seus conhecimentos, por mais fundamentados e extensos que sejam, servem apenas para aprovar exames que testam somente a erudição e a competência para a aprovação nos exames!

Em parte, são os outros saberes – metodológicos ou procedimentais – que permitem mobilizar saberes teóricos ou informações factuais. Em última instância, porém, para implementar métodos e procedimentos, recorremos a recursos cognitivos que não são saberes, nem mesmo metaconhecimentos, mas *esquemas de pensamento*, ou seja, esquemas de raciocínio, de interpretação, de elaboração de hipóteses, de avaliação, de antecipação e de decisão. Esses esquemas permitem identificar os saberes pertinentes, selecioná-los, combiná-los, interpretá-los, extrapolá-los e diferenciá-los para enfrentar uma situação singular.

SABERES E ESQUEMAS

Alguns tentam deixar de lado a noção de esquemas, pedindo emprestado aos especialistas os *conhecimentos procedimentais*, também chamados de técnicos, metodológicos, práticos ou estratégicos (Van der Maren, 1993). A distinção entre conhecimentos ou saberes *declarativos* e conhecimentos ou saberes *procedimentais* é bastante útil, porém não devemos superestimar seu alcance: os primeiros descrevem ou explicam fenômenos naturais ou psicossociais do ponto de vista de um observador não-engajado, que deseja apenas responder à pergunta: *como é que isso funciona*? Os conhecimentos procedimentais respondem a uma outra questão: *como fazer para quê...?*, e propõem um caminho a ser trilhado a um ator que persegue um objetivo.

Na forma do enunciado, um conhecimento procedimental adota um ponto de vista explicitamente pragmático, porém em sua substância apenas reformula, em benefício de um sujeito ao qual empresta um projeto de ação, conhecimentos declarativos relativos à causalidade. O físico explica que, ao nível do mar, a água elevada a 100° Celsius transforma-se em vapor: conhecimento declarativo. Ao profissional, dirá que, para levar a água à ebulição, é preciso aquecê-la a 100° Celsius: conhecimento procedimental. Há algumas nuances: certos conhecimentos declarativos não dão origem a nenhuma tradição procedimental, pelo menos de forma imediata. Saber que a Terra gira em torno do Sol levou às técnicas aeronáuticas somente muitos séculos mais tarde. Por outro lado, inúmeros conhecimentos procedimentais não se baseiam explicitamente em conhecimentos declarativos. Eles parecem ser ocos e nem sempre temos uma clara compreensão de seus mecanismos. Quando explicamos o que deve ser feito para que a grama cresça, uma maionese adquira consistência, um carro comece a andar ou para acalmar uma criança, pressupomos regularidades causais, porém não conseguimos nem sentimos necessidade de formulá-las sob a forma de uma teoria falsificável. Portanto, não há correspondência estrita, termo a termo, em uma determinada comunidade e época, entre os processos que são objeto dos conhecimentos declarativos e as maneiras de fazer, codificadas sob a forma de conhecimentos procedimentais. A postura pragmática leva a querer controlar as causalidades múltiplas e heterogêneas, sem esperar que uma teoria erudita explicite cada uma delas, ou sem sentir interesse em compreender em detalhe *por que* isso funciona. Essa é a distinção feita por Piaget (1974) entre ser bem-sucedido e compreender.

Os conhecimentos procedimentais, por mais que estejam orientados para a ação, não passam de *representações*; influenciarão a ação apenas se forem implementados por um sujeito capaz de compreendê-los, coordená-los, diferenciá-los, adaptá-los, interpretá-los, aplicá-los a uma situação singular no momento adequado e de forma pertinente. Como lembra Bourdieu:

> Toda tentativa de basear uma prática na obediência a uma regra explicitamente formulada, seja no domínio da arte, da moral, da política, da medicina ou mesmo da ciência (pensemos nas regras do método), depara-se com a questão das regras que definem a maneira e o momento oportuno – *kairos*, como diziam os sofistas –, precisa aplicar as regras ou, como se diz, colocar em prática um repertório de receitas ou de técnicas, em suma, da arte da execução, através da qual se reintroduz inevitavelmente o *habitus*. (Bourdieu, 1972, p. 199-200)

Com certeza, essas últimas operações também podem ser progressivamente codificadas sob a forma de conhecimentos procedimentais. Nesse caso, apenas se desloca o limite e, por conseguinte, o problema: para tirar partido dos conhecimentos do momento, sempre apelamos a *outra coisa*, a esquemas operatórios ou, mais globalmente, a esquemas de percepção, de avaliação, de decisão ou de ação que não podem ser assimilados a conhecimentos procedimentais, simplesmente porque *não são representações, pois existem no estado prático!*

O Esquema como Gramática Geradora

Poderíamos assimilar os esquemas a *savoir-faire*, definidos justamente como capacidades de mobilizar saberes em situação. Entretanto, o termo é ambíguo, já que com freqüência é utilizado como um equivalente de conhecimento procedimental, ou seja, como um "saber como fazer", um "saber sobre o fazer", sobre a forma correta de fazer. Para evitar qualquer ambigüidade, falarei aqui de *habitus*, no sentido usado por Bourdieu, ou de *esquemas*, no sentido usado por Piaget. Essas expressões são mais abstratas e, por isso, veiculam menos imagens já concebidas. E, sobretudo, apresentam a vantagem de acabar com a confusão: *um esquema de pensamento não é um saber sobre a maneira de fazer, não é uma representação*. É claro que é possível, na medida em que o ser humano pode teorizar suas próprias operações mentais, representar um esquema de pensamento, tentar descrever e até mesmo prescrever uma maneira de raciocinar, de inferir, de imaginar e de antecipar. Nesse caso, podemos elaborar *esquemas* que pretendem codificar os esquemas e podem contribuir para conservá-los, avaliá-los e transmiti-los. Os saberes procedimentais também se alimentam nessa segunda fonte: ao lado da transposição pragmática de saberes declarativos, tanto eruditos quanto de senso comum, existe a tomada de consciência e a codificação de esquemas de percepção, de pensamento ou de ação que existem no estado prático, em função – ao menos em sua origem – daquele que os faz funcionar. Assim, a construção de um sistema especializado, no âmbito da inteligência artificial, não se limita a derivar certas regras de ação dos conhecimentos teóricos disponíveis; através de entrevistas e observações diretas, ela tenta reconstituir os esquemas que os especialistas renomados implementam, como, por exemplo, no domínio do diagnóstico radiológico, da prospecção de petróleo ou dos fenômenos monetários.

O fato de alguns esquemas terem sido pouco a pouco codificados sob a forma de conhecimentos procedimentais e transmitidos, ao menos em parte, pela via discursiva, não muda em nada a sua natureza: *como tais*, os esquemas não são de ordem representativa ou figurativa, mas funcionam e conservam-se no estado prático, vinculando situações análogas:

> Com efeito, as ações não se sucedem por acaso, mas repetem-se e aplicam-se de forma semelhante a situações comparáveis. Mais precisamente, elas reproduzem-se como se, aos mesmos interesses, correspondessem situações análogas, porém diferenciam-se ou combinam-se de uma nova forma se as necessidades ou as situações mudam. Chamaremos de esquemas de ação aquilo que, em uma ação, puder ser transposto, generalizado ou diferenciado de uma situação para a outra, ou seja, o que há de comum às diversas repetições ou aplicações da mesma ação.
>
> Por exemplo, falaremos de um "esquema" de reunião para condutas como a de um bebê que brinca com blocos, de uma criança que reúne objetos tentando classificá-los; reencontraremos esse esquema em inumeráveis formas, mesmo em operações lógicas como a reunião de duas classes (os "pais" e as "mães" = todos os "pais", etc.). Outros esquemas de ação são

bem menos gerais e não provocam operações interiorizadas tão abstratas: por exemplo, os esquemas de balançar um objeto suspenso, de dirigir um veículo, de visar a um objetivo, etc. (Piaget, 1973, p. 23-24)

Vergnaud exprime a mesma idéia de maneira mais densa:

Chamamos de "esquema" a organização invariável da conduta em situações determinadas. Devemos buscar nos esquemas os conhecimentos-em-ato do sujeito, isto é, os elementos cognitivos que permitem que a ação do sujeito seja operacional. (Vergnaud, 1990, p. 136)

Portanto, o esquema é a *estrutura da ação* – mental ou material, o invariante, o esboço que se conserva de uma situação singular para a outra e é investido, com alguns ajustes, em situações análogas. Vergnaud esclarece o funcionamento dos esquemas, distinguindo duas classes de situações:

1. Classes de situações para as quais o sujeito dispõe em seu repertório, em um determinado momento de seu desenvolvimento e em certas circunstâncias, das competências necessárias para o tratamento imediato da situação;
2. Classes de situações para as quais o sujeito não dispõe de todas as competências necessárias, o que o obriga a um tempo de reflexão e exploração, com hesitações, tentativas abortadas, levando-o eventualmente a ser bem-sucedido ou a fracassar. (Vergnaud, 1990, p. 136)

Se o sujeito dispõe de um esquema adequado, sua conduta será amplamente automatizada; sem o caso contrário, haverá "uma junção sucessiva de vários esquemas, que podem entrar em competição e que, para chegar à solução buscada, devem ser acomodados, descombinados e recombinados". (Vergnaud, 1990, p. 136)

Quanto mais nos aproximamos de uma profissão plena, mais aumentam as situações do segundo tipo. O profissional aceita que não pode enfrentar imediatamente todas as situações e, por isso, tem de refletir e pesquisar. Vemos que a reflexão e a pesquisa não apelam apenas para os conhecimentos, mas também a esquemas operatórios de um nível mais elevado, os quais permitem controlar a acomodação, a diferenciação, a coordenação, isto é, tanto os esquemas de ação quanto as representações disponíveis.

A Noção de *Habitus*

Muitas vezes, a noção de *habitus* é associada à teoria da reprodução (Bourdieu e Passeron, 1970). Extraída de São Tomás (Héran, 1987), ela pode ser dissociada de toda teoria particular das estruturas sociais (Perrenoud, 1976). Nesse sentido, o *habitus* seria apenas o conjunto dos esquemas que um ator possui. Bourdieu fala dele como "um pequeno conjunto de esquemas que permite gerar uma infinidade de práticas adaptadas a situações sempre renovadas, sem jamais se transformar em princípios explícitos" (Bourdieu, 1972, p. 209), ou ainda como:

> um sistema de disposições duradouras e transponíveis que, integrando todas as experiências passadas, funciona em cada momento como uma matriz de percepções, apreciações e ações, tornando possível a realização de tarefas infinitamente diferenciadas, graças às transferências analógicas de esquemas que permitem resolver os problemas da mesma maneira. (Bourdieu, 1972, p. 178-179)

O conceito de *habitus* tem a vantagem de designar o conjunto de esquemas de que um sujeito dispõe em um determinado momento de sua vida, colocando, portanto, o problema da coerência sistêmica desse sistema, assim como a questão das dinâmicas globais que afetam suas transformações. Enquanto a psicologia cognitiva com freqüência se interessa mais pela gênese, pela estrutura e pela implementação de esquemas particulares, a abordagem antropológica destaca o conjunto dos esquemas que um ator possui para enfrentar as situações da vida.

Os dois procedimentos convergem para afirmar que os recursos cognitivos de um sujeito ou de um ator não se limitam àquilo que geralmente chamamos de saberes ou conhecimentos, sejam procedimentais ou práticos, mas que é preciso conceder um espaço decisivo para outras ferramentas cognitivas, que não pertencem à ordem das representações, e sim das operações. Correndo o risco de aumentar ainda mais a confusão, podemos ampliar a noção de saber ou de conhecimento, de modo a englobar o *habitus* e o conjunto dos esquemas operatórios. Parece mais prudente pensar nas competências, ou seja, no exercício dos ofícios e das profissões, como a mobilização de recursos cognitivos de ordens *diferentes*: por um lado, os saberes e, por outro, um *habitus*. Isso não nos dispensa – bem ao contrário – de pensar na unidade e na diversidade dos saberes, porém não autoriza a conceber a profissionalização como um acúmulo de saberes. Entre um ofício e uma profissão, as diferenças não se referem apenas aos saberes em jogo; elas também estão relacionadas aos saberes em situação.

Em suma, na espécie humana, os esquemas de alto nível são *aprendidos*, no sentido em que se desenvolvem a partir da formação e, posteriormente, da prática do profissional. No entanto, sem abuso de linguagem, não poderíamos considerá-los saberes, a menos que assimilássemos todo recurso intelectual a um saber. A insistência sobre os saberes profissionais corre o risco de mascarar o essencial: *a natureza e a importância dos esquemas que os tornam utilizáveis em uma situação concreta*. Tentemos aprofundar um pouco mais a articulação entre ambos e mostrar que a referência a saberes procedimentais, artesanais, técnicos, estratégicos ou construídos a partir da experiência não dispensa de maneira alguma a elaboração de uma teoria do *habitus* como sistema de esquemas que permitem ao profissional mobilizar seus conhecimentos e outras informações em situação.

Podemos imaginar que um indivíduo inteligente saiba tanto de biologia, anatomia, psicologia e patologia quanto um médico, sem ser capaz, porém, de fazer um diagnóstico ou uma indicação terapêutica um pouco mais sofisticada. Mesmo se apropriando dos saberes procedimentais disponíveis, ele não seria capaz de tratar pacientes de uma forma tão rápida e segura quanto um clínico. Isso acontece justamente porque esse clínico desenvolveu esquemas de pensamento, de decisão e de ação que lhe permitem *orquestrar em tempo real* o conjunto das informações (sobre o estado do paciente, os meios disponíveis, os prazos), os saberes teóricos e procedimentais pertinentes. Sem dúvida, se tivesse de se deparar regularmente com pacientes sem outro recurso que os saberes teóricos e procedimentais encontrados nos livros, nosso ineficaz erudito se transformaria, pouco a pouco, em um especialista eficaz, porque teria construído, através de um caminho pessoal e por isso mais lento e trabalhoso, esquemas de pensamento e de decisão semelhantes aos que a formação clínica dos médicos oferece-lhes.

SABERES ERUDITOS E SABERES DE SENSO COMUM: TODOS ELES SÃO, À SUA MANEIRA, SABERES DE EXPERIÊNCIA

Proliferam tipologias e terminologias, porém, como destaca Raymond (1993), elas não nos ajudam a captar a natureza dos saberes. Antes de distingui-los em função de sua fonte, de seu *status*, de sua legitimidade, de seu grau de partilha, de seu modo de avaliação, de seu caráter público ou privado, de sua eficácia ou de qualquer outro critério, seria melhor responder a uma pergunta simples: *o que é um saber?* "Um conjunto de conhecimentos adquiridos por meio da aprendizagem ou da experiência", isto é o que diz o dicionário, que também explica que um conhecimento é "uma idéia exata de uma realidade, de sua situação, de seu sentido, de seus caracteres e de seu funcionamento" (*Hachette de la Langue Française*). No uso corrente, saber e conhecimento são intercambiáveis. Certamente, podemos tentar definir um saber como um conjunto de conhecimentos que apresentam uma certa unidade em virtude de suas fontes ou de seu objeto. Para nosso objetivo, o essencial é que, em todos os casos, trata-se de *representações do real*.

O dicionário fala de idéias "exatas". Seria mais prudente, do ponto de vista sociológico, dizer que os conhecimentos são representações que *pretendem* ser exatas, ou que são consideradas exatas. Com um pouco de distância histórica ou comparativa, percebemos que os conhecimentos obtidos por meio de aquisições pela maioria dos contemporâneos variam de uma sociedade ou de uma época para outra. Por outro lado, são raros os conhecimentos considerados unanimemente válidos. Portanto, em torno de conhecimentos considerados fundamentados, há conhecimentos controversos, colocados em dúvida, em vias de serem retificados ou abandonados, ou emergentes, ainda não confirmados. Uma sociedade é um campo de força no qual se defrontam representações contraditórias que aspiram ao *status* de conhecimentos verdadeiros. Como instituição que pretende produzir saberes válidos, baseados em um método racional e experimental, nem sequer a ciência moderna escapa dessa controvérsia. Voltaremos a esse ponto quando falarmos dos saberes eruditos. Nesse momento, importa-nos apenas a concepção dos conhecimentos ou dos saberes como *representações* que aspiram à verdade, à objetividade, à exatidão, e não opinaremos sobre essa pretensão.

Raramente os seres humanos agem sem representações, porém *nunca* agem *somente* com representações. Estas formam apenas uma memória, um estoque de informações e de teorias, eruditas ou ingênuas; para utilizá-las, deve haver esquemas operatórios, seja para reestruturar, avaliar, diferenciar, estender os conhecimentos, seja para comunicá-los a outros ou para implementá-los em situações concretas.

A figura emblemática do profissional – médico, engenheiro, advogado – sugere que ele use essencialmente saberes eruditos. A análise das práticas mostra que ele também usa outros saberes, que muitos decidiram chamar de "saberes de experiência" pois, ao contrário dos saberes eruditos, são construídos graças à experiência, e não à formação.

Tentarei mostrar que essa referência à experiência é perigosa se não for devidamente especificada, pois sugere que os outros saberes não são provenientes de nenhuma experiência, o que é absurdo. A verdadeira distinção é entre saberes *eruditos* e saberes de *senso comum*. Ambos estão enraizados na experiência humana, mas de modo diferente. Não nego o interesse dos trabalhos sobre os saberes *provenientes da experiência pessoal* (especialmente os de Tardif, Elbaz, Raymond, etc.). É tentador, porém falacioso, falar apenas dos "saberes de experiência". Dessa forma, estamos sugerindo que eles se contrapõem a saberes menos realistas, que dariam as costas à experiência, enquanto todo procedimento científico é experimental, em sentido amplo, e também porque essa expressão é uma forma implícita de valorização – a experiência dos idosos, forma de sabedoria –, enquanto podemos aprender muito pouco com a experiência e podemos usá-la tanto para apoiar preconceitos e teorias preguiçosas quanto para identificar causalidades sutis ou dominar fenômenos complexos.

Também não proponho que os saberes eruditos sejam contrapostos aos saberes profissionais. Considero que estes últimos definem-se mais por seu uso do que por seu *status* ou origem. Alguns deles são eruditos, outros de senso comum, ou estão em um meio-termo.

Os Saberes Eruditos

Em nossa sociedade, os saberes eruditos muitas vezes são assimilados a saberes científicos. Tal simplificação é inaceitável. Mesmo a universidade, que incontestavelmente é o lugar por excelência de produção e transmissão de saberes eruditos, não se limita aos saberes científicos: nas letras, em direito, em teologia e, de certo modo, em outras faculdades, inúmeros saberes eruditos não se baseiam em métodos científicos, mas em diversas formas de erudição, em procedimentos de sistematização, de formalização, de acumulação, de confronto, de organização, de classificação de conhecimentos especializados que não provêm do laboratório nem da observação em campo. Atualmente, a filosofia, a crítica literária, o direito, a estética não podem ignorar as aquisições das ciências, sobretudo das ciências humanas, mas os saberes próprios dessas disciplinas vão além de suas eventuais bases científicas. Eles dependem em parte de sistemas de valores ou de normas éticas, estéticas, jurídicas e tentam organizá-las, explicitar seus fundamentos e implicações. Poderíamos sentir-nos tentados a falar de saberes "axiológicos" ou "normativos". No entanto, isso designa mais seu objeto do que sua natureza: os universitários que cursam direito, letras ou teologia em geral têm uma relação crítica, diferenciada, comparativa e às vezes relativista com os valores e as normas, embora não se limitem a estudá-los como "coisas", tal como o faz a sociologia do direito ou da arte. Em algumas faculdades orientadas para a ação – medicina, arquitetura, engenharia, direito, administração pública, *business schools* –, encontramos misturas de conhecimentos científicos – referentes a processos estudados empiricamente – e de conhecimentos relativos a sistemas de valores e normas ligados à saúde, à educação, à construção, à cidade, às tecnologias, aos negócios, à conduta nos assuntos públicos, etc. Portanto, os saberes universitários não são homogêneos, nem todos eles se baseiam em métodos de observação empírica do real e de validação de hipóteses, características do procedimento científico, e sua relação com os valores e com a ação difere muito, indo da maior exterioridade à maior imbricação.

Além disso, não é possível limitar os saberes eruditos aos saberes universitários, se entendermos por estes os saberes produzidos ou transmitidos nas faculdades e nas instituições de pesquisa fundamental. Outras instituições – centros de pesquisa aplicada, fundações, associações, altas escolas profissionais, exércitos, empresas, administrações – participam da produção de saberes eruditos, sejam eles científicos ou não. Nelas, as imbricações entre as práticas, os valores, as ideologias e os saberes eruditos são ainda mais fortes.

Os Saberes e a Experiência

É totalmente injustificado opor radicalmente saberes eruditos e saberes de experiência por um duplo motivo:

- Quando são estritamente "científicos", ou simplesmente críticos, metódicos, os saberes eruditos baseiam-se em uma forma de experiência, mesmo que ela esteja bastante distante da vida cotidiana, seja produzida em laboratório ou filtrada por métodos de observação e pesquisa. Essas diferenças não nos autorizam a esquecer que o método científico é justamente a mais ambiciosa tentativa, na história humana, de ligar os conhecimentos à experiência, levando em conta a realidade. Nesse sentido, os saberes científicos são, mais que qualquer outro, saberes provenientes da experiência, mais que da especulação ou do livre jogo do espírito.
- Parte dos saberes eruditos são aplicações ou racionalizações de saberes de especialistas, de "saberes de experiência" no sentido corrente do termo; a evolução das sociedades para o setor terciário multiplica os locais e as práticas de acumulação de saberes de experiência; a partir do momento em que é explicitada, sistematizada e organizada, a experiência torna-se uma competência do *expert* reconhecida no mercado, um saber erudito.

Será que, ao menos, podemos distinguir os saberes eruditos e os de senso comum em função de seu *objeto*, da natureza da experiência na qual se enraízam? Sim, se se trata de opor a experiência cotidiana, amplamente intuitiva e espontânea dos especialistas, e a experiência planejada dos pesquisadores. Entretanto, isso não nos remete a esferas totalmente distintas do real. Alguns domínios ou níveis da realidade sem dúvida escapam de qualquer experiência cotidiana, em especial porque só são acessíveis graças a uma construção teórica e a dispositivos experimentais próprios das ciências, na ordem do infinitamente pequeno, do infinitamente grande ou do oculto. Por outro lado, algumas zonas da realidade ainda não são objeto de saberes eruditos, ou porque seu *status* não foi estabelecido – como, por exemplo, os fenômenos paranormais –, ou porque o desenvolvimento dos saberes eruditos ocorre por avanços anárquicos em diversas direções.

Porém, as zonas ficam cada vez mais abrangentes, diversas facetas da realidade são simultaneamente objeto de representações eruditas e comuns, em uma relação de ignorância mútua, de oposição ou de complementaridade, conforme os casos. Isso também ocorre porque a vulgarização científica e a instrução popularizam uma versão simplificada dos saberes eruditos e porque estes últimos pouco a pouco se apoderam de todos os fragmentos da realidade, até dos mais irrisórios ou incertos.

A relação com a ação não é muito mais precisa. Sem dúvida, a maior parte dos saberes de senso comum orienta-se mais por interesses, porém são investidos na construção da identidade pessoal ou do sentido da vida, bem como no comando da ação. Quanto aos saberes eruditos, pretendem cada vez mais, em todos os setores, guiar a ação racional. Por isso, seria absurdo considerar todos os saberes eruditos como declarativos ou fundamentais, ou todos os saberes de senso comum como aplicados, procedimentais ou pragmáticos.

Legitimidade, Codificação, Publicidade

Os *saberes eruditos* não se opõem claramente aos saberes de *senso comum*, nem sob o ângulo da experiência, nem por seu objeto, nem por sua relação com a ação. A distinção mais pertinente diz respeito à sua legitimidade, ao seu grau de codificação e de formalização, bem como à sua publicidade.

Os saberes eruditos são saberes produzidos por instituições ou por pessoas reconhecidas como eruditas, que têm a capacidade particular de produzir e de dar forma a teorias. Em nossas sociedades, as instituições científicas – sobretudo no caso das ciências naturais – são intocáveis. Ninguém pode pretender saber mais que a Academia, a Faculdade, os pesquisadores do Instituto ou os professores do Colégio da França... Por isso, os saberes eruditos parecem ser mais legítimos que os de senso comum, apesar das dispersas lutas pela revalorização dos segundos. Isso não impede que surjam, na surdina, o ceticismo, a decepção e a separação quando se invertem as relações de força em prol dos praticantes ou dos atores comuns. A satisfação de ter algumas vezes mais razão que os cientistas, de saber mais que os eruditos, de ridicularizar sua ingenuidade, é apenas o outro lado de sua dominação. Evidentemente, os produtores dos saberes eruditos consideram-nos plenamente legítimos: sua formação, suas tecnologias, seus métodos rigorosos, seus procedimentos de validação e de debate parecem garantir conhecimentos confiáveis. O historiador das ciências e o sociólogo do conhecimento são mais prudentes: a comunidade científica é atualmente um Estado dentro do Estado, possuindo todos os meios para impedir as críticas externas. A legitimidade é simplesmente um fato, seja ela fundamentada ou não.

Os saberes eruditos também são mais *codificados* que os saberes de senso comum, graças aos seus procedimentos de produção, validação e transmissão, que privilegiam a explicitação, a formalização, o escrito, e também graças a uma divisão estrita do trabalho e a uma organização em larga escala. Embora os produtores de saberes eruditos façam parte de uma rede planetária, os produtores de saberes de senso comum em geral são solitários, ou seja, pertencem a redes locais e pouco organizadas.

A visibilidade dos saberes eruditos relaciona-se sobretudo ao fato de que eles são elaborados, conservados e transmitidos em instituições de formação que pretendem participar de sua produção e até mesmo deter seu monopólio, além de lhes dar forma para que possam ser ensinados e avaliados, o que Verret (1975) chamou de transposição didática, conceito retomado na didática da matemática por Chevallard (1991) e, posteriormente, por outros teóricos a propósito de outras disciplinas. Verret mostra que alguns saberes eruditos – teológicos ou estratégicos – ainda estão pouco codificados, porque são instrumentos de poder. No entanto, nas sociedades desenvolvidas, a maioria dos saberes eruditos é pública. Isso não significa que todos podem aceder livremente a eles. Na verdade, são controlados por uma minoria, que se considera – e é considerada – elite. Os saberes são o apanágio de comunidades eruditas ou profissionais cuja vocação é construí-los, transmiti-los ou utilizá-los sem que os mortais comuns possam ou queiram ter acesso livre a eles. As comunidades eruditas em geral se esforçam para controlar o acesso mais qualificado aos saberes e também sua vulgarização. A publicidade desses saberes representa um risco, porém limitado, devido aos procedimentos de seleção social e escolar que regem sua apropriação. Por outro lado, essa publicidade é uma fonte de visibilidade e, portanto, de legitimidade, de influência e de financiamento.

Atualmente, é difícil a coexistência pacífica entre os saberes eruditos e os de senso comum. Estes últimos estão em *sursis*, pois os saberes eruditos visam a substituí-los, enquadrá-los ou teorizá-los.

OS SABERES DE SENSO COMUM CERCADOS PELOS SABERES ERUDITOS

Nas sociedades ocidentais, o estatuto privilegiado dos saberes eruditos não garante que eles sejam suficientes para compreender o mundo e agir, apenas que sejam mais eficazes que os saberes de senso comum provenientes da experiência pessoal ou coletiva dos praticantes. Nos dias de hoje, nenhum ofício pode fingir que ignora os saberes eruditos, sob pena de perder a credibilidade perante um público ofuscado pela ciência. Entretanto, as aparências enganam: o ofício que destaca o alto nível de qualificação de seus membros e, por conseguinte, a parcela crucial dos saberes eruditos em sua formação, na prática mobiliza saberes "menos eruditos", menos visíveis, pois são menos legítimos, menos apresentáveis e menos compartilhados. Podemos chamá-los de saberes de senso comum, assim como falamos do "senso comum".

Os saberes de senso comum, sem dúvida, ainda têm muito futuro no estado atual das ciências e, mais globalmente, dos saberes eruditos. Ninguém nega os atuais limites dos saberes eruditos, sua incapacidade de reger o conjunto das práticas humanas. É inútil destacar a influência das ciências psicoquímicas na vida cotidiana e nos ofícios, seja através das tecnologias ou dos modelos de racionalidade técnica. O campo da saúde e do corpo – sexualidade, procriação, alimentação, envelhecimento, *fitness*, drogas, higiene, etc. – tornou-se objeto de discursos eruditos invasivos, que se propagam com grande velocidade na vida interna e nas relações humanas. Quanto às organizações e às sociedades, sua gestão apela cada vez mais para saberes eruditos constituídos: economia política, planejamento, políticas públicas, administração de empresas, etc. A educação não é uma exceção, nem no nível dos sistemas, nem no da relação educativa. Atualmente, os saberes de senso comum estão em *sursis*, sua legitimidade é provisória e está ameaçada pelo caráter imperialista e expansionista dos saberes eruditos.

A Diminuição das Zonas de Sombra dos Saberes Científicos

Mesmo nas disciplinas mais avançadas, os saberes científicos são, por definição, saberes inacabados e passíveis de revisão. Isso significa que, embora esclareçam aspectos da realidade – física, biologia, lingüística, econômica, etc. –, ainda têm amplas zonas de sombra, que não são cobertas por nenhuma teoria, ou zonas claro-escuras, mal decifradas; ou, ainda, zonas nas quais teorias bastante contraditórias enfrentam-se, cada uma em seu campo, tal como em uma guerra de religiões.

A existência dessas zonas é normal. Às vezes, as ciências detêm os meios teóricos, metodológicos e técnicos de investir contra elas, porém o mecanismo – epistemológico, político ou econômico – não é suficientemente grande para mobilizar os recursos exigidos para o avanço da pesquisa. Também acontece que, apesar dos esforços, a realidade resiste, as ciências patinam em busca do paradigma, do método e até mesmo dos instrumentos – por exemplo, o microscópico eletrônico ou as sondas espaciais – que permitirão ultrapassar as especulações. Também pode acontecer que alguns níveis ou dimensões da realidade ainda não sejam acessíveis à abordagem científica, pois o desenvolvimento da teoria não permite pensar, por exemplo, na dupla hélice em biologia, na relatividade na física ou no inconsciente na psicologia. Jacob (1970) comparou o desenvolvimento da biologia moderna à abertura das bonecas russas: apenas gradualmente se percebe a seguinte, sem saber quantas são na totalidade, nem com o que se parecem. Sem dúvida, também é preciso levar em conta os tabus que, em determinada época, inibem um esforço teoricamente possível, porém socialmente inaceitável, estabelecendo, por exemplo, que a Terra gira ao redor do Sol ou que as crianças têm sexualidade. Por fim, devido à divisão do trabalho científico e à divisão provisória do real que o acompanha, alguns fenômenos caem em um *no man's land*: não se sabe de que disciplinas provêm, o que pode, conforme as conjunturas, dar origem a avanços interdisciplinares, a estéreis conflitos territoriais ou ainda a zonas relegadas ao abandono.

Por essas e diversas outras razões, em um determinado momento histórico, há parcelas inteiras da realidade que tentam controlar os profissionais que não são objeto de um saber teórico fundamentado. Mesmo que o médico ou o engenheiro sejam hoje mais especializados que o professor, em algum momento todos eles se deparam com os limites do conhecimento fundamental. Em todos os ofícios, mesmo nos mais profissionalizados, é preciso *aventurar-se*, de modo mais ou menos regular, para além do limite permitido pelas ciências do momento. Quando as teorias eruditas não existem, é preciso agir. Quando elas existem, porém parecem ser muito frágeis, móveis ou controversas, como confiar nelas? Por que não recorrer aos saberes de senso comum?

Por outro lado, mesmo quando as teorias parecem viáveis e confiáveis, sua aplicação a casos concretos passa por um importante *trabalho* de aplicação, encarnado em instrumentos ou tecnologias, seja em algoritmos de raciocínio e cálculo, procedimentos de construção, de previsão, de cálculo de riscos, etc. Esse trabalho pode ser rentável quando se baseia em conhecimentos fundamentais suficientemente estáveis e ricos para que o menor progresso científico não invalide os saberes ou as tecnologias aplicados: se a física pudesse, da noite para o dia, questionar os fundamentos teóricos da medição da temperatura, da pressão ou dos campos magnéticos, quem investiria na concepção e na fabricação de instrumentos sofisticados? Nesse sentido, os ofícios humanistas são duplamente particulares: as tecnologias e os instrumentos não passam de complementos. Quanto aos procedimentos de trabalho, o estado das teorias oferece-lhes apenas fundamentos instáveis, controversos e lacunares.

Assim, há enormes desigualdades entre os diversos ofícios. No entanto, isso não deve mascarar suas semelhanças: nenhuma profissão, por mais solidária que seja com relação às ciências fundamentais, por mais que se apóie em tecnologias ou ciências aplicadas, não pode pretender deduzir cada decisão particular de leis científicas universais.

Saberes Procedimentais Cada Vez Mais Eruditos

Os saberes eruditos, principalmente os universitários, jamais se limitaram a descrever o mundo. As faculdades da universidade medieval já preparavam para a prática da medicina, do direito, da ciência e do ensino. É claro que, hoje em dia, essas formações parecem-nos bastante limitadas, achamos graça da medicina de Molière ou de uma pedagogia meramente discursiva e erudita, da qual a aula de *agrégation*[*] francesa é um insólito sobrevivente. No futuro, a vocação da universidade será transmitir um número cada vez maior de saberes procedimentais subjacentes às práticas atualmente reconhecidas, de maneira mais ou menos explícita, como profissionais.

Ao longo dos séculos, a valorização da gratuidade do saber, da cultura geral, da pesquisa fundamental, mascarou o fato de que várias instituições universitárias, desde sua criação, prepararam para as profissões dispensando os saberes procedimentais e, mais tardiamente, criaram as condições de formação de um *habitus* profissional. Nos Estados Unidos e em parte da Europa, as formações universitárias diversificaram-se e passaram a preparar também para o trabalho social, a enfermagem e o ensino. Nessas "semiprofissões", a parcela de conhecimentos procedimentais é ainda maior, e os conhecimentos teóricos declarativos são mobilizados, antes de mais nada, para sustentá-los.

Ao mesmo tempo, as escolas profissionais afastaram-se do modelo medieval de formação prática por associação, transformando-se cada vez mais em locais de transmissão de saberes teóricos e procedimentais que asiram ao estatuto de saberes eruditos e universitários.

Portanto, é uma falácia imaginar, por um lado, um mundo erudito fechado na teoria e, por outro, um mundo profissional confrontado com as duras condições da prática. Os saberes procedimentais baseados nas ciências ou em outros saberes eruditos criaram uma ponte entre esses dois mundos.

Saberes em *Sursis*

Isso não significa que não haja nada entre a aplicação dedutiva de saberes eruditos (declarativos e procedimentais) e a improvisação em cada situação, baseada fundamentalmente na intuição e na subjetividade. Ao contrário, todos os ofícios desenvolvem saberes que, pelo menos durante certo tempo, não se baseiam em conhecimentos eruditos nem científicos, mas em uma constatação pragmática: *isso funciona!*

Nesse caso, teríamos de apresentar milhares de matizes. Quando as ciências progridem, às vezes explicam a eficácia de saberes de experiência muito antigos. No entanto, também podem mostrar que alguns ritos ou técnicas apenas despertavam a convicção dos atores, o que pode ser suficiente para curar algumas doenças psicossomáticas, mas não consegue fazer chover! Embora seja fácil desacreditar a magia das sociedades sem

---

[*]N. de R.T. Concurso para o recrutamento de professores do ensino médio e superior (Larousse, Petit Dictionnaire, p. 11).

escrita, adotamos uma atitude mais prudente com relação a teorias que, atualmente, dividem nossa sociedade: fenômenos paranormais, "memória de vivências passadas" e efeitos das medicinas alternativas, vida extraterrestre, OVNIs, gênese da vida, limites do universo. Podemos imaginar que o progresso da ciência fundamentará algumas hipóteses e desmentirá outras. De acordo com a evolução da pesquisa, esses conhecimentos se tornarão intuições gerais ou imposturas finalmente demonstradas.

Nas sociedades contemporâneas, os saberes de senso comum eficazes são percebidos pelos pesquisadores como felizes antecipações daquilo que a ciência um dia poderá explicar. Se sua eficácia não for evidente, serão tratados como saberes duvidosos, distantes da ortodoxia, à mercê do sarcasmo dos pesquisadores. Em suma, as ciências pretendem dar conta de toda a realidade. Os saberes comuns estão em *sursis*: são válidos enquanto não são substituídos por uma teoria elaborada e validada pelos cânones do método.

Isso é o que deve ser concluído no caso dos saberes de alcance geral. Subsistirão aqueles saberes *locais*, que não têm nenhum motivo para entrar em conflito com os eruditos, pois não se situam no mesmo nível de ambição. Um motorista pode ser a única pessoa capaz de dar a partida em *seu* carro; quando é substituído por outro, o motor falha. Ele detém um saber particular, assim como um professor que sabe acalmar *seus* alunos, um agricultor que prevê o estado do tempo em *suas* terras ou um cozinheiro que consegue fazer uma comida complexa em *sua* cozinha. Não se trata necessariamente de "uma mãozinha", de *savoir-faire* meramente práticos. Há teorias subjetivas, saberes *locais*, que levam em conta diversos parâmetros singulares. Os praticantes em parte sabem por que fazem o que fazem e por que as coisas às vezes dão certo.

Vergnaud oferece-nos o magnífico exemplo do criador de porcos que, em um abatedouro, com sua bengala, dirige mais ou menos rapidamente os porcos para o "lugar do sacrifício". Enquanto os acadêmicos consideram que se trata de um posto pouco qualificado, os ergônomos mostram que esse criador de porcos tem um papel fundamental:

> Por quê? Porque os porcos são cardíacos, e é muito importante que não morram de uma crise cardíaca antes de serem sacrificados pela faca do açougueiro, pois nesse caso sua carne se perderia; por outro lado, como a carne de um animal estressado é de pior qualidade, é vendida a um preço mais baixo no mercado. Esse senhor possui uma competência crucial: dispõe de uma série de indicadores que lhe permitem decidir que animais devem ser encaminhados o mais rapidamente possível. Sua experiência permite-lhe construir categorias relativamente precisas para tomar decisões rápidas, que nenhuma outra pessoa seria capaz de tomar tão bem quanto ele; e também dispõe dos gestos adequados para selecionar e dirigir os animais sem traumatizá-los. (Vergnaud, 1995, p. 9)

Vergnaud não diz se o criador de porcos coloca em jogo verdadeiras representações, ou se simplesmente aciona esquemas dos quais mal tem consciência, opera com "conceitos-em-ato" mais do que com categorias explícitas. Os saberes de ação provenientes da experiência sempre são, enquanto o funcionamento do ator não é analisado em maior profundidade, uma expressão ambígua, que pode designar esquemas ou representações forjadas em função da experiência.

A longo prazo, os saberes gerais analisarão um número crescente de parâmetros, permitindo que eles sejam medidos e integrados a um modelo mais ou menos formalizado. É uma questão de tempo, mas também de meios. Embora seja rentável identificar todos os parâmetros que influenciam as condições de vôo de um avião de linha, o mesmo não acontece com a qualidade de uma jarra fabricada por um oleiro ou com o microclima de um horticultor particular... Em algum momento, todas as atividades que apresentarem um certo interesse serão objeto de uma análise que explicitará os indicadores, formalizará a intuição e permitirá a codificação sob a forma de procedimentos explícitos e, portanto, a automatização de tudo o que antes provinha da "gramática" incorporada e bastante inconsciente de um especialista singular.

Os Saberes de Senso Comum Apropriados pelos Saberes Eruditos

A assimetria aumenta quando os pesquisadores tomam os saberes de senso comum como objetos ou fonte de inspiração. Podemos distinguir quatro correntes:

- As ciências humanas têm a vocação de teorizar as práticas de indivíduos e grupos, assim como suas representações, suas ideologias e seus saberes. Os psicólogos sociais, os cientistas políticos, os sociólogos, os antropólogos e os psicanalistas estudam sujeitos ou atores às voltas com a realidade e tentam mostrar como eles constroem uma representação, conferem-lhe sentido, antecipam os acontecimentos e tentam controlá-los mobilizando saberes de senso comum (às vezes chamados de "teorias subjetivas", "pré-noções" ou "sociologias espontâneas") ou saberes eruditos mais ou menos bem assimilados.
- As disciplinas mais orientadas para a ação – prospecção de recursos raros, diagnóstico, negociação, pilotagem, tradução, domínio de mecanismos complexos, por exemplo – tentam reconstituir o saber intuitivo de *especialistas*, explicitá-lo, dar-lhe a forma de conhecimen-

tos procedimentais, especialmente para criar sistemas de inteligência artificial ou para elaborar programas de formação prática.
- De modo menos evidente, as ciências humanas e, às vezes, as ciências físicas inspiram-se em saberes de senso comum eficazes para construir hipóteses ou conceitos, ou para alimentar uma problemática de pesquisa.
- Por fim, alguns pesquisadores tentam criar uma epistemologia do conhecimento dos praticantes e aproximar o processo de construção de certos saberes de senso comum do procedimento científico.

O CONHECIMENTO NA AÇÃO

Nas profissões plenas, sabe-se há bastante tempo que o domínio dos saberes eruditos, por mais amplos e voltados para a ação que sejam, não são suficientes para garantir as competências, que é preciso levar em conta o *habitus* – chamado de ajuda, arte, maneira, *aspecto,* inteligência – e os saberes "não-eruditos", mesmo que sejam especializados, construídos gradualmente por cada um ou transmitidos pelo ambiente profissional. O fato de essa parte ter diminuído devido ao desenvolvimento dos saberes eruditos, declarativos ou procedimentais não impede que *hic et nunc* ela faça a diferença entre um profissional eficaz e outro nem tanto. No final do século XX, a evolução dos saberes eruditos leva-os a tomar consciência de seus limites – provisórios ou duradouros – e a reconhecer cada vez com maior clareza que as competências dos profissionais não se resumem à aplicação de saberes teóricos, mesmo quando são enriquecidos por um certo *know-how* ou por saberes comuns adquiridos gradualmente.

Aquilo que por muito tempo se relegou aos não-ditos da experiência individual ou à implicitação do sentido comum tornou-se objeto de reflexão, adquiriu pouco a pouco um *status*, sobretudo durante a formação. Mais que confiar cegamente na experiência, nas tentativas e nos erros ao longo de uma carreira, os formadores tentam organizá-la, tornar a experiência mais densa e mais instrutiva, menos errática, e relacionar as lições da experiência e os saberes de senso comum aos saberes eruditos, em vez de se resignar a uma compartimentação – no espírito do profissional – entre o que se "aprendeu na Faculdade" e o que "se aprendeu na prática".

Na formação inicial, através da clínica, do laboratório, dos trabalhos práticos, dos estudos de caso e das simulações, das pesquisas de campo, de diversos tipos de estágios, no melhor dos casos tenta-se:

- formar um *habitus* profissional pelo confronto com casos concretos;
- desenvolver da mesma maneira os primeiros saberes de senso comum;

- articular esses saberes aos conhecimentos declarativos e procedimentais eruditos;
- estimular uma reflexão sobre a prática.

Na formação contínua, este último ponto adquire crescente importância, ao lado da atualização dos conhecimentos eruditos gerais e da familiarização com as novas tecnologias.

Também se desenvolve uma epistemologia específica dos saberes dos profissionais, iniciantes ou experientes, e do conhecimento na ação. Os trabalhos de Schön e Argyris (1978) abriram o caminho. Eles se centram nos processos de reflexão na e sobre a ação. A reflexão na ação, sem dúvida, é própria de toda ação complexa que, para ser "comandada em tempo real", exige a constante análise de uma situação evolutiva e das possibilidades que surgem a cada instante. O cirurgião durante uma operação, o maestro de uma orquestra, o velejador durante a regata, o advogado em sua defesa, o animador de um debate não cessam de refletir, da forma mais rápida possível, para compreender o que está acontecendo, antecipar, reorientar sua ação em função dos acontecimentos. Essa reflexão mobiliza saberes, porém é sobretudo a manifestação do *habitus* do profissional, do artista ou do esportista. Dessa reflexão *na* ação, não se passa *ipso facto* a uma reflexão *sobre a* ação, ao menos não de modo constante e metódico.

Ao propor o conhecimento *pela* ação, St-Arnaud (1992), baseando-se em Schön e Argyris, tentou codificar a metodologia de uma "ciência-ação", de um procedimento que sistematize a tomada de consciência e o distanciamento de seus próprios funcionamentos, ou seja, de seu *habitus*. Trata-se, de alguma maneira, de instrumentalizar, intensificar e tornar mais rigoroso e, nesse sentido, mais "científico" o processo de elaboração de um saber baseado mais na análise da experiência pessoal ou coletiva do que em procedimentos experimentais clássicos. Os trabalhos sobre a tomada de consciência e a explicitação vão no mesmo sentido (Faingold, 1993, 1996; Vermersch, 1994; Perrenoud, 1996a), assim como os trabalhos sobre o procedimento clínico de formação dos professores (Cifali, 1994, 1996a e b) ou sobre a formação por estudos de caso (Valli, 1992), que se tornou o modelo dominante de formação em algumas faculdades de medicina, de engenharia ou de administração. Assim, estamos diante de uma corrente diversificada, inspirada na psicanálise, na sociologia e na antropologia, na psicologia social, nos trabalhos sobre a metacognição, assim como nas reflexões dos formadores e de profissionais sobre a formação e a prática nas profissões complexas. Há 10 anos, esboça-se uma abordagem do *profissional reflexivo* como construtor ativo, metódico e lúcido de sua própria teoria da ação, isto é, de si mesmo como sujeito e ator, bem como das situações e dos sistemas que tem de enfrentar.

O QUE SEPARA O ENSINO DE UMA PROFISSÃO PLENA

Como vimos, as profissões plenas:

- não limitam a competência ao domínio dos saberes;
- não identificam os saberes eruditos com os conhecimentos declarativos e conferem *status* aos saberes procedimentais;
- reconhecem o papel do *habitus* e dos saberes adquiridos na prática", porém tentam controlar sua gênese, formando uma prática reflexiva.

Então, o que separa o ensino de uma profissão plena? Nada, diriam alguns, no plano das competências e dos saberes; outros critérios é que fazem a diferença, como a dependência com relação ao Estado, o peso da hierarquia ou a pouca autonomia profissional desfrutada pelos professores. No entanto, isso pode parecer pouco preciso: a natureza das competências, dos saberes e da relação com o saber está no cerne do processo de profissionalização. Se o ensino continua sendo uma "semiprofissão", isso se deve à natureza "semiprofissional" das competências e dos saberes. Pelo menos essa é a tese que tentarei defender, de acordo com três eixos básicos:

- os limites dos saberes eruditos;
- a fragilidade dos dispositivos de formação de um *habitus* profisisonal;
- o estatuto ambíguo dos saberes de senso comum.

Saberes Eruditos Frágeis

Nenhuma profissão, como dissemos, dispõe de saberes eruditos que cubram todas as dimensões de sua prática. As zonas de sombra são mais profundas nas profissões humanistas, pois as aquisições das ciências de referência ainda são frágeis: os paradigmas teóricos não são estáveis, as controvérsias propriamente científicas sofrem com os problemas ideológicos, faltam recursos para desenvolver a pesquisa em todos os domínios que dependem do setor público e não pertencem ao âmbito do mercado. Investe-se mais na pesquisa de medicamentos ansiolíticos do que na pesquisa das práticas educativas que geram dor de barriga nas crianças, medo de ir à escola e de serem julgadas...

No conjunto das ciências humanas, as ciências da educação são as mais favorecidas por diversos motivos:

- as práticas escolares são objeto de várias censuras que emanam tanto do corpo docente quanto da autoridade escolar. É muito difícil estudar o tempo de trabalho dos professores fora da sala de aula, o modo de decisão nos estabelecimentos de ensino, a parcela de violência ou de sexualidade na relação pedagógica, a real eficácia dos métodos, porque nos deparamos com mecanismos de defesa da administração pública e dos funcionários, reforçados pelas constantes agressões sofridas pela escola em uma parte das famílias, da mídia e dos partidos políticos;
- além dos interesses a serem protegidos ou dos tabus a não serem transgredidos, a instituição escolar caracteriza-se por uma idealização permanente da criança, da educação, da instrução, da relação pedagógica e do funcionamento das escolas. Não apreciamos as dúvidas, nem os conflitos, nem as ambigüidades; dispendemos uma energia enorme para recusar a complexidade; logo nos sentimos culpados: "É preciso amar as crianças e querer o seu bem";
- a educação é um objeto multiforme, cuja teorização mobiliza diversas disciplinas. Deparamo-nos com as dificuldades do trabalho interdisciplinar, com os problemas de identidade dos pesquisadores na área da educação, mais bem considerados nos meios acadêmicos quando são levados a sério pelos departamentos disciplinares;
- a complexidade da ação educativa confere um imenso peso aos contextos culturais, institucionais e relacionais específicos e, por isso, a parcela dos conhecimentos gerais é limitada, pelo menos no estado das teorias;
- no estado das teorias, os saberes procedimentais são rapidamente ultrapassados e muitas vezes manifestam mais pretensão para reger as práticas do que eficácia concreta.

Dessa forma, os professores não podem extrair das ciências da educação recursos equivalentes aos que os médicos ou os engenheiros encontram nas disciplinas científicas mais avançadas. Isso não significa que se deva dar as costas às teorias, mas que é preciso reconhecer seus limites e trabalhar para ultrapassá-los. Os atuais trabalhos sobre as didáticas das disciplinas, bem como sobre os aspectos transversais da profissão – gestão de classe, processo de aprendizagem, relações intersubjetivas, sociologia da profissão de aluno, diferenciação do ensino, avaliação, trabalho em equipe, por exemplo – são bastante promissores.

Quanto aos saberes eruditos não-científicos, de ordem filosófica ou ética, eles ainda são pouco elaborados, devido à falta de auto-organização da profissão: as finalidades e a moralidade da ação educativa parecem ser assunto do Estado ou do poder organizador, por um lado, e de cada professor sozinho em sua sala de aula, por outro. Entre esses dois níveis, ainda existem poucos vínculos.

Em Busca de uma Clínica Pedagógica

Na educação, uma parte dos professores ainda pretende que seja suficiente dominar os conteúdos para ensiná-los. A polêmica obra de Milner (1984) deu novas forças àquela antiga tese, ainda amplamente compartilhada, que ridiculariza o "romance" pedagógico ou sociológico por meio de uma máxima que parodia Boileau: "O que é enunciado claramente é compreendido facilmente e os conhecimentos emigram para o espírito dos alunos".

Mesmo quando se admite que as competências exigem mais que o domínio de saberes eruditos ou de senso comum, no campo da educação elas são:

- naturalizadas, tratadas como talentos pessoais, que não podem ser seriamente esperados daqueles que não têm "o senso da pedagogia" ou "a estofa de um bom professor";
- desvalorizadas, tratadas como habilidades menores em relação aos prestigiados saberes acadêmicos. A criação de uma disciplina de trabalho, as escolhas nos programas, o planejamento didático, a improvisação, a transposição das situações didáticas e dos saberes, a gestão de classe, a resolução de problemas de eqüidade ou de coexistência, isso serve para a escola infantil ou fundamental; para além disso, são tarefas vergonhosas, de bastidores; a nobreza da profissão de professor de ensino médio é definida pelo saber;
- impensadas, em parte pelos motivos anteriores (só se pensa naquilo que se domina ou valoriza), mas também porque, na educação, prefere-se pensar em práticas ideais a pensar em práticas reais;
- censuradas, porque essas competências têm a ver com dimensões escandalosas: poder, sedução, sexualidade, desvio das regras e dos programas;
- caladas, porque revelariam a autonomia de fato dos professores em matéria de currículo, de didática, de contrato pedagógico, de relações afetivas, de procedimentos de avaliação, de modo de exercício da autoridade, etc.;
- desprezadas pelos universitários, porque remetem a "situações complexas que geram variáveis heterogêneas e que permitem resolver problemas que estão fora de situações que possam referir-se epistemologicamente a apenas uma disciplina" (Meirieu, 1993, p. 112). A prática é, por essência, confrontada com toda a complexidade do

real, ao passo que o esforço das ciências humanas, sem negá-la, vai no sentido de decompô-la em objetos um pouco mais circunscritos, que possam passar por um procedimento empírico rigoroso. Como poderíamos nos surpreender com o fato de que diversos pesquisadores na área da educação não se interessem pelas competências?

Essa consideração limitada das competências concretas evidentemente se relaciona com a valorização do saber a ser ensinado – com a "cultura" – e com uma confusão entre os saberes eruditos transpostos aos programas – matemática, ciências, literatura, etc. – e aqueles cujo objeto é a comunicação pedagógica, a gestão de classe, etc.

Tudo isso talvez possa explicar o pouco investimento na formação de competências de alto nível através do equivalente à clínica para os médicos ou psicólogos (Imbert, 1992; Cifali, 1994, 1996 a). Não é suficiente prever lições padronizadas e estágios para que essas competências possam ser adquiridas. Entre a modelização das escolas normais e a formação prática mais moderna ministrada nas universidades que formam professores diminuiu a parcela da ortodoxia. Isso não significa que a construção das competências seja mais convincente. Não basta autorizar a diversidade das práticas para torná-las eficazes.

É claro que essa proposta é um pouco severa demais se pretendemos apenas colocar nas escolas professores que saibam ministrar um curso, avançar com o programa e permitir que metade de sua classe faça progressos. Se quisermos que eles privilegiem a aprendizagem daqueles que têm verdadeiras dificuldades, devemos ser menos otimistas: a formação profissional dos professores de hoje não os prepara para lutar contra o fracasso escolar, para individualizar os percursos, para diferenciar suas intervenções, para apreender a dinâmica e a trajetória particular de cada aprendiz. A profissionalização do ofício de professor não é um fim em si mesmo, nem uma forma de revalorizá-lo sem contrapartida. As sociedades desenvolvidas só assumirão o custo disso no contexto de uma política educacional mais ambiciosa (Perrenoud, 1994a, 1996i).

Aprender a Teorizar a Prática

Nas escolas, costuma-se ironizar as pretensões de uma parte das ciências da educação de reger as práticas. A teoria tem mau presságio. "Gostaria de vê-lo diante dos meus alunos", diz com prazer o professor irritado com os "Só é preciso fazer isso..." dos doutos teóricos da escola ativa, das pedagogias de projeto, dos menestréis da comunicação ou da diferenciação.

Porem, ao contrário do que ocorre em outros ambientes profissionais, o corpo docente não opõe aos saberes eruditos outros saberes declarativos ou procedimentais explícitos, valorizados e compartilhados. O individualismo dominante reconhece que todo bom professor mobiliza saberes não adquiridos na escola normal ou na universidade. Quanto à sua natureza e fundamentação... bem, isso depende de cada um. A profissão não tem nenhum discurso substancial sobre o que os professores sabem, por exemplo, sobre crianças e adolescentes, sobre os saberes escolares e sua transposição didática, sobre a gestão de classe, a relação intersubjetiva, as dinâmicas de grupo, o tratamento das diferenças, a negociação e o contrato.

As ciências humanas – pelo menos algumas de suas tendências – é que tentam mostrar a complexidade da profissão de professor e destacar a diversidade e a raridade das competências e dos saberes de senso comum exigidos por seu exercício eficaz. O corpo docente, por sua vez, durante muito tempo se esforçou – e isso ainda não acabou – para banalizar os saberes profissionais construídos a partir da experiência, para valorizá-los timidamente, para não se parecer com um teórico ou um futuro inspetor ou diretor...

Combatentes solitários (Hargreaves, 1992; Huberman, 1990; Gather Thurler, 1993a, 1994a, 1996), os professores não falam do que sabem fazer. Preferem escondê-lo. O ambiente profissional não desenvolveu nenhuma linguagem diferenciada para falar dos alunos, das situações didáticas, dos processos de ensino, das configurações relacionais. Nos ambientes artesanais ou artísticos, nas sociedades sem escrita, a cultura propõe uma grande abundância de noções e de palavras para descrever as facetas da realidade e das práticas. Nada disso acontece no ensino. Um leigo pode acompanhar perfeitamente uma discussão na sala dos professores, com exceção de algumas siglas e expressões idiomáticas...

O saber dos professores é pouco compartilhado, eles não têm uma linguagem comum para falar da tipologia de alunos ou de erros, do seu modo de organização do tempo ou do espaço, de suas reações à desordem, de sua angústia nos conflitos, de suas estratégias para enfrentar o imprevisto, do tempo que passa, da depressão e da dúvida. É cada um por si não só na prática, mas – e isso é apenas "meio" lógico – também na teoria de sua prática. Se não há "palavras para dizer", cada um se fecha em sua experiência. Não quer dizer que não constrói nenhum saber, mas que esses saberes não são socializados, não são comparados com outros, não se enriquecem com a história dos outros.

É claro que nem tudo é um absoluto deserto. Mesmo em uma escola bastante individualista, algumas equipes pedagógicas ou estabelecimentos de ensino inovadores foram muito longe na elaboração de uma *cultura de cooperação* (Gather Thurler, 1994b), que também incluía as práticas de sala de aula. Porém, isso não se generalizou. Nessa profissão, todos possuem saberes, ninguém duvida disso, mas ignora-se seu conteúdo exato. O que mais se partilha são as ferramentas (meios de ensino e de avaliação, documentação), receitas (saberes procedimentais sem vínculos teóricos), normas ou ortodoxias mais ou menos mascaradas sob a aparência de uma racionalidade técnica.

Paradoxalmente, os trabalhos de certos antropólogos, sociólogos, psicanalistas ou lingüistas sobre o saber proveniente da experiência e a forma como os especialistas os elaboram, enriquecem e comunicam é que incentivam uma parte desses últimos a conferir *status* e valor a seus saberes "privados". Nesse sentido, há diversos trabalhos sobre teorias subjetivas, reflexões na e sobre a prática, saberes de experiência ou *teacher's thinking*. Por um lado, trata-se de atribuir um certo *status* aos conhecimentos e ao pensamento estreitamente ligados à ação e a situações singulares e, por outro, de desenvolver métodos e esquemas de análise e, até mesmo, epistemologias próprias desses saberes e modos de pensamento (Schön, 1996).

Essas correntes são bastante novas e continuam sendo marginalizadas com relação às atitudes mais clássicas da pedagogia experimental, das ciências humanas positivistas ou das didáticas das disciplinas, que muitas vezes concordam em um ponto: o melhor que um professor pode fazer é esquecer seus saberes de senso comum e intuitivos para escutar "a voz da ciência". Portanto, na educação, estamos muito longe de uma formação metódica de refletir sobre a prática.

TUDO, LOGO?

Que fazer diante dessa semiprofissionalização das competências e dos saberes? Em primeiro lugar, recusar o *wishful thinking*, não pretender que a evocação ritual da profissionalização poderia precipitá-la. Também é preciso recusar a racionalização ilusória das práticas em nome de uma pedagogia científica ou de uma engenharia didática ainda no limbo.

As transformações do ofício de professor no sentido da profissionalização são lentas e incertas, sujeitas a interrupções e regressões. Não podem ser decretadas, mesmo adotando uma política que as privilegie. Do cenário para uma nova profissão (Meirieu, 1990) à sua realização, o caminho é longo e repleto de obstáculos.

Que fazer, então? Trabalhar na formação dos professores conforme os três eixos propostos mais acima:

- Reorganizar, tematizar os saberes eruditos em função dos limites e das exigências da prática; aceitar saberes teóricos e procedimentais abertos, que proponham questões e hipóteses na falta de certezas, grades de leitura das experiências e esboços de ação na falta de estratégias infalíveis. Desenvolver mais o caráter interdiscipli-

nar das ciências da educação, aumentar a análise sistêmica e o confronto com a complexidade.
- Identificar cada vez mais as efetivas competências dos professores experientes ou iniciantes, analisar o *habitus* profissional em todos os seus componentes. Comparar sistematicamente a profissão com outras profissões humanistas, com outros ofícios complexos.
- Teorizar e valorizar os saberes provenientes da experiência, fazer com que circulem, compará-los entre si, relacioná-los aos saberes eruditos. Trabalhar por uma epistemologia da reflexão na ação e dos saberes dela provenientes.

Tudo isso levará tempo e não poderá ser feito sem levar em conta a realidade das práticas, das pessoas, das organizações, das políticas educacionais, do estado dos saberes, dos mecanismos de poder e do território dos atores. Por isso, não podemos raciocinar apenas em termos de conteúdos ou de procedimentos de formação dos professores, sem considerar a cultura e o funcionamento das instituições de formação, bem como dos estabelecimentos de ensino.

NOTA

1. Texto extraído de uma intervenção no Seminário da Associação para a Formação dos Professores Europeus (ATEE), *La professionalisation des enseignants*, Barcelona, 1-3 de julho de 1993. Um fragmento do texto foi publicado no *The European Journal of Teacher Education*.

Competências e Complexidade

7

Dos não-ditos da profissão à formação, passando pelas temáticas mais específicas, a comunicação em sala de aula, o trabalho em equipe ou a pedagogia diferenciada, tentamos abranger a complexidade das práticas pedagógicas e colocar a questão da natureza dos saberes e das competências mobilizadas. Resta-nos tentar fazer não uma síntese, mas uma organização das questões em aberto.

Pode parecer curioso iniciar o debate quando há inúmeras formações relacionadas às competências dos professores. Será que sabemos de que se trata? Poderíamos ironizar, dizendo que a escola pretende, há muito tempo, transmitir saberes, embora ninguém seja capaz de definir claramente o que é um saber, como é construído, conservado ou transferido. A vontade de desenvolver competências choca-se contra o mesmo problema: a prática precede a teoria, o que demonstra que nem sempre é necessário dispor de uma teoria satisfatória para agir... No entanto, partindo da máxima de Kurt Lewin segundo a qual "nada é tão prático quanto uma boa teoria", tentaremos avançar um pouco na construção do conceito.

UMA COMPETÊNCIA PARA CADA SITUAÇÃO?

Na ergonomia, "propôs-se o conceito unificador de competências para caracterizar o que explica as atividades do operador" (De Montmollin, 1996, p. 193). Portanto, as competências são *inferidas* a partir de uma observação das atividades realizadas nas situações de trabalho. O autor esclarece que cada operador dispõe *a priori* de competências e de situações encontradas em seu trabalho. Entretanto, acrescenta:

> [O ergônomo] não pode deixar de lado a questão da generalização dos saberes dos operadores. Entre competências atomizadas e específicas para cada tarefa, e uma ilusória competência geral, o que deve ser proposto aos organizadores (que definem a divisão do trabalho) e quais objetivos devem ser fixados aos formadores? Não responderemos a essa pergunta aqui, apenas destacaremos a necessidade de observar cada vez mais de perto, em campo; de não se contentar com o "trabalho prescrito", mas aplicar modelos e métodos de análise da atividade que permitam verificar aquilo que, para o operador, está efetivamente generalizado ou pode ser generalizado. (De Montmollin, 1996, p. 194)

Surge, nesse caso, o problema do campo de competências. Em sua obra, Rey (1996) fala das competências transversais. Chomsky (1969) já havia assinalado: as frases que pronunciaremos ou escreveremos em nossa vida não estão registradas em um canto de nosso cérebro, à espera de aflorar. Nós as *inventamos* gradualmente, a partir de uma *competência* lingüística básica: a formação de um número indefinido de frases gramaticais e inteligíveis ajustadas a contextos e situações muito diversos e, além disso, imprevisíveis. Isso não significa que improvisemos constantemente nossos propósitos; em parte, eles estão preparados e até mesmo se repetem. Essa preparação, porém, não se baseia em um repertório constituído de forma definitiva, não passa de uma antecipação que faz funcionar a mesma *gramática geradora* de frases, pouco importa em nosso foro íntimo ou diante de um interlocutor de carne e osso. Também conhecemos os limites dessa preparação: podemos planejar apenas o início de uma conversa; depois, tudo depende do que nosso interlocutor disser. O caráter dialógico da vida humana impede que um único interlocutor controle o cenário. Se somos capazes de nos comunicar, isso quer dizer que somos capazes de inventar – mais ou menos judiciosamente – as réplicas que convêm. Podemos dizer que essa *faculdade humana* é uma competência. Os lingüistas clássicos interessam-se pelos aspectos morfológicos e semânticos; para eles, a competência consiste em produzir enunciados gramaticais. Os sociolingüistas ou os antropólogos levam mais em conta os aspectos pragmáticos, ou seja, a capacidade de ter objetivos pertinentes, relativamente ajustados à situação e às expectativas dos interlocutores.

Estamos aqui nas antípodas da ergonomia. Seguindo o exemplo de Chomsky, poderíamos ser tentados a chamar de competências algumas faculdades tão *universais* como falar, escutar, perceber, pensar, agir, decidir, lembrar, antecipar, julgar, avaliar. Nesse caso, para classificar uma competência humana básica, bastaria identificar um verbo de ação que remetesse a inúmeros contextos indefinidos.

Como demonstra Rey (1996), nada garante que as ações logicamente reunidas sob um mesmo vocábulo mobilizem os mesmos recursos cognitivos. Por outro lado, a competência chomskyana designa uma virtualidade comum à espécie humana – que tem fundamentos psicobiológicos universais – mais que uma competência individual. Exceto por causa de alguns acidentes patológicos, todos os seres humanos são biológica e psicologicamente capazes de aprender a falar e a escutar; essa virtualidade comum não explica a capacidade desigual do mesmo indivíduo de encontrar as palavras adequadas e as frases mais eficazes conforme as situações de comunicação, nem a capacidade desigual de pessoas diferentes de se comunicar em situações análogas. Isso quer dizer que a competência lingüística básica não passa de uma *parte* da gramática geradora dos atos de palavra de um ser humano particular. Esse é um fundamento indispensável. Se não existir, o indivíduo não pronunciará nem ouvirá nenhuma frase articulada e inteligível.

Além dessa faculdade básica, consideramos importante descrever competências lingüísticas *diferenciadas*, que agem e provocam efeitos nas relações sociais e em situações concretas de vida:

> Nas interações com terceiros, na interpretação dos signos intencionais e não-intencionais presentes nas condutas de terceiros, nas escolhas que ocorrem quando se toma a palavra ou quando se permanece em silêncio, na seleção do que é preciso dizer e em sua forma, perguntas, dúvidas e afirmações, manifestam-se saberes muito importantes e decisivos para a adaptação do indivíduo a seu ambiente. (Vergnaud, 1996, p. 277-278)

Há inúmeros usos da palavra. Argumentar, seduzir, recriminar, formar, expressar emoções, tudo isso é falar, mas se se tratasse sempre da mesma competência, todos seriam igualmente excelentes ou péssimos em todos os registros. Ora, eles manifestam uma certa independência. Além disso, cada um dos registros recobre uma nova heterogeneidade: seduzir uma pessoa que nos atrai, os alunos, o proprietário, a sogra ou o funcionário cuja intervenção é solicitada – tudo isso é seduzir. No entanto, o domínio de uma forma de sedução não garante absolutamente o domínio de outras. Nesse ponto, duas teses extremas são concebíveis:

- a primeira insiste na unidade da competência, para além da diversidade das situações, em nome da familiaridade estrutural e lógica das ações evocadas;
- a segunda nega toda unidade, insistindo nos aspectos contextuais e na especificidade das situações, ou seja, no caráter falacioso da abstração.

Embora a primeira tese pareça-nos frágil, a segunda também apresenta alguns impasses: se cada contexto é específico, seduzir hoje não é o mesmo que seduzir amanhã, mesmo que se trate da mesma pessoa e do mesmo lugar. Se "nunca nos banhamos duas vezes no mesmo rio", cada banho mobiliza uma competência específica. No máximo, cada gesto, cada ato isolado mobiliza sua própria competência, que não se parece com nenhuma outra. Nesse caso, não há distância entre a ação e as disposições que a tornam possível. Se cada uma de nossas frases remetesse à capacidade específica de dizer tal frase em um determinado dia, em certas circunstâncias, em certo tom, a um determinado interlocutor, a própria idéia de aprendizagem não teria sentido: saberíamos fazer, sem nunca ter aprendido, coisas que fizemos apenas uma vez na vida... Entretanto, sabemos que a aprendizagem consiste em "fazer algo que não se sabe para aprender a fazê-lo" (Meirieu, 1996, p. 97).

Entre universalidade e singularidade, é preciso buscar um meio-termo, porque estamos no centro daquilo que caracteriza a espécie humana: a capacidade de enfrentar situações inéditas com relativa eficácia. É possível afirmar que isso põe em jogo uma competência única, que poderia ser chamada de competência de adaptação ou mesmo de invenção. Desse modo, não haveria nenhuma aprendizagem, nenhuma transferência, apenas uma capacidade de fabricar a ação adequada a partir de uma análise da situação. Rey mostra que atribuímos, erroneamente, essa qualidade aos especialistas. Eles podem ser rápidos e eficazes em um caso clínico, em um terreno geológico ou em um problema de engenharia, mas isso acontece porque dispõem de uma importante bagagem de competências *específicas* construídas a partir de sua formação e experiência. *Também* devem ter grande capacidade de invenção, de recombinação, de relacionamento, porém ela não esgota sua competência ou, mais exatamente, suas competências, pois elas são plurais.

Podemos sugerir a idéia mais geral de que uma competência permite enfrentar um número indefinido de situações diferentes, porém do *mesmo tipo*, sem que seja possível responder a elas de forma estereotipada e sem dispor de antemão de um repertório de condutas das quais se depreende a resposta adequada. Falta definir agora famílias de situações que recorrem à *mesma* competência...

FAMÍLIAS CONSTRUÍDAS PELO ATOR

Para retomar o exemplo anterior, poderíamos afirmar que seduzir por meio da palavra é:

– em primeiro lugar, dispor de uma faculdade universal de falar e de se comunicar verbalmente;

- dominar algumas estratégias bastante gerais de "sedução discursiva" em qualquer contexto, na medida em que o processo de sedução apresenta uma certa unidade de um ponto de vista psico e sociolingüístico;
- dominar uma ou várias formas *específicas* de sedução verbal, a do vendedor, do apaixonado, do político, do pregador, do educador;
- e, por fim, ser capaz de *adaptar* as disposições anteriores a situações singulares.

Em que nível de generalidade podemos situar a competência? Talvez tenhamos de renunciar a dar uma resposta única para essa pergunta e adotar uma abordagem duplamente *construtivista*:

- as situações são construídas pelo sujeito e, no fim das contas, ele é o único habilitado para lhes conferir sentido e adotar tal ou qual orientação pragmática;
- a família da qual provém uma situação singular também é uma construção do sujeito.

Em outros termos, não compete ao observador dizer se duas situações são ou não similares. É claro que ele tem o direito de observar os indicadores objetiváveis ou de dizer: "Se estivesse no lugar do sujeito, consideraria que esta e aquela situação fazem parte da mesma família". Ora, o observador *não está* no lugar do sujeito, e este último é que deve agrupar ou dissociar situações. Por outro lado, não o faz de forma sistemática, nem consciente, nem estável. O sujeito é quem determina – conscientemente ou não – sua relação com a situação, em função de seus projetos, preocupações e interesses do momento. Onde o observador percebe uma ameaça ou uma chance é possível que o sujeito perceba outra coisa.

Isso levaria a pressupor a existência de uma tipologia das situações próprias a cada sujeito. Nada exige que ela seja original. A cultura de uma comunidade evidentemente fornece categorias que ajudam os indivíduos a estruturar suas representações. Além disso, mecanismos cognitivos semelhantes, frente às mesmas gamas de situações, tendem a gerar classificações similares. No fim das contas, porém, a forma como um sujeito *particular* liga as situações para constituir uma família lógica – a seu ver – é que consistiria, em última instância, o *campo de aplicação* de uma de suas competências. Filosoficamente, sempre podemos apresentar duas situações como radicalmente diferentes ou, ao contrário, como totalmente análogas. Tudo depende dos indicadores levados em conta. Por isso, não se pode tentar uma definição "objetiva" das famílias de situações. Engajado na ação, o indivíduo não vive o mesmo dilema. Para ele, duas situações são do mesmo tipo ou não, nos dois casos com a mesma evidência subjetiva, pelo menos *hic et nunc*. É evidente que a reflexão ou a discussão podem matizar sua visão do mundo. Desse ponto de vista, a crítica à noção de transferência desenvolvida por Rey (1996) perde sua força. Ele observa que várias experiências de psicologia cognitiva testemunham a dificuldade de transferir a uma situação nova condutas desenvolvidas em uma situação com a mesma estrutura. Isso não seria apenas sinal de que essa comunidade de estrutura não é *percebida* pelo sujeito em questão, porque *para ele* se trata de duas famílias de situações?

No período de formação, pode-se propor uma ajuda ao aprendiz para que ele se conscientize das semelhanças das estruturas para além das diferenças superficiais e possa reunir progressivamente, em um conjunto, situações que até então pertenciam a famílias diferentes. Isso equivale a integrar em uma competência única, mais potente e geral, várias competências específicas. Assim, para retomar o exemplo da sedução, é bastante possível que, devido à experiência, à reflexão e a aportes teóricos, um indivíduo perceba pouco a pouco a semelhança dos mecanismos que operam nos registros de sedução que ele considerava heterogêneos.

Essa abordagem construtivista deve impedir, por exemplo, o estabelecimento de um balanço de competências a partir de uma lista padronizada. A primeira tarefa seria compreender *como o sujeito organiza o mundo*, o que ele separa e o que reúne. Esse é um dos mecanismos de análise das práticas: incitar o sujeito a remanejar *seu* mapa do mundo, criar correspondências entre famílias de situações e o que Meirieu chama de "programas de tratamento", outra maneira de designar as competências. Podemos interpretar a cooperação profissional, por um lado, como uma negociação cujo mecanismo é a identificação dos problemas e dos programas de tratamento pertinentes: sempre que alguém estiver em postura de resolução de um problema, outro disporá de uma competência mais ajustada à situação.

Essa concepção construtivista e diferencial, se levada ao extremo, pode pôr em dúvida a pertinência de todo referencial de competências cuja validade é afirmada por um grande número de pessoas muito diferentes. No entanto, esse não é meu objetivo principal. Não pretendo estabelecer uma lista de competências, mas conceituar a capacidade de resposta a situações diversas e semelhantes ao mesmo tempo.

Agora percebemos melhor que os especialistas não definem necessariamente famílias muito extensas de situações. Isso é feito por aqueles que dividem o mundo de forma *ótima*, formando famílias bastante restritas quando dispõem de um capital específico de saberes e de *savoir-faire*, ou famílias bastante amplas, quando a capacidade de suscitar e resolver problemas é seu principal recurso. Um balanço de competências pode, nesse sentido, medir um "desvio na competência do *expert*". Alguns indivíduos, ao contrário dos especialistas, recorrem a estratégias bastante gerais sempre que a situação exige uma competência específica, ou aplicam estratégias específicas a famílias muito amplas.

Poderíamos imaginar que uma competência é mais invejável se cobrir uma família de situações bastante vasta. No entanto, isso não é tão simples assim: quanto mais heterogênea é a família, mais o trabalho de reflexão torna-se importante e mais tempo leva. Ora, o especialista nunca dispõe de muito tempo para resolver um problema. Pelo contrário, espera-se que tenha a reação mais rápida possível. Por isso, reúne competências específicas, pouco generalizáveis, mas muito eficazes para enfrentar uma classe restrita de problemas, e competências mais amplas, mobilizadas quando faltam as primeiras, ou quando não estão à altura da complexidade ou da novidade da situação.

O TEMPO DE REFLETIR

O ator modela as famílias de situações em função do tempo que tem para agir. Há famílias de situações para as quais o sujeito dispõe, em um determinado momento de seu desenvolvimento, dos recursos necessários para o tratamento *imediato* da situação (Vergnaud, 1990). Quando isso não ocorre, é obrigado a refletir, hesitar e explorar. Ao contrário de Vergnaud, que reserva o uso do conceito de competências aos recursos que permitem um "tratamento imediato" de uma situação, eu considerarei que há competência desde que o sujeito encontre meios para enfrentar a situação, graças a uma reflexão, a uma exploração, a hesitações, a tentativas e erros. Portanto, parece-me adequado afirmar que um sujeito pode enfrentar diversos tipos de situações:

- situações nas quais pode mobilizar recursos cognitivos que permitam um tratamento imediato e amplamente automatizado;
- situações em que, para dominar a situação, o sujeito precisa refletir, ter tempo e investir a energia necessária para recombinar, diferenciar e coordenar os recursos existentes;
- situações em que o sujeito permanece impotente enquanto não adquire *novos* recursos cognitivos, após um processo de desenvolvimento ou aprendizagem.

Nos dois primeiros níveis, trata-se de competências *adquiridas*, no presente, enquanto o terceiro designa uma *falta* de competência. Essas distinções continuam sendo sumárias; assim, podemos discutir longamente a noção de imediato. Em um extremo, o observador não percebe nenhuma hesitação, a resposta adequada é imediata. No outro extremo, constata que são necessárias ao sujeito dias, semanas, meses e até mesmo anos de novas aprendizagens para conseguir dominar uma situação parecida. O segundo nível está situado entre esses extremos: entre a reação que surge quase sem refletir nem hesitar e a reação totalmente inadequada – ou ausente – porque o sujeito é incapaz de fazer outra coisa, salvo se se dedicar a uma real aprendizagem. A espécie humana caracteriza-se justamente por esse meio-termo, pela multiplicidade das situações que não conseguimos enfrentar sem refletir, mas que dominamos depois de analisá-las, "recombinando" de forma intensiva os recursos que já possuímos. A meu ver, a competência não precisa ser imediata; ela admite a reflexão e a análise. Entretanto, essas últimas devem produzir em *tempo útil* uma verdadeira resposta à situação que provocou o processo de pesquisa. Se um professor fica "sem voz" e não sabe como agir diante do comportamento inadequado de um aluno, pode fazer duas coisas: refletir rapidamente para encontrar uma resposta adequada ou, quando a situação realmente o supera, balbuciar, fazer o que pode; só será capaz de enfrentar uma situação análoga depois de um trabalho consigo mesmo, de uma formação, da apropriação de novos conceitos e de novas ferramentas.

Essa análise leva-nos a distinguir as situações conforme seu *grau de urgência*:

- algumas delas exigem uma resposta *instantânea*, pois a rapidez e a fluência dos fenômenos em jogo não dão tempo para refletir sobre a ação;
- em outras, uma reação menos imediata ainda é adequada, é possível "temporizar".

Uma discussão mais ampla sem dúvida nos levaria a distinções mais sutis. O fato de não ter tempo para refletir não significa que se tenha de agir sem utilizar conceitos e operações mentais, ou seja, sem pensar. Vergnaud mostra que, quando Bubka salta com a vara, seu comportamento:

> consiste em um conjunto bem planejado de tomadas de informação, de ações, de controles. Todavia, esse conjunto não é automático, e em cada fase deve haver um certo ajuste; portanto, há cálculo no pensamento durante o próprio desenrolar do salto: um esquema comporta inferências. (Vergnaud, 1995, p. 10)

O mesmo autor também diz o seguinte:

> No ser humano, nada seria possível sem a representação, ou seja, a formação no pensamento de objetos, propriedades, relações, transformações, circunstâncias, condições, relações funcionais desses objetos entre si e com a ação. Na verdade, nada seria possível sem conceituação. (Vergnaud, 1996, p. 275)

A reflexão vai além da regulação da ação em curso, ela precede a ação. A urgência não impede o pensamento, porém não há tempo para uma verdadeira "deliberação interna". A ação humana aparentemente automática não é uma ação sem operações mentais, mas sem *hesitações perceptíveis*, que garante a continuidade do processo uma vez iniciado. Nesse sentido, chegamos rapidamente a uma "tipologia das hesitações". Da hesitação *existencial* – "Isso me diz respeito? Tenho um projeto nessa situação?" – à hesitação *estratégica* – "Qual é o problema, como abordá-lo?" – *ética* – "Tenho o direito...?" – ou *tática* – "Como ser eficaz?", varia o nível de reflexão na ação. Ainda seria melhor representar aqui um *continuum*, com os pólos extremos, do que uma dicotomia.

Toda formação profissional refere-se, em proporções que variam conforme as profissões, aos dois extremos. Em alguns casos, a única competência válida é a imediata. O piloto, o cirurgião, o esportista, o motorista, o combatente, o controlador de vôo, o policial ou o acrobata devem, em algumas situações, reagir *na hora*. Cinco segundos mais tarde é tarde demais, a situação evoluiu e em geral se degradou, exigindo outra resposta. Uma resposta adequada que chega tarde demais não é uma resposta adequada e não manifesta uma verdadeira competência. Por isso, nessas profissões, a formação multiplica as simulações realistas ou os exercícios em situação real quando o imediato é algo decisivo. Em outras práticas, o tempo de reação é um pouco maior, e uma resposta adiada não é fatal. Nas profissões humanistas, coexistem esses diversos tipos de situação. O professor, o terapeuta, o magistrado, em situação de interação, não têm muito tempo para agir. No entanto, também são realizadas estratégias a mais longo prazo, sem contato direto com o usuário.

Subjetivamente, tendo em vista que os fatores a serem considerados exigem mais do que habilidades perceptivas e motoras, o *sentimento de urgência* pode ser mais intenso, embora o tempo disponível não seja pouco. Formar um profissional *competente* significa formá-lo para *reagir adequadamente no lapso de tempo deixado pelas circunstâncias da ação*. Portanto, há uma coexistência lógica, na formação para uma profissão complexa, entre as competências centradas no imediato, nas quais a resposta deve surgir sem hesitação, porém sem ser "maquinal" ou estereotipada, e as competências que em geral correspondem a situações mais complexas, que deixam pouco tempo para refletir antes de agir ou para marcar pausas. Os perfis das diversas profissões são contrastados, mas em quase todos há momentos de urgência e outros que permitem uma reflexão mais tranqüila.

Por vezes, a competência designa uma capacidade de mobilização imediata e, outras vezes, uma mobilização mais reflexiva. Na realidade de uma prática complexa, o contraste não é tão nítido: os profissionais condenados a agir na urgência investem na antecipação e na análise. Em outros termos, sabem que, observando a operação ou o combate antes que eles ocorrem, refletindo sobre toda a sorte de hipóteses relacionadas ao curso dos acontecimentos e às possíveis reações, aumentam suas chances de agir de forma adequada e rápida *ao mesmo tempo*. A "releitura da experiência", o *debriefing**, só excepcionalmente permitem a reparação de um erro: "O que está feito está feito". Em contraposição, a reflexão *ex post* sobre a ação permite evitar um erro semelhante em uma situação comparável. Por sua vez, os profissionais que lidam com situações menos urgentes sofrem forte pressão com relação à rotina de seus gestos profissionais: ser competente significa saber limitar a parcela de hesitação e de reflexão ao mínimo indispensável, nem mais, nem menos, para reservar o máximo de energia para os casos que o mereçam ou para poder "tratar todos os dossiês". Um médico, um magistrado, um engenheiro ou um professor só podem fazer "tudo o que devem fazer" se tomarem decisões rápidas, sem poder refletir o tempo suficiente para ter a *certeza* de haver adotado a melhor opção. Portanto, uma competência profissional exige uma forma de discernimento que permita proporcionar tempo de reflexão ao tempo útil e aos *riscos* que um erro acarreta. Talvez essa seja uma das principais dimensões de toda competência frente a uma família de situações complexas: perceber a urgência e os riscos para dosar a parcela de automatismo e a parcela de reflexão. Será que se trata de uma competência de regulação de ordem superior? Ou é um componente da própria competência? Eu me inclinarei mais por essa segunda hipótese, na medida em que não há nenhum indício de uma competência universal de dosagem ótima da rapidez da ação e da reflexão em qualquer situação.

SITUAÇÕES E COMPETÊNCIAS, NÃO HÁ NADA SIMPLES!

Na verdade, que é uma "situação"? Em geral, contentamo-nos com uma definição intuitiva: o ator situa-se em um determinado ambiente, diante de eventuais parceiros e deve, *hic et nunc*, fazer ou dizer algo. A teoria dos jogos formalizou a noção de situação como um momento de *decisão*, de escolha refletida entre diversas ações possíveis. Na vida comum, não temos de decidir de modo constante e consciente a continuação das operações; a cada passo, ela pode ser desviada ou interrompida, porém só nos colocamos a questão sob algumas condições: incidente crítico, cansaço, evolução do contexto. Representar a ação como um conjunto de decisões explícitas empobreceria e racionalizaria inutilmente a prática. De fato, todas as interações, durem elas um minuto ou um curso inteiro, são encadeamentos de "microssituações"; cada uma delas constitui ao mesmo tempo a continuação e o resultado das anteriores. Em uma sala de aula, cada ação do professor ou de um aluno modifica a situação,

---

*N. de R.T. Interrogatório feito após finalizada a experiência.

por vezes de modo imperceptível, e gera um novo dado, como em um jogo de cartas. No mundo social, a menos que todos os atores permaneçam imóveis como estátuas, cada palavra, cada gesto modifica a paisagem e eventualmente exige uma reorientação do curso da ação, ou até uma ruptura radical.

Quando falamos de uma competência como recurso para agir diante de uma situação complexa, às vezes estamos nos referindo a essas situações instantâneas ou "microssituações". Estando sobre o fio, o equilibrista corre o risco de cair a cada instante e seu senso de equilíbrio é mobilizado de forma constante. As situações de que falamos são em geral processos mais longos, formados por um *fluxo* contínuo de microssituações que se encadeiam, que estão ligadas entre si e que representam uma unidade de lugar, de tempo e de ação, como na tragédia clássica. Uma conversa é uma série de "momentos dialógicos". Ora, tanto para o locutor quanto para o equilibrista, o processo só continuará se ele for pensado e garantido como tal. Portanto, emergem aqui dois níveis complementares de competências: aquelas que permitem, a cada segundo, fazer "o que deve ser feito", e aquelas que inserem esses fatos e gestos em um projeto mais global, que oriente as microdecisões. Em uma sala de aula, as competências de planejamento e de acompanhamento permitem gerenciar um curso, uma "atividade", enquanto competências diferentes são aplicadas nas constantes interações entre professor e alunos.

Há um terceiro nível, que gera o envolvimento de um ator em uma "macrossituação", entendida aqui como uma lição, uma conversa, uma refeição, uma tarefa precisa a ser realizada. Os atores sociais costumam demonstrar extrema sagacidade – as competências! – para controlar as situações e os processos em que estão envolvidos. "Onde me meti?": essa expressão demonstra nossa preocupação por não termos sabido controlar o curso dos acontecimentos e por nos encontrarmos em uma situação imprevista. Tal surpresa indica que um ator raramente se encontra em uma situação que não antecipou de antemão. Quando isso acontece, suas competências permitem-lhe sair da confusão de forma mais ou menos elegante, como um convidado envolvido em uma briga familiar ou um professor confrontado por seus alunos com uma revolta que ele "não previu" ou com uma pergunta que o desconcerta por completo.

Quando o ator antecipa seu envolvimento em uma situação, por ser seu criador, por ter tomado a iniciativa, por tê-la definido, ou, sem estar na origem dos acontecimentos, por estes lhe parecerem anunciados, ou no mínimo prováveis, ele se prepara mentalmente – e até materialmente – para isto, ou seja, adquire algumas "munições": em sua memória de trabalho ou em suas anotações, há um ou vários cenários de hipóteses de ação do tipo: "Se... então...", informações e saberes "que podem ser úteis", fórmulas ou gestos premeditados, etc. No entanto, essa preparação não garante o controle total da situação por vários motivos:

- muitas vezes, a antecipação baseia-se em competências limitadas ou em conhecimentos inadequados;
- nem sempre o ator dispõe das informações necessárias para uma representação pertinente da situação, pois baseia-se em lembranças e até mesmo em estereótipos ou fantasmas;
- a ilusão da familiaridade e do domínio pode diminuir a vigilância;
- o fluxo dos acontecimentos não permite dispor de tempo e de energia suficientes para se preparar para tudo;
- por fim, os outros atores também são capazes de antecipar e de frustar as "estratégias" mais bem pensadas.

Nas funções mais valorizadas, geralmente se requer uma dupla qualificação: competências para antecipar e competências para improvisar cada vez que a antecipação não for suficiente. Por isso, espera-se que um dirigente enfrente situações de trabalho e de negociação com a melhor preparação possível e que também consiga obter resultados satisfatórios mesmo quando não tiver tempo para refletir, para consultar o dossiê...

Os atores não se limitam a antecipar as situações. Eles também têm embora de modo desigual, o poder de criá-las. São raros os atores assim tão poderosos que possam criar todos os detalhes das situações com as quais nenhum ator sonhava. O poder, porém, permite escolher o terreno, o momento, o cenário, os participantes, bem como definir os mecanismos e a situação. O professor pode convocar os pais na hora escolhida por ele e colocar o problema de seu jeito. Também pode ser convocado pelo diretor ou pelo inspetor em uma hora não escolhida por ele, em um escritório que não é seu, ou seja, encontrar-se em terreno desconhecido.

A decisão de evitar o envolvimento em uma situação arriscada é uma estratégia bastante corrente, à qual alguns atores recorrem sempre que se sentem desarmados. Assim, um aluno pode escapar de um exame oral ou não ter de realizar determinada tarefa, e os pais podem evitar uma convocação à escola. Os assalariados que vivem situações profissionais difíceis – conflitos, cansaço, mal-estar, fracasso – podem optar por não ir trabalhar. A esquiva e o absenteísmo não são soluções a longo prazo, mas são procedimentos utilizados nas relações sociais de todo tipo.

Aqui encontramos outro vínculo entre competências e poder. As competências são consideradas, acertadamente, como uma fonte de poder. Vemos aqui, ao contrário, que o poder permite evitar situações difíceis, o que muitas vezes pode mascarar as incompetências. Todos dispõem, de vez em quando, desse poder, porém os poderosos podem abusar impunemente dele; por exemplo, quando evitam um enfrentamento contraditório com seus detratores. Um professor pode definir soberanamente o que é discutível... até o dia em que a evolução das relações de força incite-o a escutar e negociar!

Cada ator sabe muito bem que, a cada enfrentamento, fica mais difícil conseguir fugir da situação. Portanto, um certo número de coisas é definido previamente, e algumas competências são mobilizadas para criar ou evitar algumas situações, ou administrá-las para que se tornem menos ameaçadoras ou mais benéficas.

Entretanto, estaríamos enganados se acreditássemos que, diante do enfrentamento, estamos frente a uma tarefa, um desafio ou um problema perfeitamente definido. Diante de qualquer um que pede ajuda ou parece estar em dificuldade, podemos passar ao largo, dizendo que isso não nos diz respeito. Na vida social, uma parte das interações não funciona porque um dos parceiros escapa, fica "fora do jogo" ou recusa suas regras, propondo outras que são inaceitáveis. Mesmo quando é impossível fugir fisicamente ou rejeitar a interação – como em um elevador –, os atores conservam um grande domínio da definição da situação, da tarefa a ser realizada, do problema a ser resolvido, do objetivo a ser alcançado e, portanto, em última instância, das competências a serem mobilizadas. O mesmo ocorre no trabalho.

A CONSTRUÇÃO DO ESPAÇO DA AÇÃO

Para evidenciar o poder do ator sobre a situação profissional, De Terssac definiu as competências no trabalho como:

> tudo o que está envolvido na ação organizada e tudo o que permite dar conta da organização da ação [...] para mostrar que o mais importante da análise é a ação e não a resposta à tarefa, a construção do espaço da ação e não a gestão do espaço da ação pré-ordenado. (1996, p. 234)

Mesmo no trabalho de um operário, no qual ela é estruturada pelas diretrizes, pelo ambiente material, pelas máquinas e pelos processos de produção, a situação permanece parcialmente *definida*. Isso é ainda mais verdadeiro nos ofícios mais qualificados, visto que a qualificação é a capacidade de estruturar e de gerenciar um espaço de ação. Essa indeterminação inicial é ainda maior nas tarefas de concepção – e, em parte, no ensino – porque:

> o resultado projetado não está definido, o espaço da ação é vasto, pelo menos no início, e pouco estruturado; não há um caminho pré-determinado para encontrar a solução, e tanto o problema quanto a solução são construídos por meio da interação. A gestão dessa situação de indeterminação levará os atores a restringirem o espaço-problema por meio de sucessivas decisões. (1996, p. 228)

A capacidade de *construção das situações* nem sempre está a serviço da eficácia, que é apenas uma das lógicas das organizações (Perrenoud, 1993 a). Argyris (1996) insiste no espaço ocupado pelas *rotinas defensivas*, essas táticas que permitem definir a situação, fazendo com que cada um possa salvar-se e que ninguém seja confrontado com expectativas muito embaraçosas ou ameaçadoras. "Essa questão não será colocada", às vezes diz o juiz. Na vida comum, não precisamos de magistrados para saber que algumas questões, algumas sugestões, alguns pedidos não serão feitos. Uma cumplicidade tácita permite que todos os membros de uma organização mantenham a definição da situação que mais lhes convém. Essa cooperação pode ser substituída por lutas de poder para definir a situação, identificar um problema, designar os responsáveis ou os que devem fazer o trabalho. Resta sempre uma margem de interpretação que pode ser utilizada para "negar o obstáculo" ou contorná-lo. Nas burocracias, uma das principais competências não é resolver os problemas, mas repassá-los para outros, menos hábeis ou menos poderosos.

Em uma escola, uma parte dos problemas pode ser remetida para a autoridade, as famílias, os colegas e até para os próprios alunos. É claro que o espaço da sala de aula não permite uma divisão do trabalho. Em geral, o professor não pode responder a um aluno como um funcionário administrativo, que encaminha o usuário para outro departamento. Em contrapartida, porém, o professor tem um imenso poder de definição de tarefas e problemas. Naturalmente, os alunos não são inertes e o colocam diante de perguntas, propostas, iniciativas, rejeições, comportamentos de fuga ou de agressão e desvios. A principal competência de um professor não é reagir, mas decidir se pode haver uma reação. Por outro lado, decidir é uma expressão abusiva se sugerir que ele apenas pesa tranqüilamente os prós e os contras. A forma como ele constrói a realidade (Watzlawick, 1978; Bourdieu, 1980; Berger e Luckmann, 1986) dependerá muito de seu *habitus*, e suas estratégias aparentes não são necessariamente pensadas como tais. O resultado é o mesmo: o ator molda sua representação da situação de modo a definir as tarefas ou os problemas prioritários. Uma parte dessa autonomia permite que ele privilegie as tarefas e os problemas que sabe enfrentar, deixando na sombra os que o levariam a seu "nível de incompetência".

Além disso, como qualquer ser humano, o professor pode modificar o sentido das situações, revendo suas expectativas e seus projetos para não ter de enfrentar o fracasso com muita freqüência. Essa forma de pragmatismo, até mesmo de oportunismo, evidentemente é limitada por um desejo de coerência interna (fazer o que se decidiu), de coerência aparente (fazer aquilo com que se comprometeu), assim como pelos mecanismos de médio prazo. Todos sabem muito bem que, se nunca enfrentarem as dificuldades, se se negarem a ver e a tratar os problemas, acabarão mal.

Em suma, definir a competência como o que permite enfrentar uma situação complexa não deveria levar a uma simplificação da prática, que não é somente um conjunto de situações, mas uma resposta a uma situação existencial mais global. Portanto, as competências também são *prévias* às situações de interação; essas últimas são formadas por uma série de microssituações que exigem decisões e competências variadas.

De fato, a noção de situação fica evidente quando a consideramos de perto, a realidade apresenta-se como um conjunto de bonecas russas[*]: nossa existência é a situação mais global, pois inclui etapas de nosso ciclo de vida que são as situações – situações da criança, do adolescente, etc. Em cada etapa, desempenhamos papéis, pertencemos a comunidades, realizamos algumas atividades regulares. Essas posições, essas posturas, esses engajamentos são situações mais restritas, que por sua vez contêm outras, como o ano letivo ou um período de férias. No interior de um espaço-tempo que apresenta uma certa unidade, sucedem-se situações de interação e tarefas que também podem ser decompostas em momentos sucessivos, em que cada um representa, em última instância, uma microssituação. Nossas práticas funcionam em *todos* esses níveis, tentamos orientar o curso de nossa vida e, ao mesmo tempo, direcionar a atividade em curso. Não são duas situações independentes, pois uma engloba a outra. É claro que nenhum dos nossos atos compromete toda a nossa vida, mas comprometemos nossa vida através de nossos atos. Portanto, uma situação pode ser lida em diversos níveis, o que muitas vezes aumenta nossas contradições, porque nossa lógica de ação de curto prazo pode entrar em conflito com nossas estratégias e visões de longo prazo. Em todos esses níveis, deparamo-nos com a complexidade do real e de nosso próprio funcionamento, além de apelarmos às competências para chegar a um compromisso aceitável.

COMPETÊNCIAS, SABERES E *HABITUS*

Será que sempre mobilizamos saberes (ou conhecimentos) para agir em uma situação? É provável, porém de formas bastante diferentes. Quando "mal temos tempo para refletir", como podemos mobilizar teorias complexas? Amparamo-nos em saberes imediatamente disponíveis na memória de trabalho. Saberes procedimentais cuja pertinência é evidente, saberes declarativos elementares. O professor que "opta" por ignorar um aluno que pede a palavra "sabe" que ele a pede, "sabe" que é melhor não dá-la para evitar um caminho sem volta, "sabe" que é mais econômico fingir que não vê esse pedido de palavra, em vez de explicar por que não deseja

---

[*] N. de R.T. Bonecas artesanais, de diferentes tamanhos, encaixadas uma dentro das outras.

responder a ele. "Sabe" tudo isso, mas seus saberes passam muito furtivamente por sua consciência, acompanhando uma ação quase automática e justificando-a.

Para que o saber esteja no princípio da ação, o sujeito deve ter tempo de raciocinar, de relacionar, mesmo que de forma muito intuitiva e aproximativa, um saber construído fora da situação presente e alguns aspectos dessa situação. Isso não leva, necessariamente, horas. A competência também é uma capacidade de *estabelecer rapidamente algumas conexões essenciais*. Às vezes, porque a "realidade não espera"; outras vezes, porque o número de tarefas a serem realizadas de maneira sucessiva ou paralela obriga a realizar cada uma delas com grande velocidade. Diante da mesma situação, os indivíduos são muito desiguais: alguns precisam de um tempo dez vezes maior que outros, devido ao seu treinamento ou a uma rapidez geral de pensamento. Contudo, todos encontram, em determinadas situações, um limiar acima do qual a reação adequada deve ser produzida em um ritmo rápido demais para colocar saberes em jogo. Sem dúvida, há percepção, conceituação, "representação do real", operações mentais, porém elas se referem à situação presente e à própria ação, sem que seja possível acessar a memória de trabalho de outras informações ou conhecimentos que demandariam um trabalho cognitivo mais exigente.

No outro pólo, encontramos ações amplamente refletidas, com base em uma exploração metódica dos conhecimentos disponíveis. Em geral, a intervenção é dividida em diversos episódios – à cabeceira do paciente, em contato com o aprendiz –, entre os quais o profissional tem um pouco de tempo para refletir, ler, consultar fontes de documentos ou colegas, construir progressivamente um raciocínio original.

Entre esses extremos, existe todo tipo de figuras intermediárias. Portanto, seria tão absurdo dizer que a competência substitui os saberes quanto afirmar que sempre se baseia, com rigor, em saberes explícitos e pertinentes. Aqui também podemos identificar uma "metacompetência" que permite aos peritos apreciarem mais de perto a oportunidade de dar um tempo e de retornar metodicamente aos saberes; ou, pelo contrário, de agir rapidamente, de maneira intuitiva. Em geral, os iniciantes decidem com muita rapidez, sem tempo de raciocinar e de fundamentar sua decisão em informações e saberes ou, às vezes, com muita lentidão, perdendo o controle de uma situação porque querem fundamentar racionalmente sua ação.

Em todos os casos, a ação nunca se baseia apenas em saberes. Mesmo no caso de uma ação perfeitamente racional, deduzida da aplicação de uma teoria poderosa com dados complexos, deve haver um conjunto de operações mentais para aplicar essa teoria aos "dados", para adotar a conclusão lógica dela decorrente, transformá-la em decisão e aplicá-la. Ora, essas operações mobilizam *esquemas de pensamento que operam sobre os saberes, porém não são saberes*. Nos casos mais simples, poderíamos pretender que essas operações fossem expressão da lógica formal como saber constituído. Isso seria ignorar que a lógica formal, em vez de fundamentar geneticamente a lógica natural, não passa da sistematização e da axiomatização das operações mentais dos seres humanos. Quando pensa, o sujeito racional utiliza uma "lógica natural" que raramente coincide com as formalizações mais precisas dos lógicos. Na maior parte do tempo, os dados são ambíguos e incompletos, as teorias são insuficientes, incertas ou incoerentes, e o ator tem de fazer malabarismos de forma pragmática com a indefinição, a incerteza, as aproximações; às vezes, ele recorre a operações formalmente perfeitas e, com freqüência, a outras que o são menos. Astolfi, em uma de suas conferências, dizia que podemos discernir na ação humana apenas "pequenas ilhas de racionalidade". No melhor dos casos, formam um arquipélago relativamente denso, ou quase um continente, como pequenos lagos de intuição. Em geral, elas estão perdidas em um oceano de intuição.

Para designar o que subjaz a essas operações, Piaget propôs o conceito de *esquema*, que estendeu a todas as ações, definindo-o como a invariante, a estrutura básica da ação, o que encontramos em cada atualização do esquema. Vergnaud (1996), ao desenvolver sua teoria dos campos conceituais e dos "conceitos-em-atos" ou "teoremas-em-atos", enriqueceu consideravelmente essa noção.

Por sua vez, Bourdieu (1972, 1980) definiu o *habitus* como o sistema de esquemas que "regem" nossa relação com o real, a "gramática geradora" de nossas práticas. Assim, a psicologia cognitiva, a didática e a antropologia da prática convergem para romper com a visão da ação como aplicação de saberes e regras, bem como um hábito estereotipado. Os esquemas são poderosos instrumentos de adaptação à realidade e, portanto, de criação, de invenção de ações originais com base em uma trama disponível.

É possível a grande proximidade entre o conceito de *habitus* e o de competência. Entretanto, eles apenas convergem:

- enquanto o *habitus* compreende a totalidade dos esquemas de que um sujeito dispõe em um determinado momento de sua vida, uma competência específica não mobiliza todos eles; alguns, os mais gerais, que permitem as operações mentais de alto nível, ou ainda o planejamento e a regulação contínua da ação, estão presentes em praticamente todas as circunstâncias; outros esquemas, mais específicos, intervêm somente em famílias de situações com relação às quais são pertinentes;
- a competência ressalta um poder virtual da pessoa diante de um certo tipo de problemas ou obstáculos, sobre os quais garante um resultado geralmente considerado como sinal de uma ação bem-sucedida; isto é o que Rey (1996) chama de *função*.

Por isso, não podemos identificar o *habitus* com um conjunto de competências funcionais. Se isolarmos uma competência, estaremos adotando um *ponto de vista específico* do *habitus*, ligado a uma forma desejável de controle do mundo. Nosso *habitus*, como gramática geradora de nossas práticas, também encobre incompetências. Além disso, para o antropólogo ou o sociólogo, a competência remete a uma representação da ação bem-sucedida que participa de uma cultura particular, pois nem todas as comunidades e sociedades constroem a mesma relação com o mundo. A competência é definida apenas com relação a modelos de ação aplicados em determinada comunidade.

Existem vínculos estreitos entre *habitus* e competências, pois ambos são representações da mesma realidade. Nessa perspectiva, desenvolver competências profissionais significa transformar o *habitus*, não se limitar a enriquecer a gama de saberes eruditos ou de saberes de experiência que o sujeito possui, mas trabalhar para a emergência ou o reforço de *esquemas* que permitem sua aplicação à ação. Em outra obra (Perrenoud, 1996 a e b), propus diversos modelos de trabalho sobre o *habitus* nos períodos de formação inicial e contínua dos professores, ou seja, de formação em competências situadas além do domínio dos saberes.

UNIDADE E DIVERSIDADE DOS SABERES ÚTEIS À AÇÃO

Há alguns anos, têm começado a desabrochar dicotomias ou classificações mais sutis. Mais ou menos explicitamente, todas elas giram em torno da eterna oposição entre teoria e prática. Em uma obra coletiva intitulada *Savoirs théoriques, savoirs d'action* (Barbier, 1996), Bruno Latour mostra que essa oposição é *absurda*, porque teoria e prática não têm a mesma natureza:

> Em primeiro lugar, é preciso reformular a palavra "prática" para que ela não dependa mais tanto da palavra "teoria". Entende-se por "prática" os lugares, os corpos, os grupos, as ferramentas, os dispositivos, os laboratórios, os procedimentos, os textos, os documentos, os instrumentos e as hierarquias que permitem a uma atividade qualquer desenvolver-se. Quer se trate de fabricar uma peça quase micro, de realizar experiências com ratos em uma caixa de Skinner, de reformular uma equação de física matemática, de preparar as plataformas de um partido político, de interrogar um suspeito no gabinete de um juiz, teremos uma prática, um percurso de ação. (Latour, 1996, p. 132)

Como todo mundo, o teórico também tem uma prática. No entanto, sua prática não é uma teoria. A teoria não passa do *produto* de uma prática intelectual e material específica:

> Portanto, diante de sua teoria, nossos teóricos sentem-se exatamente como um operário que tenta fabricar sua peça em um torno. Todos estão situados, todos têm uma prática, todos estão em lugares, todos precisam da discussão, de escritos, de conselhos, de colegas e de instrumentos. [...] Desse ponto de vista, procedem exatamente como colegas que aprendem sua competência do corpo hábil de um professor. Mesmo para produzir uma teoria, é preciso ter um corpo treinado, locais adaptados, grupos de discussão e hábitos ligados ao corpo por meio de um longo treinamento. (Latour, 1996, p. 135-136)

O produto teórico, uma vez estabilizado nos escritos ou divulgado em locais de formação, integra-se – sem alterações nem perdas, no melhor dos casos – às representações de alguns atores ou aos saberes aos quais eles têm acesso em sua memória, suas anotações, sua biblioteca, sua base de dados, sua rede informática ou através de colegas. Passam, então, a fazer parte do conjunto dos saberes potencialmente mobilizáveis, porque sua existência e uso tornaram-se conhecidos.

Todos os saberes não são "saberes-na-cabeça", conforme a expressão de Latour, pois podemos mobilizar memórias externas. No entanto, na cabeça há um tipo de referência ou de "reminiscência" que permite reencontrar uma informação ou um saber que sabemos que existe, ver vagamente seu conteúdo, cujo detalhe, porém, foi esquecido (ou nunca foi sabido). Os "saberes-na-cabeça" não são necessariamente saberes mais disponíveis, se a "cabeça" designa o cérebro e não um campo de consciência; é mais fácil consultar nossa memória de longo prazo do que memórias externas. Contudo, seja qual for a fonte, o saber e a informação que utilizamos para agir devem transformar-se "no momento adequado" em "memória de trabalho". Então, o ator conseguiu transferi-los no tempo apropriado e com conhecimento de causa, o que não é a menor das competências!

Nesse momento, haverá alguma diferença entre saberes teóricos e outros tipos de saberes? Sem dúvida, em uma situação de incerteza, a fonte dos conhecimentos – se é que o sujeito consegue identificá-la – pode influenciar a confiança que se tem neles. Isso não significa que os saberes provenientes de uma teoria erudita sejam, só por esse fato, considerados mais confiáveis. É evidente que o pesquisador, quando se transforma em mulher ou homem de ação no campo abrangido por sua teoria, tende a acreditar mais nela do que nos saberes de senso comum, às vezes contra sua intuição. Talvez uma formação científica faça com que se dê maior crédito às teorias eruditas, mesmo em outros campos. No caso do ator comum, pode acontecer o seguinte:

- os saberes que surgem em sua memória de trabalho estão etiquetados conforme sua fonte ou o método em que se baseiam;
- isso pode fazer enorme diferença em seu uso na situação;
- essa diferença, se existir, favorece sistematicamente os saberes arraigados em teorias eruditas.

Com certeza, é muito importante compreender de onde vêm os saberes dos profissionais e como se juntam os saberes de diversas fontes. As pesquisas no âmbito da didática das ciências sugerem que temos grande capacidade para justapor saberes sem integrá-los e, portanto, para utilizar saberes eruditos para passar nos exames e saberes de experiência para agir... A problemática da disseminação ou da transferência dos conhecimentos exige que se compreenda melhor como o ator utiliza saberes na situação. Para isso, seria melhor romper com as dicotomias simplificadoras. Todos os saberes que um profissional utiliza são, *por definição, saberes de ação*, seja qual for sua origem. Por isso, os saberes teóricos não podem contrapor-se de forma lógica aos saberes de ação, exceto quando se pretende que os saberes provenientes de uma prática teórica jamais sejam utilizados na ação. Esta última tese é insustentável em um mundo onde o trabalho é amplamente orientado por saberes declarativos e procedimentais provenientes da pesquisa.

De fato, qualificar um saber de teórico nada acrescenta ao seu uso na ação; ao contrário, suscita um problema: em que condições um profissional pode apropriar-se de um saber teórico para transformá-lo em um saber de ação *para si*? Existe uma tensão, por um lado, entre a origem e a forma desse saber e, por outro, sua potência. Como afirma Latour, a força do saber teórico é que se trata de um saber geral, que abrange potencialmente um conjunto de situações que lhe parece legítimo subsumir sob um mesmo modelo, biológico ou econômico, por exemplo. Uma teoria das epidemias ou da inflação pode guiar a ação, em uma situação singular, porque se supõe que ela pertença a uma *classe de situações* para as quais a teoria pretende ser válida. É claro que as coisas são bem mais complicadas na realidade, nunca temos certeza se uma determinada situação provém do campo de validade do modelo e, em geral, perseguimos várias lebres ao mesmo tempo e adotamos mais de uma lógica de ação.

Para se apropriar da ferramenta teórica, para que ela se torne um saber de ação, o profissional precisa superar alguns obstáculos: a abstração e a aridez do propósito teórico exigem uma formação; da compreensão ao uso em situação, há um importante trabalho de integração para unir uma formação científica e uma prática racional e reflexiva. Engenheiros, arquitetos, informatas, médicos, economistas e psicólogos, são preparados nesse sentido, não só através de sua formação teórica, mas também – e sobretudo – através de trabalhos práticos ou de procedimentos clínicos que os *levam* a utilizar seus saberes teóricos, a transformá-los em saberes de ação, a exercer sua transferência e integração. A formação dos professores ainda está longe desse tipo de dispositivos, pois os estágios clássicos favorecem mais a justaposição dos saberes de experiência e dos saberes teóricos do que sua integração.

Se os saberes práticos ou estratégicos, também chamados de "saberes de ação", estão atualmente na moda, isto sem dúvida se deve a uma dupla tomada de consciência dos pesquisadores:

– por um lado, consideram que, quando existem, os saberes teóricos são pouco utilizados pelos profissionais e que ninguém realmente domina o processo que os transforma em saberes de ação;
– por outro, reconhecem mais abertamente que os profissionais agem baseando-se em outros saberes, provenientes de sua experiência ou de sua cultura profissional. No âmbito escolar, portanto, há um grande interesse pelos saberes de ação dos professores (Gauthier, Mellouki e Tardif, 1993) ou dos diretores (Pelletier, 1996); a corrente epistemológica da prática (Schön, 1996) desenvolve-se.

Com certeza, essa atenção dos pesquisadores com relação aos saberes "que vêm de fora" não é totalmente desinteressada, mas ao menos tem o mérito de romper com as atitudes cientificistas que pensam a teoria como o fundamento essencial de uma prática racional. O mesmo ocorre com os saberes de ação dos professores. Como mostram Tardif e Gauthier (Tardif, 1993 a, b e c; Tardif e Gauthier, 1996), a *razão pedagógica* baseia-se no julgamento e nos saberes e, entre os últimos, os produzidos pela didática erudita e pelas ciências da educação ainda ocupam um lugar de pouco destaque.

Podemos desiludir-nos, considerar que os saberes teóricos elaborados conforme as "regras do método" são mais potentes e confiáveis que os saberes de senso comum. Mesmo dessa perspectiva, é importante compreender como os professores utilizam os saberes. Os trabalhos sobre a disseminação e a utilização dos conhecimentos produzidos pela pesquisa (ver, por exemplo, Huberman e Gather Thurler, 1991; Roy, 1990) mereceriam ser complementados por uma forma de antropologia cognitiva mais desenvolvida nas áreas da ergonomia e da psicologia do trabalho do que nas ciências da educação e ligados às pesquisas sobre o pensamento dos professores. De nada adianta produzir infinitas classificações abstratas que, no final das contas, são mais filosóficas do que empíricas. Se quisermos compreender os saberes de ação, temos de nos interessar pela ação, pelas competências que ela mobiliza, pelos saberes que essas competências utilizam e pelo *habitus* do profissional, que lhe permite reencontrá-las, relacioná-las à situação e adaptá-las.

8
Algumas Outras Questões...

Sem dúvida, seria muito tranqüilizador concluir com algumas certezas. Infelizmente, estamos diante de um paradoxo: o desenvolvimento das ciências cognitivas abre novas perspectivas, em vez de consolidar nossas representações do espírito e da ação. Explorei algumas pistas e mencionarei outras.

A Representação das Competências como Mecanismo Social

A noção de competência não é um conceito erudito, mas uma noção corrente; a formação, a definição, a análise e a avaliação das competências são mecanismos sociais do mercado de trabalho e das empresas (Stroobants, 1993; Ropé e Tanguy, 1994). Como mostra De Terssac (1996), o uso das competências decisivas, no mundo do trabalho, é que as torna valorizadas e *reconhecidas* socialmente... Deve-se perguntar, é claro, por que o mundo da formação e da pesquisa na área da educação adota esse caminho. Sem dúvida, há uma relação de força entre as instituições encarregadas de transmitir saberes disciplinares e as instituições de formação de adultos. Os institutos franceses de formação de professores (IUMF) representam um estranho compromisso entre essas duas visões. O trabalho sobre as competências pode ser interpretado, conforme o caso, como uma rejeição da posição dominante das disciplinas nas formações profissionais dos professores ou como uma tentativa de recuperação disciplinar de um conceito que está na moda.

Transferência de Conhecimentos ou Desenvolvimento de Competências?

Os vínculos entre competência e transferência de conhecimentos devem ser esclarecidos. Rey (1996) abordou essa relação a propósito da noção fluida e discutida de *competência transversal*. Mendelsohn (1994), Toupin (1996), Tardif e Meirieu (1996) e Romainville (1994) também defendem uma abordagem de transferência como trabalho e objeto de formação, sugerindo que há transferência de conhecimentos quando o sujeito dispõe de esquemas que permitam sua mobilização em novos contextos. Mendelsohn propõe que a chamada "transferência de aprendizagem" poderia não passar de:

> um juízo de valor, sobre a disponibilidade ou a possibilidade de acesso dos conhecimentos já codificados na memória de longo prazo. [...] De repente, a problemática da "transferência de conhecimentos" reduz-se àquela, bem mais trivial, mas igualmente difícil, da adequação dos conhecimentos ensinados às situações nas quais devem ser utilizados. (1996, p. 19)

Nessa perspectiva, a problemática da transferência mescla-se com a do desenvolvimento de competências e transforma-se em *saber mobilizar* (Le Boterf, 1994; Perrenoud, 1996 h).

Da Análise das Práticas à Identificação dos Saberes de Ação

Os trabalhos sobre a prática reflexiva (Schön, 1994, 1996), o saber-analisar (Altet, 1994, 1996), a análise de práticas (Cifali, 1996 a e b; Perrenoud, 1996 b) podem renovar a abordagem das competências, partindo do relato detalhado de situações complexas e singulares; uma das questões propostas é saber como, por esse procedimento, passar das práticas àquilo que subjaz a elas. Trabalho em uma extensão da análise das práticas para analisar os *habitus*; os trabalhos de Vermersch (1994) e Faingold (1996) sobre a tomada de consciência também seguem a mesma linha; outros, de uma perspectiva mais psicanalítica (Cifali, 1994; Imbert, 1994), abordam o *inconsciente na classe* (Imbert, 1996), falando do inconsciente freudiano ou lacaniano. Por que não ampliar algumas formas de análise das práticas em direção a uma *análise dos saberes de ação*?

As pesquisas sobre os saberes dos professores (Gauthier, Mellouki e Tardif, 1993) realmente se deparam com um obstáculo conhecido: eles não sabem o que sabem ou, mais exatamente, só podem explicá-lo relacionando-o a situações singulares, ou a um procedimento que mais parece uma explicitação do que um questionamento sintético e descontextualizado.

Relação com o Saber e Liberdade Epistêmica

A aplicação pura e simples de um conhecimento é apenas um caso particular. Raramente o profissional está diante de uma situação exatamente igual a uma situação já vivida ou descrita em um manual. Portanto, deve utilizar o saber para *inovar*, pelo menos um pouco, à maneira como Bouveresse, comentando Bourdieu, mostra que é preciso inovar com relação à regra (e, por extensão, a todo conhecimento procedimental):

> Uma invenção pode ser necessária, porque a regra possui uma margem de indeterminação mais ou menos ampla, ou porque a aplicação da regra a um caso determinado pode provocar um problema de interpretação que não pode ser resolvido por uma regra suplementar, relativa à forma mais correta de interpretar a regra. [...] Em diversos casos, saber aplicar convenientemente a regra significa, entre outras coisas, ser capaz de interpretá-la em função das circunstâncias e, mesmo em caso de necessidade, ignorá-la ou transgredi-la inteligentemente. (Bouveresse, 1996, p. 586)

Portanto, uma relação crítica e pragmática com o saber é uma condição necessária para a "liberdade epistêmica" do profissional. A força do pesquisador, ao utilizar teorias que conhece bem, é autorizar-se a não tomá-las "ao pé da letra". Do mesmo modo, o engenheiro que concebeu alguns procedimentos conhece seus limites e sua arbitrariedade relativa. Talvez o desejo de respeitabilidade das ciências humanas tenha feito com que se leve tão a sério o fato de que os profissionais confrontados com a teoria não têm outra escolha senão aplicá-la fielmente ou rejeitá-la por completo...

Orquestração dos *Habitus* e Competências Coletivas

Será que as competências são totalmente individuais? Os trabalhos sobre a organização como ator coletivo capaz de aprendizagem (Argyris, 1996) sugerem ser urgente levar em conta as competências coletivas que não são a soma das competências individuais, nem mesmo sua sinergia, mas que relevam do que Bourdieu (1972, 1980) chama de uma *orquestração dos habitus*, noção desenvolvida por Taylor:

> Pensem em duas pessoas que estão serrando um tronco, cada uma em uma ponta da serra, ou em um casal dançando. Uma propriedade importante da ação humana é o ritmo, a cadência. Cada gesto apropriado, coordenado, tem um certo fraseado. Quando esse fraseado se perde, como às vezes acontece, surge a confusão, nossas ações deixam de ser coordenadas. Da mesma maneira, o domínio de um novo tipo de ação que exige competências é acompanhado pela capacidade de dar aos nossos gestos um ritmo apropriado.
> Ora, no caso do tronco serrado ou da dança, o ritmo deve ser totalmente compartilhado. Essas ações só terão sucesso se houver um ritmo comum, e nossa ação é um dos seus elementos. Trata-se de uma experiência diferente da coordenação de minha ação com a de alguém mais; por exemplo, quando corro para o lado do campo de futebol para onde sei que alguém vai me passar a bola. (Taylor, 1996, p. 562)

O tema da orquestração das competências relaciona-se com os trabalhos sobre a cooperação entre professores (Gather Thurler, 1994 b, 1996) e outros profissionais (De Terssac e Friedberg, 1995; Perrenoud, 1996 f).

❋ ❋ ❋

Como podemos ver, há vários caminhos a serem trilhados. Sem dúvida, isto é um pouco inquietante para os partidários de uma formação orientada para a aquisição de competências. Encontramos aí um dos paradoxos das relações entre saberes teóricos e saberes de ação: os primeiros visam a uma maior generalização, porém questionam previamente as evidências do senso comum e, portanto, desestabilizam, em um primeiro momento, nossas representações comuns. Para aplicar dispositivos, os formadores não podem esperar que se saiba exatamente como funcionam e são construídas as competências dos professores ou de outros profissionais da complexidade. Seria bom que se apropriassem de uma parte das questões propostas aqui e concluíssem que as transformações na formação dos professores e de outros profissionais podem constituir um formidável laboratório de estudo das competências, tanto daquelas que se pretende construir nos alunos quanto daquelas aplicadas pelos formadores, inclusive os de campo...

Podemos sugerir, finalmente, que o interesse pela problemática da transferência (Meirieu *et al.*, 1996) e uma abordagem por competências na escola fundamental (Bentolila, 1995; Perrenoud, 1995 d, f e g; Rey, 1996; Ropé e Tanguy, 1994) enriquecerão o debate sobre a natureza das competências e sua relação com os conhecimentos por uma outra via.

Referências Bibliográficas

ABRAHAM A. [1972], *Le monde intérieur des enseignants*, Paris, Epi.
ABRAHAM A. (dir.) [1984], *L'enseignant est une personne*, Paris, ESF.
ALLAL L. [1988], «Vers un élargissement de la pédagogie de maîtrise: processus de régulation interactive, rétroactive et proactive», in HUBERMAN M. (dir.), *Assurer la réussite des apprentissages scolaires. Les propositions de la pédagogie de maîtrise*, Paris, Delachaux et Niestlé, p. 86-126.
ALLAL L., CARDINET J. e PERRENOUD PH. (dir.) [1989], *L'évaluation formative dans un enseignement différencié*, Berne, Lang, 5e éd.
ALTET M. [1994], *La formation professionnelle des enseignants*, Paris, PUF.
ALTET M. [1996], «Les compétences de l'enseignant-professionel: entre savoirs, schèmes d'action et adaptation, le savoir-analyser», in PAQUAY L., ALTET M., CHARLIER E. e PERRENOUD PH. (dir.), *Former des enseignants professionnels. Quelles stratégies? Quelles compétences?*, Bruxelles, de Boeck, p. 27-40.
ARGYRIS C. [1995], *Savoir pour agir*, Paris, Interéditions.
Association québécoise universitaire en formation des maîtres (AQUFOM) [1994], *Compétence et formation des enseignants?*, Trois-Rivières (Québec), Coopérative universitaire de Trois-Rivières.
ASTOLFI J.-P. [1992], *L'école pour apprendre*, Paris, ESF.
BALLION R. [1982], *Les consommateurs d'école*, Paris, Stock.
BARBIER J.-M. [1996], *Savoirs théoriques et savoirs d'action*, PARIS, PUF.
BAUTHIER E., BERBAUM J. e MEIRIEU PH. (dir.) [1993], *Individualiser les parcours de formation*, Lyon, Association des enseignants-chercheurs en sciences de l'éducation (AESCE).
BENTOLILA A. (dir.) [1995], *Savoirs et savoir-faire*, Paris, Nathan.
BERTHELOT J.-M. [1983], *Le piège scolaire*, Paris, PUF.
BLOOM B.S. [1972], *Apprendre pour maîtriser*, Lausanne, Payot.

BLOOM B.S. [1976], *Human Characteristics and School Learning*, New York, McGraw-Hill.
BLOOM B.S. [1979], *Caractéristiques individuelles et apprentissages scolaires*, Bruxelles, Labor, Paris, Nathan.
BLOOM B.S. [1980], «Une direction nouvelle de la recherche en éducation: les variables changeables», *Education et Recherche*, n° 3, p. 7-16.
BOUMARD P. [1992], *Métier impossible. La situation morale des enseignants*, Paris, ESF.
BOUMARD P. e MARCHAT J.-F. [1996], *Chahuts. Ordre et désordre dans l'institulion éducative*, Paris, Colin.
BOURDIEU P. [1966], «L'inégalité sociale devant l'école et devant la culture», *Revue française de sociologie*, n° 3, p. 325-347.
BOURDIEU P. [1967], «Systèmes d'enseignement et systèmes de pensée», *Revue internationale des sciences sociales*, p. 367-388.
BOURDIEU P. [1972], *Esquisse d'une théorie de ta pratique*, Genève, Droz.
BOURDIEU P. [1980], *Le sens pratique*, Paris, Ed. de Minuit.
BOURDIEU P. e PASSERON J.-C. [1970], *La reproduction. Eléments pour une théorie du système d' enseignement*, Paris, Ed. de Minuit.
BOURDIEU P., PASSERON J.-C. e DE SAINT-MARTIN. [1965], *Rapport pédagogique et communication*, Paris, Mouton.
BOURDONCLE R. [1990], «De l'instituteur à l'expert. Les IUFM et l'évolution des institutions de formation», *Recherche et formation*, n° 8, p. 57-72.
BOURDONCLE R. [1991], «La professionnalisation des enseignants: analyses sociologiques anglaises et américaines», *Revue française de pédagogie*, n° 94, p. 73-92.
BOURDONCLE R. [1993 a], «L'évolution des sciences de l'éducation dans la formation des enseignants en Angleterre», *Revue des sciences de l'éducation* (Montréal), vol. XIX, n° 1, p. 133-151.
BOURDONCLE R. [1993 b], «La professionnalisation des enseignants: les limites d'un mythe», *Revue française de pédagogie*, n° 105, p. 83-119.
BOUTINET J.-P. [1993], *Anthropologie du projet*, Paris, PUF, 2e éd. (Em produção pela Artmed Editora com o título *Antropologia do projeto*.)
BOUVERESSE J. [1996], «Règles, dispositions et habitus», *Critique*, agosto-setembro de 1996, n° 579-580 sobre Pierre Bourdieu, p. 573-594.
CARBONNEAU M. [1993], «Modèles de formation et professionnalisation de l'enseignement: analyse critique de tendances nord-américaines», *Revue des sciences de l'éducation* (Montréal), vol. XIX, n° 1, p. 33-57.
CARBONNEAU M. e HÉTU J.-CL. [1996], «Formation pratique des enseignants et naissance d'une intelligence professionnelle», in PAQUAY L., ALTET M., CHARLIER E. e PERRENOUD PH. (dir.), *Former des enseignants professionnels. Quelles stratégies ? Quelles compétences?*, Bruxelles, de Boeck, p. 77-96.
CARDINET J. [1988], «La maîtrise, communication réussie», in HUBERMAN M. (dir.), *Maîtriser les processus d'apprentissage. Les propositions de la pédagogie de maîtrise*, Paris, Delachaux et Niestlé, p. 155-195.

CARROLL J. [1963], «À model of school learning», *Teachers College Record*, n° 64, p. 723- 733.
CARROLL J. [1965], «School learning over the long haul», in KRUMBOLTZ J. (dir.), *Learning and the Educational Process*, Chicago, Rand McNally.
CHARLOT B., BAUTIER É. e ROCHEX J.-Y. [1992], *École et savoir dans les banlieues... et ailleurs*, Paris, Armand Colin.
CHARTIER R., JULIA D. e COMPERE M.M. [1976], *L'éducation en France du XVIe au XVIIIe siècle*, Paris, Société d'édition d'enseignement supérieur.
CHEVALLARD Y. [1986], «Vers une analyse didactique des faits d'évaluation», in DE KETELE J.-M. (dir.) *L' évaluation: approche descriptive ou prescriptive?*, Bruxelles, De Brock, p. 31-59.
CHEVALLARD Y. [1991], *La transposition didactique. Du savoir savant au savoir enseigné*, Grenoble, La Pensée Sauvage (2. ed. revista e aumentada, em colaboração com Marie-Alberte Joshua).
CHOMSKY N. [1969], *La linguistique cartésienne*, Paris, Le Seuil.
CHOMSKY N. [1969], *Structures syntaxiques*, Paris, Le Seuil.
CHOMSKY N. [1971], *Aspects de la théorie syntaxique*, Paris, Le Seuil.
CHOMSKY N. [1977], *Réflexions sur le langage*, Paris, Maspéro.
CIFALI M. [1986], «L'infini éducatif: mise en perspectives», in FAIN M. et al. (dir.) *Les trois métiers impossibles*, Paris, Les Belles Lettres, Confluents psychanalytiques.
CIFALI M. [1994], *Le lien éducatif: contre-jour psychanalytique*, Paris, PUF.
CIFALI M. [1996 a], «Démarche clinique, formation et écriture», in PAQUAY L., ALTET M., CHARLIER E. e PERRENOUD PH. (dir.), *Former des enseignants professionnels. Quelles stratégies? Quelles compétences?*, Bruxelles, De Boeck, p. 119-135.
CIFALI M. [1996 b], «Écriture et transmission de l'expérience», in *L'analyse des pratiques en vue du transfert des réussites*, Actes de l'Université d'été (Saint-Jean d'Angély, 28 agosto-1° de setembro de 1995).
CIFALI M. e HOFSTETTER R. [1991], «Une démarche clinique pour des enseignants? Enjeux et actualité», *Journal de l'enseignement primaire* (Genève), n° 33, p. 28-30.
CLERC F. e DUPUIS P.-A. (dir.) [1994], *Rôle et place de la pratique dans la formation initiale et continue des enseignants*, Nancy, Editions CRDP de Lorraine, p. 19-44.
CLIFT R., HOUSTON R. e PUGACH M. [1990], *Encouraging reflective practice: An examination of issues and exemplars*, New York, Teachers College Press.
COHEN A. e HUGON M.-A. [1996], *Nouveaux lycéens, nouveaux pédagogues*, Paris, L' Harmattan.
COLLEGE DE FRANCE [1985], *Propositions pour l'enseignement de l'avenir*, Paris, Collège de France.
CORCUFF PH. [1995], *Les nouvelles sociologies*, Paris, Nathan.
CRAHAY M. [1996], *Peut-on lutter contre l'échec scolaire?*, Bruxelles, De Boeck.
CRESAS [1978], *Le handicap socio-culturel en question*, Paris, ESF.
CRESAS [1981], *L'échec scolaire n'est pas une fatalité*, Paris, ESF.
CRESAS [1987], *On n'apprend pas tout seul! Interactions sociales et construction des connaissances*, Paris, ESF.

CROZIER M. [1996], *La crise de l'intelligence*, Paris, InterEditions.
CROZIER M. e FRIEDBERG E. [1977], *L'acteur et le système*, Paris, Le Seuil.
DEMAILLY L. [1985], «Contribution à une sociologie des pratiques pédagogiques», *Revue française de sociologie*, XXVI, n° 1, p. 96-119.
DEMAILLY L. [1990], «Gestion participative et changement dans les établissements scolaires», in Association des Enseignants et Chercheurs en Sciences de l' éducation, *L'établissement, politique nationale ou stratégie locale ?*, Paris, AECSE, p. 278-284.
DEMAILLY L. [1991], *Le Collège: crise, mythes, métiers*, Lille, Presses universitaires de Lille.
DEMAILLY L. [1992 a], *L'évolution actuelle des méthodes de mobilisation et d'encadrement des enseignants*, Lille, Université De Lille 1.
DEMAILLY L. [1992 b], «Simplifier ou complexifier? Les processus de rationalisation du travail dans l'administration publique», *Sociologie du travail*, n° 4, p. 429-450.
DE MONTMOLLIN M. [1996], «Savoir travailler. Le point de vue de l'ergonome.», in BARBIER J.-M. (dir.) *Savoirs théoriques et savoirs d'action*, Paris, PUF, p. 189-199.
DEROUET J.-L. [1988], «Désaccord et arrangements dans les collèges: vingt collèges face à la rénovation», *Revue française de pédagogie*, n° 83.
DEROUET J.-L. [1992], *Ecole et justice. De l'égalité des chances aux compromis locaux*, Paris, Métailié.
DE TERSSAC G. [1996], «Savoirs, compétences et travail.», in BARBIER J.-M. (dir.) *Savoirs théoriques et savoirs d'action*, Paris, PUF, p. 223-247.
DE TERSSAC G. e FRIEDBERG E. (dir.) [1995], *Conception et coopération*, Toulouse, Octarès, 1995.
DE VECCHI G. [1993], «Des représentations, oui, mais pour en faire quoi?», *Cahiers pédagogiques*, n° 312, p. 55-57.
DEVELAY M. [1992], De *l'apprentissage à l'enseignement*, Paris, ESF.
DEVELAY M. [1994], *Peut-on former les enseignants*, Paris, ESF.
DEVELAY M. (dir.) [1995], *Savoirs scolaires et didactiques des disciplines*, Paris, ESF.
DOMINICÉ P. [1990], *L'histoire de vie comme processus de formation*, Paris, L'Harmattan.
DUBET P. [1994], *Sociologie de l'expérience*, Paris, Le Seuil.
DUBET P. e MARTUCCELLI D. [1996], *À l'école. Sociologie de l'expérience scolaire*, Paris, Le Seuil.
EGGLESTON J. (dir.) [1979], *Teacher Decision-Making in the Classroom*, London, Routledge and Kegan.
ELBAZ P. [1993], «La recherche sur le savoir des enseignants: l'enseignante experte et l'enseignant «ordinaire»», in GAUTHIER C., MELLOUKI M. e TARDIF M. (dir.) *Le savoir des enseignants. Que savent-ils?*, Montréal, Editions Logiques, p. 101-114.
ERAUT M. [1994], *Developing Professionnal Knowledge and Competence*, London, Falmer Press.

ETZIONI A. [1969], *The Semi-Professions and their Organization: Teachers, Nurses, Social Workers*, New York, The Free Press.
FAINGOLD N. [1993], *Décentration et prise de conscience. Etude de dispositifs d'analyse des situations pédagogiques dans la formation des instituteurs*, Nanterre, Université Paris X, tese.
FAINGOLD N. [1996], «Du stagiaire à l'expert: construire les compétences professionnelles», in PAQUAY L., ALTET M., CHARLIER E. e PERRENOUD PH. (dir.), *Former des enseignants professionnels. Quelles stratégies ? Quelles compétences?*, Bruxelles, De Boeck, p. 137-152.
FAVRE B. e PERRENOUD PH. [1985], «Organisation du curriculum et différenciation de l'enseignement», in E. PLAISANCE É. (dir.) *"L'échec scolaire": Nouveaux débats, nouvelles approches sociologiques*, Paris, Ed. du CNRS, pp. 55-73.
FOUCAULT M. [1975], *Surveiller et punir: Naissance de la prison*, Paris, Gallimard.
FRIEDBERG E. [1992], «Les quatre dimensions de l'action organisée», *Revue française de sociologie*, XXXIII, n° 4, p. 531-557.
FRIEDBERG E. [1993], *Le pouvoir et la règle*, Paris, Le Seuil.
GATHER THURLER M. [1992], *Les dynamiques de changement internes aux systèmes éducatifs: comment les praticiens réfléchissent à leurs pratiques*, Genève, Faculté de psychologie et des sciences de l' éducation.
GATHER THURLER M. [1993 a], «Amener les enseignants vers une construction active du changement. Pour une nouvelle conception de la gestion de l'innovation», *Education et Recherche*, n° 2, p. 218-235.
GATHER THURLER M. [1993 b], «Renouveau pédagogique et responsabilités de la direction de l'établissement», in Actes du Colloque franco-suisse de l' AFIDES, *Le directeur/la directrice d'établissement scolaire et le renouveau pédagogique*, Morges (Suisse).
GATHER THURLER M. [1994 a], «L'efficacité des établissements ne se mesure pas: elle se construit, se négocie, se pratique et se vit», in CRAHAY M. (dir.) *Problématique et méthodologie de l'évaluation des établissements de formation*, Bruxelles, De Boeck, p. 203-224.
GATHER THURLER M. [1994 b], «Relations professionnelles et culture des établissements scolaires: au-delà du culte de l'individualisme?», *Revue française de pédagogie*, outubro-novembro, n° 109, p. 19-39.
GATHER THURLER M. [1996], «Innovation et coopération entre enseignants: liens et limites», in BONAMI M. e GARANT M. (dir.), *Systèmes scolaires et pilotage de l'innovation. Emergence et implantation du changement*, Bruxelles, De Boeck, p. 145-168.
GATHER THURLER M. e PERRENOUD PH. [1991], «L'école apprend si elle s'en donne le droit, s'en croit capable et s'organise dans ce sens!», in Société Suisse de Recherche en Education (SSRE), *L'institution scolaire est-elle capable d'apprendre?*, Lucerne, Zentralschweizerischer Beratungsdienst für Schulfragen, p. 75-92.
GAUTHIER C. [1993], «La raison du pédagogue», in GAUTHIER C., MELLOUKI M. e TARDIF M. (dir.) *Le savoir des enseignants. Que savent-ils?*, Montréal, Editions Logiques, p. 187-206.

GAUTHIER C., MELLOUKI M. e TARDIF M. (dir) [1993], *Le savoir des enseignants. Que savent-ils?*, Montréal, Editions Logiques.
GAUTHIER C. e TARDIF M. (dir.) [1996], *La pédagogie. Théories et pratiques de l'Antiquité à nos jours*, Montréal, Gaëtan Morin.
GIOLITTO P. [1983], *Histoire de l'enseignement primaire au XIXe siècle. L'organisation pédagogique*, Paris, Nathan.
HADORN R. [1987], *Une équipe "Rapsodie"*, Genève, Département de l'instruction publique – Groupe RAPSODIE.
HAMELINE D. [1971], *Du savoir et des hommes. Contribution à l'analyse de l'intention d'instruire*, Paris, Gauthier-Villars.
HAMELINE D. [1979], *Les objectifs pédagogiques en formation initiale et continue*, Paris, Ed. ESF.
HARAMEIN A. [1990], «Savoir académique et pratique professionnelle: une interaction sans acteur!», in *Actes du congrès des sciences de l'éducation de langue française du Canada*, Université de Sherbrooke, p. 363-367.
HARGREAVES A. [1989], *Contrived Collegiality and the Culture of Teaching*. Artigo apresentado à Canadian Society for Studies in Education Conference. University Laval, Québec.
HARGREAVES A. [1992], «Cultures of Teaching: a Focus for Change», in HARGREAVES A. e FULLAN M.G. (dir.), *Understanding Teacher Development*, New York, Cassell e Teachers College Press, p. 216-240.
HÉRAN F. [1987], «La seconde nature de l'*habitus*. Tradition philosophique et sens commun dans le langage sociologique», *Revue française de sociologie*, XXVIII, p. 417-451.
HUBERMAN M. [1983 a], *Et si l'on passait à l'acte. Une analyse conceptuelle et empirique de la pédagogie de la maîtrise*, Genève, Faculté de psychologie et de sciences de l'éducation.
HUBERMAN M. [1983 b], «Répertoires, recettes et vie de classe: comment les enseignants utilisent l'information», *Education et Recherche*, n° 1, p.157-177.
HUBERMAN M. (dir.) [1988], *Maîtriser les processus d'apprentissage. Fondements et perspectives de la pédagogie de maîtrise*, Paris, Delachaux et Niestlé.
HUBERMAN M. [1989], *La vie des enseignants. Évolution et bilan d'une profession*, Neuchâtel et Paris, Delachaux et Niestlé.
HUBERMAN M. [1990], *The Social Context of Instruction in School*, Genève, Faculté de psychologie et des sciences de l'éducation.
HUBERMAN M. [1993], «Enseignement et professionnalisme: des liens toujours aussi fragiles», *Revue des sciences de l'éducation* (Montréal), vol. XIX, n° 1, p. 77-85.
HUBERMAN M. e GATHER THURLER M. [1991], *De la recherche à la pratique*, Berne, Lang.
HUTMACHER W. [1990], *L'école dans tous ses états. Des politiques de systèmes aux stratégies d'établissement*, Genève, Service de la recherche sociologique.
ILLICH I. [1971], *Une société sans école*, Paris, Le Seuil.
IMBERT F. [1992], *Vers une clinique du pédagogique*, Vigneux, Matrice.

IMBERT F. [1994], *Médiations, institutions et loi dans la classe*, Paris, ESF.
IMBERT F. [1996], *L'inconscient dans la classe*, Paris, ESF.
JACKSON PH.W. [1968], *Life in Classrooms*, New York, Holt, Rinehart and Winston.
JACOB F. [1970], *La logique du vivant. Une histoire de l'hérédité*, Paris, Gallimard.
JACQUARD A. [1991], *Voici le temps du monde fini*, Paris, Le Seuil.
LABAREE D.F. [1992], «Power, Knowledge and the Rationalization of Teaching: À Genealogy of the Movement to Professionalize Teaching», *Harvard Educational Review*, (62), n° 2, p. 123-154.
LANI-BAYLE M. [1996], *Généalogies des savoirs enseignants*, Paris, L'Harmattan.
LATOUR B. [1996], «Sur la pratique des théoriciens», in BARBIER J.-M. (dir.) *Savoirs théoriques et savoirs d'action*, Paris, PUF, p. 131-146.
LE BOTERF G. [1994], *De la compétence. Essai sur un attracteur étrange*, Paris, Les Editions d'organisation.
LEMOSSE M. [1989], «Le «professionnalisme» des enseignants: le point de vue anglais», *Recherche et formation*, n° 6, p. 55-66.
LESSARD C., PERRON M. e BÉLANGER P.W. (dir.) [1993], La professionnalisation de l'enseignement et de la formation des enseignants, numéro thématique de la *Revue des sciences de l'éducation* (Montréal), vol. XIX, n° 1.
LESSARD C., PERRON M. e BÉLANGER P.W. (dir.) [1989], *La profession enseignante au Québec. Enjeux et défis des années 1990*, Québec, Institut québécois de recherche sur la culture.
LÉVI-STRAUSS C. [1962], *La pensée sauvage*, Paris, Plon.
MAHIEU P. [1992], *Travailler en équipe*, Paris, Hachette.
MEIRIEU PH. [1989], *Apprendre... oui, mais comment ?*, Paris, ESF, 4e éd. (Em português: *Aprender... sim, mas como?* Atrmed, 1998.)
MEIRIEU PH. [1990], *Enseigner, scénario pour un métier nouveau*, Paris, ESF.
MEIRIEU PH. [1990], *L'école, mode d'emploi. Des méthodes actives à la pédagogie différenciée*, Paris, ESF, 5e éd.
MEIRIEU PH. [1993], *L'envers du tableau*, Paris, ESF.
MEIRIEU PH. e DEVELAY M. [1992], *Émile, reviens vite... ils sont devenus fous*, Paris, ESF.
MEIRIEU PH., DEVELAY M., DURAND C. e MARIANI Y. (dir.) [1996], *Le concept de transfert de connaissance en formation initiale et continue*, Lyon, CRDP.
MELLOUKI M. [1989], «Les discours sur le savoir enseignant au Québec: quelques repères socio-historiques», *Revue des sciences de l'éducation* (Montréal), 16 (3), p. 389-303.
MENDELSOHN P. [1995], «Peut-on vraiment opposer savoirs et savoir-faire quand on parle d'apprentissage?», in BENTOLILA A. (dir.) *Savoirs et savoir-faire*, Paris, Nathan, p. 9-40.
MENDELSOHN P. [1996], «Le concept de transfert», in MEIRIEu PH., DEVELAY, M., DURAND C. e MARIANI Y. (dir.) *Le concept de transfert de connaissances en formation initiale et en formation continue*, Lyon, CRDP, p. 11-20.
MILNER J.-C. [1984], *De l' école*, Paris, Le Seuil.

MONJARDET D. e BENGUIGUI G. [1982], «L'utopie gestionnaire. Les couches moyennes entre l'Etat et les rapports de classe», *Revue française de sociologie*, XXIII, n° 4, p. 605-638.
MONJARDET D. e BENGUIGUI G. [1984], «Utopie gestionnaire, utopie sociologique? Réflexions sur un débat», *Revue française de sociologie*, XXV, n° 1, p. 91-99.
MORIN E. [1977], *La méthode. Tome I La nature de la nature*, Paris, Le Seuil.
OBIN J.-P. [1993], *La crise de l'organisation scolaire*, Paris, Hachette.
PAQUAY L. [1994], «Vers un référentiel des compétences professionnelles de l'enseignant?», *Recherche et Formation*, n° 16, p. 7-38.
PAQUAY L., ALTET M., CHARLIER E. e PERRENOUD PH. (dir.) [1996], *Former des enseignants professionnels. Quelles stratégies? Quelles compétences?*, Bruxelles, De Boeck. (Em português: *Formando professores profisionais*. Artmed, 2001.)
PELLETIER G. [1996], «Chefs d'établissements, innovation et formation: de la complexité aux savoirs d'action», in BONAMI M. e GARANT M. (dir.), *Systèmes scolaires et pilotage de l'innovation. Émergence et implantation du changement*, Bruxelles, De Boeck, p. 87-113.
PERRENOUD PH. [1976], «De quelques apports piagétiens à une sociologie de la pratique», *Revue européenne des sciences sociales*, n° 38-39, p. 451-470.
PERRENOUD PH. [1982], «L'inégalité quotidienne devant le système d'enseignement. L'action pédagogique et la différence», *Revue européenne des sciences sociales*, n° 63, p. 87-142 (retomado em PERRENOUD PH., *La pédagogie à l'école des différences*, Paris, ESF, 1995, Capítulo 2, p. 59-105).
PERRENOUD PH. [1983], «La pratique pédagogique entre l'improvisation réglée et le bricolage», *Education et Recherche*, n° 2, p. 198-212 (retomado em PERRENOUD PH., *La formation des enseignants entre théorie et pratique*, Paris, L'Harmattan, 1994, Capítulo 1, p. 21-41).
PERRENOUD PH. [1988 a], «La pédagogie de maîtrise, une utopie rationaliste?», in HUBERMAN M. (dir.), *Maîtriser les processus d'apprentissage. Fondements et perspectives de la pédagogie de maîtrise*, Paris, Delachaux et Niestlé, p. 198-233.
PERRENOUD PH. [1988 b], «Nouvelles didactiques et stratégies des élèves face au travail scolaire», in PERRENOUD PH. e MONTANDON, CL. (dir.), *Qui maîtrise l'école? Politiques d'institutions et pratiques des acteurs*, Lausanne, Réalités sociales, p. 175-195 (retomado em PERRENOUD PH., *Métier d'élève et sens du travail scolaire*, Paris, ESF, 1995, Capítulo 5, p. 99-114).
PERRENOUD PH. [1990], «L'indispensable et impossible allégement des progràmmes, in PERRET J.-F. e PERRENOUD PH. (dir.) *Qui définit le curriculum, pour qui ? Autour de la reformulation des programmes de l'école primaire en Suisse romande*, Cousset (Fribourg), Delval, p. 97-109.
PERRENOUD PH. [1991 a], *Bouche cousue ou langue bien pendue? L'école entre deux pédagogies de l' oral* », in WIRTHNER M., MARTIN D. e PERRENOUD PH. (dir.) *Parole étouffée, parole libérée. Fondements et limites d'une pédagogie de l'oral*, Neuchâtel et Paris, Delachaux et Niestlé, p. 15-40.

PERRENOUD PH. [1991 b], «Ambiguïtés et paradoxes de la communication en classe. Toute interaction ne contribue pas à la régulation des apprentissages», in WEISS J. (dir.) *L'évaluation: problème de communication*, Cousset, DelVal-IRDP, p. 9-33.

PERRENOUD PH. [1992 a], «Différenciation de l'enseignement: résistances, deuils et paradoxes», *Cahiers pédagogiques*, n° 306, p. 49-55 (retomado em PERRENOUD PH., *La pédagogie à l' école des différences*, Paris, ESF, 1995, Capítulo 4, p. 119-128).

PERRENOUD PH. [1992 b], «Regards sociologiques sur la communication en classe», in Actes du Colloque *Education et communication*, Université de Lausanne, Institut des sciences sociales et pédagogiques, p. 37-48 (retomado em PERRENOUD PH., *Métier d'élève et sens du travail scolaire*, Paris, ESF, 1995, Capítulo 9, p. 145-159).

PERRENOUD PH. [1992 c], «La triple fabrication de l'échec scolaire», in PIERRE HUMBERT B. (dir.), *L'échec à l'école: échec de l'école*, Paris, Delachaux et Niestlé, p. 85-102.

PERRENOUD PH. [1993 a], «L'organisation, l'efficacité et le changement, réalités construites par les acteurs», *Education et Recherche*, n° 2, p. 197-217.

PERRENOUD PH. [1993 b], «Formation initiale des maîtres et professionnalisation du métier», *Revue des sciences de l' éducation* (Montréal), vol. XIX, n° 1, p. 59-76 (retomado em PERRENOUD PH., *La formation des enseignants entre théorie et pratique*, Paris, L'Harmattan, 1994, Capítulo 8, p. 175-196).

PERRENOUD PH. [1993 c], «Touche pas à mon évaluation! Pour une approche systémique du changement pédagogique», *Mesure et évaluation en éducation*, vol. 16, n°s 1-2, p. 107-132.

PERRENOUD PH. [1993 d], «Curriculum: le réel, le formel, le caché», in HOUSSAYE J. (dir.), *La pédagogie: une encyclopédie pour aujourd'hui*, Paris, ESF, p. 61-76.

PERRENOUD PH. [1993 e], *Travailler en équipe pédagogique: résistances et enjeux*, Genève, Service de la recherche sociologique et Faculté de psychologie et des sciences de l' éducation.

PERRENOUD PH. [1993 f], «Organiser l'individualisation des parcours de formation: peurs à dépasser et maîtrises à construire», in BAUTHIER E., BERBAUM J. e MEIRIEU PH. (dir.), *Individualiser les parcours de formation*, Lyon, Association des enseignants-chercheurs en sciences de l' éducation (AESCE), p. 145-182 (retomado em PERRENOUD PH., *La pédagogie à l'école des différences*, Paris, ESF, 1995, Capítulo 5, p. 129-155).

PERRENOUD PH. [1993 g], «La formation au métier d'enseignants: complexité, professionnalisation et démarche clinique», in Association Québécoise Universitaire en Formation des Maîtres (AQUFOM), *Compétence et formation des enseignants ?*, Trois-Rivières, Coopérative universitaire de Trois-Rivières, p. 3-36 (retomado em PERRENOUD PH., *La formation des enseignants entre théorie et pratique*, Paris, L'Harmattan, 1994, Capítulo 9, p. 197-220).

PERRENOUD PH. [1993 h], «Vers des démarches didactiques favorisant une régulation individualisée des apprentissages», in ALLAL L., BAIN D. e PERRENOUD PH. (dir.)

Evaluation formative et didactique du français, Neuchâtel et Paris, Delachaux et Niestlé, p. 31-50.

PERRENOUD PH. [1994 a], *La formation des enseignants entre théorie et pratique*, Paris, L'Harmattan.

PERRENOUD PH. [1994 b], «Le «go-between»: entre sa famille et l'école, l'enfant messager et message», in MONTANDON C. e PERRENOUD PH. (dir.), *Entre parents et enseignants: un dialogue impossible ?*, Berne, Lang, p. 49-87, 2ᵉ éd. (retomado em PERRENOUD PH., *Métier d'élève et sens du travail scolaire*, Paris, ESF, 1995, Capítulo 4, p. 75-98).

PERRENOUD PH. [1994 c], «Travailler en équipe pédagogique, c'est partager sa part de folie», *Cahiers pédagogiques*, n° 325, p. 68-71.

PERRENOUD PH. [1994 d], «La communication en classe: onze dilemmes», *Cahiers pédagogiques*, n° 326, p. 13-18.

PERRENOUD PH. [1994 e], *La formation continue comme vecteur de professionnalisation du métier d'enseignant*, Genève, Faculté de psychologie et des sciences de l'éducation et Service de la recherche sociologique.

PERRENOUD PH. [1994 f], «Compétences, *habitus* et savoirs professionnels», *European Journal of Teacher Education*, Vol. 17, n° 1/2, p. 45-48.

PERRENOUD PH. [1994 g], «Du maître de stage au formateur de terrain: formule creuse ou expression d'une nouvelle articulation entre théorie et pratique?», in CLERC F. e DUPUIS P.-A. (dir.) *Rôle et place de la pratique dans la formation initiale et continue des enseignants*, Nancy, Editions CRDP de Lorraine.

PERRENOUD PH. [1994 h], «Former les enseignants primaires dans le cadre des sciences de l'éducation: le projet genevois», *Recherche et Formation*, n° 16, p. 39-60.

PERRENOUD PH. [1995 a], *La pédagogie à l'école des différences*, Paris, ESF. (Em português: *A pedagogia na escola das diferenças*. Artmed, 2001.)

PERRENOUD PH. [1995 b], *Métier d'élève et sens du travail scolaire*, Paris, ESF, 2ᵉéd.

PERRENOUD PH. [1995 c], *La fabrication de l'excellence scolaire: du curriculum aux pratiques d'évaluation.*, Genève, Droz, 2. ed. aumentada.

PERRENOUD PH. [1995 d], «Enseigner des savoirs ou développer des compétences: l'école entre deux paradigmes», in BENTOLILA A. (dir.) *Savoirs et savoir-faire*, Paris, Nathan, p. 73-88.

PERRENOUD PH. [1995 e], «Dix non-dits ou la face cachée du métier d'enseignant», *Recherche et Formation*, n° 20, p. 107-124.

PERRENOUD PH. [1995 f], «Des savoirs aux compétences: de quoi parle-t-on en parlant de compétences?», *Pédagogie collégiale* (Québec), Vol. 9, n° 1, p. 20-24.

PERRENOUD PH. [1995 g], «Des savoirs aux compétences: les incidences sur le métier d'enseignant et sur le métier d'élève», *Pédagogie collégiale* (Québec), Vol. 9, n° 2, p. 6-10.

PERRENOUD PH. [1996 a], «Le travail sur l' *habitus* dans la formation des enseignants. Analyse des pratiques et prise de conscience», in PAQUAY L., ALTET M., CHARLIER E. e PERRENOUD PH. (dir.), *Former des enseignants professionnels. Quelles stratégies? Quelles compétences?*, Bruxelles, De Boeck, p. 181-208. (Em português: *Formando professores profissionais*. Artmed, 2001.)

PERRENOUD PH. [1996 b], «L'analyse collective des pratiques pédagogiques peut-elle transformer les praticiens?», in Ministère de l'Éducation nationale, de l'Enseignement supérieur et de la Recherche, *L'analyse des pratiques en vue du transfert des réussites*, Paris, p. 17-34.

PERRENOUD PH. [1996 c], «L'infine et l'ultime différence», in BENTOLILA A. (dir.) *L'école: diversités et cohérence*, Paris, Nathan, p. 49-67.

PERRENOUD PH. [1996 d], «Le dialogue scolaire, un échange définitivement inégal?», Revue *de psychologie de la motivation*, 1996, n° 21, p. 116-123.

PERRENOUD PH. [1996 e], Rendre l'élève actif... c'est vite dit!», *Migrants-Formation*, n° 104, março, p. 166-181.

PERRENOUD PH. [1996 f], *Pouvoir et travail en équipe*, Genève, Faculté de psychologie et des sciences de l' éducation (publicado em Actes du symposium *Travailler ensemble, soigner ensemble*, Lausanne, 5-6 de outubro de 1995).

PERRENOUD PH. [1996 g], *Métier d'élève: comment ne pas glisser de l'analyse à la prescription?*, Genève, Faculté de psychologie et des sciences de l'éducation (publicado em Actes des *Journées nationales sur le métier d'élève*, Paris, UNAPEC, 23-25 de outubro de 1995).

PERRENOUD PH. [1996 h], *Pratiques pédagogiques favorisant le transfert des acquisitions scolaires*, Genève, Faculté de psychologie et des sciences de l'éducation (publicado em Actes de l'Université d'été «*D'une discipline l'autre: quels dispositifs de formation pour aider à articuler savoirs transversaux et spécifiques?* », Toulouse, 29 de agosto – 1º de setembro de 1995).

PERRENOUD PH. [1996 i], «Le métier d'enseignant entre prolétarisation et professionnalisation: deux modèles du changement», *Perspectives*, vol XXVI, n° 3, setembro, p. 543-562.

PERRENOUD PH., ALTET M., CHARLIER E. e PAQUAY L. [1996], «Fécondes incertitudes ou comment former des enseignants avant d'avoir toutes les réponses», in PAQUAY L., AL1ET M., CHARLIER E. e PERRENOUD PH. (dir.), *Former des enseignants professionnels. Quelles stratégies? Quelles compétences?*, Bruxelles, De Boeck, p. 239-253.

PERRENOUD PH. e MONTANDON, CL. (dir.) [1988], *Qui maîtrise l'école?* Politiques d'institutions et pratiques des acteurs, Lausanne, Réalités sociales.

PERRET J.-F. e PERRENOUD PH. (dir.) [1990], *Qui définit le curriculum, pour qui? Autour de la refonnulation des programmes de l' école primaire en Suisse romande*, Cousset (Fribourg), Delval.

PERRIN J. [1991], «Un autre pouvoir pour continuer à enseigner: vers une autorité négociée?», in AFIDES, *La Direction d'établissements scolaires et la Jeunesse actuelle*, Actes du Colloque de Villefontaine, AFIDES-France.

PERRON M., LESSARD C. e BÉLANGER P.W. [1993], «La professionnalisation de l'enseignement et de la formation des enseignants Tout a-t-il été dit?», Introdução ao número temático da *Revue des sciences de l' éducation* (Montréal), vol. XIX, n° 1, p. 5-32.

PETITAT A. [1982], *Production de l'école, production de la société*, Genève, Droz.
PIAGET J. [1973], *Biologie et connaissance*, Paris, Gallimard, Coleção Idées.
PIAGET J. [1974], *Réussir et comprendre*, Paris, PUF.
PLAISANCE É. (dir.) [1985], *"L'échec scolaire": Nouveaux débats, nouvelles approches sociologiques*, Paris, Ed. du CNRS.
PLAISANCE É. [1986], *L'enfant, la maternelle, la société*, Paris, PUF.
RANJARD P. [1984], *Les enseignants persécutés*, Paris, Robert Lauze.
RAYMOND D. [1993], «Éclatement des savoirs et savoirs en rupture: une réplique à Van der Maren», *Revue des sciences de l'éducation* (Montréal), vol. XIX, n° 1, p. 187-200.
REPUSSEAU J. [1978], *Bons et mauvais élèves*, Paris, Casterman.
REY B. [1996], *Les compétences transversales en question*, Paris, ESF.
RIEBEN L. [1988], «Un point de vue constructiviste sur la pédagogie de maîtrise», in HUBERMAN M. (dir.), *Maîtriser les processus d'apprentissage. Les propositions de la pédagogie de maîtrise*, Paris, Delachaux et Niestlé, p. 127-154.
ROCHEX J.-Y. [1995], *Le sens de l'expérience scolaire*, Paris, PUF.
ROGALSKI J. e SAMURÇAY R. [1994], «Modélisation d'un «savoir de référence» et transposition didactique dans la formation de professionnels de haut niveau», in ARSAC G., CHEVALLARD Y., MARTINAND I.-L. e TIBERGHIEN A. (dir.) *La transposition didactique à l'épreuve*, Grenoble, La Pensée sauvage Editions, p. 35- 71.
ROMAINVILLE M. [1994], «À la recherche des «compétences transversales», *Pédagogie-Forum* (Bruxelles), novembro, p. 18-22.
ROPÉ F. [1996], *Savoirs universitaires, savoirs scolaires*, Paris, L'Harmattan.
ROPÉ F. e TANGUY L. [1994], *Savoirs et compétences. De l'usage de ces notions dans l'école et l'entreprise*, Paris, L'Harmattan.
ROY G.R. (dir.) [1990], *Contenus et impacts de la recherche universitaire actuelle en sciences de l'éducation*, Sherbrooke (Canada), Editions du CRP.
SCHÖN D. [1983], *The Reflective Practitioner*, New York, Basic Books (trad. francesa: *Le praticien réflexif. A la recherche du savoir caché dans l'agir professionnel*, Montréal, Les Editions Logiques, 1994).
SCHÖN D. [1987], *Educating the Reflective Practitioner*, San Francisco, Jossey-Bass. (Em português: *Educando o profissional reflexivo*. Artmed, 2000.)
SCHÖN D. [1991], *Cases in reflective practice*, New York, Teachers College Press.
SCHÖN D. [1994], *Le praticien réflexif. À la recherche du savoir caché dans l'agir professionnel*, Montréal, Les Editions Logiques.
SCHÖN D. [1996], «À la recherche d'une nouvelle épistémologie de la pratique et de ce qu'elle implique pour l'éducation des adultes», in BARBIER J.-M. (dir.) *Savoirs théoriques et savoirs d'action*, Paris, PUF, p. 201-222.
SIROTA R. [1988], *L'école primaire au quotidien*, Paris, Presses universitaires de France. (Em português: *A escola primária no cotidiano*. Artmed, 1994.)
ST-ARNAUD Y. [1992], *Connaître par l'action*, Montréal, Les Presses de l'Université de Montréal.

STROOBANTS M. [1993], *Savoir-faire et compétences au travail. Une sociologie de la fabrication des aptitudes*, Bruxelles, Editions de l'Université de Bruxelles.
TARDIF J. [1992], *Pour un enseignement stratégique*, Montréal, Editions Logiques.
TARDIF J. [1995], «Savoirs et savoir-faire: une dynamique pédagogiquement ignorée», in BENTOLILA A. (dir.) *Savoirs et savoir-faire*, Paris, Nathan, p. 89-104.
TARDIF J. e MEIRIEU PH. [1996], «Stratégie pour favoriser le transfert des connaissances», *Vie pédagogique*, n° 98, março-abril, p. 7.
TARDIF J. et al. [1995], «Le développement des compétences, cadre conceptuel pour l'enseignement», in GOULET J.-P. (dir.) *Enseigner au collégial*, Montréal, Association québécoise de pédagogie collégiale, p. 157-168.
TARDIF M. [1993 a], «Eléments pour une théorie de la pratique éducative: Actions et savoirs en éducation», in GAUTHIER C., MELLOUKI M. e TARDIF M. (dir.) *Le savoir des enseignants. Que savent-ils ?*, Montréal, Editions Logiques, p. 23-47.
TARDIF M. [1993 b], «Savoirs enseignants et professionnalisation de l'enseignement: remarques et notes critiques», *Revue des sciences de l'éducation* (Montréal), vol. XIX, n° 1 , p. 173-185.
TARDIF M. [1993 c], «Savoirs et expérience chez les enseignants de métier», in HENSLER H. (dir.) *La recherche en formation des maîtres. Détour ou passage obligé sur la voie de la professionnalisation?*, Sherbrooke (Canada), Editions du CRP p. 53-86.
TARDIF M. e GAUTHIER C. [1996], «L'enseignant comme acteur «rationnel»: quelle rationalité, quel savoir, quel jugement?», in PAQUAY L., ALTET M., CHARLIER E. e PERRENOUD PH. (éd.), *Former des enseignants professionnels. Quelles stratégies? Quelles compétences?*, Bruxelles, De Boeck, p. 209-237.
TARDIF M., LESSARD C. et LAHAYE L. [1991], «Les enseignants des ordres d'enseignement primaire et secondaire face aux savoirs. Esquisse d'une problématique du savoir enseignant», *Sociologie et Sociétés*, XXIII, n° 1, p. 55-69.
TAYLOR CH. [1996], «Suivre une règle», *Critique*, agosto-setembro de 1996, n° 579-580 sobre Pierre Bourdieu, p. 554-572.
TESTANIERE J. [1985], «Les enseignants et la lutte contre l'échec scolaire», in PLAISANCE E. (dir.)": *L'échec scolaire": Nouveaux débats, nouvelles approches sociologiques*, Paris, Ed. du CNRS.
TOCHON F. [1993], *L'enseignant expert*, Paris, Nathan.
TOCHON V.F. [1996], «Grammaire de l' expérience et savoirs-objets: le savoir focal dans la construction de nouveaux modèles de formation», in BARBIER J.-M. (dir.) *Savoirs théoriques et savoirs d'action*, Paris, PUF, p. 249-273.
TOUPIN L. [1996], *De la formation au métier: Savoir transférer ses connaissances dans l'action*, Paris, ESF.
VALLI L. (dir.) [1992], *Reflective Teacher Education. Cases and critiques*, New York State University of New York Press.
VAN DER MAREN J.-M. [1993], «Savoirs enseignants et professionnalisation de l'enseignement», *Revue des sciences de l'éducation* (Montréal), vol. XIX, n° 1, p. 153-172.

VERGNAUD G. [1990], «La théorie des champs conceptuels», *Recherches en Didactique des Mathématiques*, vol. 10, n° 23, p. 133-170.
VERGNAUD G. [1994], «Le rôle de l'enseignant à la lumière des concepts de schème et de champ conceptuel», in ARTIGUE M. et al. (dir.) *Vingt ans de didactique des mathématiques en France*, Grenoble, La Pensée Sauvage, p. 177-191.
VERGNAUD G. [1995], «Quelle théorie pour comprendre les relations entre savoir-faire et savoir?», in BENTOLILA A. (dir.) *Savoirs et savoir-faire*, Paris, Nathan, p. 5-20.
VERGNAUD G. [1996], «Au fond de l'action, la conceptualisation», in BARBIER J.-M. (dir.) *Savoirs théoriques et savoirs d'action*, Paris, PUF, p. 275-292.
VERMERSCH P. [1994], *L'entretien d'explicitation*, Paris, ESF.
VIEKE A. (dir.) [1987], *Travailler ensemble. Collaboration en équipe pédagogique*, Genève, Département de l'instruction publique – Groupe Rapsodie.
VONK J.H.C. [1992], *Nouvelles perspectives pour la formation des enseignants en Europe*, Neuchâtel, Neuchâtel Institut romand de recherches et de documentation pédagogiques.
WATZLAWICK P. [1978 a], *La réalité de la réalité. Confusion, désinformation, communication*, Paris, Le Seuil.
WATZLAWICK P. [1978 b], *Le langage du changement. Eléments de communication thérapeutique*, Paris, Le Seuil.
WATZLAWICK P. (dir.) [1988], *L'invention de la réalité. Contributions au constructivisme*, Paris, Le Seuil.
WATZLAWICK P., HELMICK BEAVIN J. e JACKSON D.D. [1972], *Une logique de la communication*, Paris, Le Seuil.
WATZLAWICK P. e WEAKLAND J. (dir.) [1981], *Sur l'interaction. Palo Alto 1965-1974. Une nouvelle approche thérapeutique*, Paris, Le Seuil.
WATZLAWICK P., WEAKLAND J. e FISH R. [1975], *Changements. Paradoxes et psychothérapie*, Paris, Le Seuil.
WEISS J. (dir.) [1991], *L'évaluation: problème de communication*, Cousset (Suisse), DelVal-IRDP.
WINTER R. [1995], *Learning from Experience*, London, Falmer Press.
WINKIN Y. (dir.) [1981], *La nouvelle communication*, Paris, Le Seuil.
WINKIN Y. [1996], *Anthropologie de la communication*, Bruxelles, De Boeck.
WOODS P. [1990], *Teacher Skills and Strategies*, London, Falmer Press.
WOODS P. [1993], *Critical Events in Teaching and Learning*, London, Falmer Press.
WOODS P. [1983], *Sociology and the School. An Interactionist Point of View*, London, Routledge and Kegan.